U0645562

JINAN DAXUE RENWEN XUEYUAN RENWEN SHEKE WENKU

暨南大学人文学院人文社科文库

中国农村留守儿童媒介形象研究

张毅莲　著

厦门大学出版社

XIAMEN UNIVERSITY PRESS

国家一级出版社
全国百佳图书出版单位

图书在版编目（CIP）数据

中国农村留守儿童媒介形象研究/张毅莲著.—厦门：厦门大学出版社，2022.4
（暨南大学人文学院人文社科文库）
ISBN 978-7-5615-8548-1

Ⅰ.①中⋯　Ⅱ.①张⋯　Ⅲ.①农村—儿童—形象—研究—中国　Ⅳ.①D669.5

中国版本图书馆 CIP 数据核字（2022）第 052786 号

出 版 人	郑文礼
责任编辑	甘世恒
封面设计	李嘉彬
技术编辑	许克华

出版发行 厦门大学出版社

社　　址	厦门市软件园二期望海路 39 号
邮政编码	361008
总　　机	0592-2181111　0592-2181406(传真)
营销中心	0592-2184458　0592-2181365
网　　址	http://www.xmupress.com
邮　　箱	xmup@xmupress.com
印　　刷	厦门市金凯龙印刷有限公司

开本	787 mm×1 092 mm　1/16
印张	10.5
插页	2
字数	242 千字
版次	2022 年 4 月第 1 版
印次	2022 年 4 月第 1 次印刷
定价	55.00 元

本书如有印装质量问题请直接寄承印厂调换

厦门大学出版社
微信二维码

厦门大学出版社
微博二维码

序

做一个"留守者"

　　动笔交序时,正值新型冠状病毒肆虐神州,引发全球焦虑,庚子春节的喜庆迅疾为大自然赐予的新警与恐慌所冲淡。除了染病者在红十字战士的忘我陪伴下顽强地鏖战至今,为数更多的人则听从钟南山院士的规劝,自守家门,凭借互联网,穿梭于各类人群,交换疫病信息,发起慈善义举,努力维持被谎言与谣言不断冲刷的理智,也努力稳住悲伤、恐慌与愤懑的心绪。我们被病毒飞沫再建域为真正的命运共同体。此疫过后,柳暗花明,究竟有多少人会在劫后余生中默认人类的脆弱和卑微,又有多少人能够意识到精明的利己生存终究不为自身所掌控,还有多少人能在内心深处掀起思考与批判的风暴,凝视远方,我实不得而知。此类拷问应当指向疫区内外的所有同类,不应囿于已被网友轮番责问的失职官员与利欲熏心的商人,亦当包括内心结冰与否的读书人,即我们常说的"知识分子"①。

　　在一个知识分子或学者的角色愈加专业化和职业化的时代,人们自然不再奢望惠特曼所说的"神圣的学者"降临人间,甚至也并不期待韦伯所倡的多元价值的生产,只是还盼望一个学者对普通人的生存与生活具有共情的能力,他/她的所有的专业判断与学术追求应该建立在此基础上。在我看来,这种能力的属性之一,就是一个学者能够以方法论为指导,持续关心边缘化的群体与事件,这种关心不因政治或商业意义上的危机公关之诉求,不为论证某个大一统理论的应用价值,也不是只为了刊发论文的稻粱之谋。真正好的研究也许不只是文献的扎实爬梳、理论概念的炫目呈现和研究方法的熟练操弄。倘若缺乏真正值得关切的问题与对象,辛苦编织的研究文本就只是换得一纸文凭或一阶职称的硬通货而已,还有什么价值可言呢?

　　张毅莲是我曾指导的博士研究生,此书正是在其博士学位论文的基础上修缮而成的。毋庸讳言,毅莲作为一个学术年资尚浅的学者,无论在理论积累、方法应用还是论述技巧方面均有待提升,但她却拥有许多学者缺乏的共情能力。我仍清

---

　　① 卡夫卡曾说:"书籍就像一把斧子,为我们结冰的内心海洋开出一条道路。"卡夫卡还是太理想主义了。

晰地记得当初她谈及的选题初衷。毅莲出生在安徽芜湖长江以北的一个小村庄，少年时代有过艰难的求学生活，四面漏风的教室与往返两个小时的上学路程都让她记忆犹新。她也品尝过因父母外出谋生的"留守儿童"之孤苦，至今让她心有余悸。

现今的中国大约有九百多万的农村留守儿童。对绝大多数人而言，这个庞大的群体只是出现在关于国家帮扶或社会悲剧的新闻报道中的人物，与自己的生活关系并不大。毅莲虽然早已远离了童年，远离了那个小村庄，但与农村留守儿童有关的新闻报道总能把她拉回自己的童年。新闻报道究竟建构了怎样的一个留守儿童群体？毅莲很想探讨这个问题，在自己的学位论文里继续"留守"，用自身的生命经验去关照现实中被边缘化的留守儿童。

每一个生命个体都值得尊重与平等对待，而不应作为冰冷的数字或是群像中的一员被怜悯甚或利用。毅莲的设想让我感觉到她的这项研究具有自我疗伤的价值，最终有助于疗愈他人。

诚如书中所言，关于留守儿童的新闻叙事如果"存在歪曲与误导"，不仅会让社会大众对这个未成年群体产生刻板印象，有可能影响留守儿童的自我认知，还会对社会各界判断和解决留守儿童的实质困难带来很大的干扰。毅莲的研究以媒介框架理论为基础，以省级、国家级党报和都市报的新闻报道为研究样本，考查它们对于留守儿童的呈现方式及其背后的话语权力与利益关系，进而探知留守儿童的媒介形象是否存在"偏向"。在此之前，同类研究并不多，且多半属于浅表层次的描述。毅莲使用内容分析和话语分析的混合方法，不仅提供了全貌性描述，揭示了新闻媒体构建的两种主要留守儿童形象——即"可怜悲惨"和"被关爱沐恩"的形象，并且批判性地指出报道中存在的"关爱本位、城市本位、物质化公益"等倾向。毅莲还说，在未来的学术道路上，她会继续做一个"留守"者，仍将关注留守儿童群体。

毅莲虽是我的博士生，但彼此的年龄相近，我俩不过是选择了不同的生活节奏，构成校园里的师生关系而已。作者勤勉攻读博士学位的过程，就是我累积指导研读之经验的过程。无论是在学术讨论，还是在日常闲谈中，毅莲均能以极为质朴和坦诚的心态，确保我俩快速建立平等、亲和的师生情谊，使我在美国读博时就习惯了的那种平等而亲近的师生关系并未遭遇多少挑战。借此机会，我还要感谢毅莲的付出与配合。

镜湖如画，学海无涯。回望江帆，匆此忝序。

澳门科技大学人文与艺术学院博士生导师　孙　瑱

2020 年 2 月 9 日澳门

目　录

第 一 章

绪 论

第一节 研究缘起

自 20 世纪 90 年代开始,中国农村开始持续出现规模庞大的留守儿童群体,他们具有尚未成年、居于农村、亲子分离和数量多等等特点。随着时间的推移,这群孩子人数越来越多,在教育和生活方面衍生出很多以前没有出现过的新问题。最早发现农村留守儿童并为之深深担忧发文的是与乡村教学第一线有接触的人,他们对与日俱增的农村留守儿童无家长看管,放任自流的情况表示担心,如孙顺其 1995 年发表《留守儿童实堪忧》一文[①]。随后越来越多的研究者加入研究的行列,如李庆丰 2002 年在《上海教育科研》第 9 期发表《农村劳动力外出务工对"留守子女"发展的影响》[②],王艳波和吴新林 2003 年在《青年探索》第 4 期上发表《农村"留守孩"现象个案调查报告》[③],方烨 2005 年 1 月 8 日在《经济参考报》刊登文章《农村 1000 万"留守儿童"状况堪忧》[④]。其中长期关注研究留守儿童的代表学者是中国农业大学叶敬忠教授,从 2005 年叶敬忠教授就开始关注留守儿童,发表《对留守儿童问题的研究综述》[⑤],持续几十年一直在关注留守儿童这一群体。除此之外,加上留守儿童偶发的意外伤亡等事件刺激着社会的神经,社会各界开始高度关注这群未成年人,大众媒体也不例外。媒体作为社会舆论的传声器,已将对留守儿童的报道作为一个重要的议题。

媒体大规模地报道留守儿童,生产出了留守儿童媒介形象。但媒体上呈现的留守儿童形象和真实生活中的留守儿童所表现出来的客观形象是一致的吗? 这是研究者的一个疑问。我们需要对媒介真实和现实真实的问题进行区分研究,台湾地区学者钟蔚文指出存在三种不同的真实情景:第一种真实是社会真实,指事件的真相;第二种真实是媒介真实,指媒介所呈现的事件情境;第三种真实是主观真实,即个人对于事件的

---

① 孙顺其:《留守儿童实堪忧》,载《教师博览》1995 年第 2 期。

② 李庆丰:《农村劳动力外出务工对"留守子女"发展的影响》,载《上海教育科研》2002 年第 9 期。

③ 王艳波、吴新林:《农村"留守孩"现象个案调查报告》,载《青年探索》2003 年第 4 期。

④ 方烨年:《农村 1000 万"留守儿童"状况堪忧》,载《经济参考报》2005 年 1 月 8 日。

⑤ 叶敬忠等:《对留守儿童问题的研究综述》,载《农业经济问题》2005 年第 10 期。

主观认识①。钟蔚文认为在思想指导上，媒介报道应该反映社会真实，但实际情况却不然②。美国新闻人沃尔特·李普曼在《舆论学》一书中很早就认为媒介现实存在虚拟性，现实事件经常被新闻媒介误导、歪曲而成为新闻报道③。新闻报道的内容或结构，与事实之间，往往有某种程度的差异。媒介呈现不同于真实存在，这是很多研究早已得出的结论。

绝大多数社会大众没有亲身体验或接触过留守儿童，对留守儿童的群体印象的评价依据主要来源于媒介的传播。沃尔特·李普曼指出人们由于自我认知判断能力有限，通常不是按照实际的事实与发生的事件来做出对应决定，而是习惯于接受新闻媒体对所发生的事件或现象进行有立场有偏向的解读信息，并以此标准去感知真实社会环境的一切④。Wright Mills 在 1963 年对媒介真实与现实真实的关系进行阐释，提出了类似于柏拉图的"洞穴理论"的"二手世界"观点，他认为我们看到的世界并不是自己亲身体验的，而是经过其他人操控或选择之后看到的景况⑤。塔奇曼指出⑥，"新闻是通向世界的窗口。"里面的人能看到外面的世界还受到窗户本身一些特征的影响，比如窗子的大小、窗格的稠密还是稀疏、窗户对着的方向还有窗户玻璃的影响。以上学者的观点向我们指出这样一个问题：媒介呈现虽然不等于真实，但在现代社会，媒介确实是多数人获取信息的主要途径。当媒介呈现的主体是留守儿童时，同样也是重复着这个规律。

留守儿童媒介形象呈现如果也存在歪曲和误导，这会对这群未成年群体产生巨大的负面影响，同时也会对社会各界着手进一步研究或解决留守儿童所处的问题带来干扰。基于此，本书提出一个设问，中国媒体在呈现留守儿童媒介形象时是否也存在偏向？

媒体的报道表现出来的只是一些文字、几幅图像或一段视频，但其传播产生的效果却长期存在，不断扩散。大众媒体在报道中有意或无意的偏向都会产生强大的社会效应，都会让社会大众对这一群未成年的群体产生深深的刻板印象。这种烙印可能是有益于留守儿童的成长，也可能会激起留守儿童内心的一种自卑的认知，对留守儿童的成长造成负面影响。媒体大规模的传播也会对社会文化和国家立法产生无形的影响，所以媒体是如何传播留守儿童这一群体的显得非常重要。

考虑到研究样本的易操作性，本书只对报纸上有关留守儿童的新闻报道进行研究分析。国家级和省市地方的报纸各自的使命和责任不一样。学者黄楚新⑦在 2016 年指出不同的媒体在性质、内容形式和新闻类别上是各有差异的，但国内的媒体所遵循

① 钟蔚文：《从媒介真实到主观真实》，正中出版社 1992 年版，第 1 页。
② 钟蔚文：《从媒介真实到主观真实》，正中出版社 1992 年。
③ ［美］沃尔特·李普曼：《舆论学》，林珊译，华夏出版社 1989 年版。
④ ［美］沃尔特·李普曼：《舆论学》，林珊译，华夏出版社 1989 年版。
⑤ C. Wright Mills：*Power，Politics，and People：The Collected Essays of C. Wright Mills*.New York：Oxford University Press，1963.
⑥ ［美］盖伊·塔奇曼：《做新闻》，麻争旗、刘笑盈、徐杨译，华夏出版社 2008 年版，第 30 页。
⑦ 黄楚新：《十八大以来党中央新媒体理论的显著特色》，载《前线》2016 年第 12 期。

的导向性原则应当是高度统一;媒体所遵行的导向性原则,通过生产流程和分工过程将"党的喉舌"这一概念逐一细化。所以,我们可以选择具体某几份国家级和省级报纸作为代表对其相关报道进行研究,从而能了解中国主流报刊对留守儿童媒介形象呈现的情况。为了保证研究的全面性,还应该选择定位和国家级、省级报纸不一样的都市报上的相关报道进行研究分析,以了解都市报对留守儿童媒介形象的呈现情况。这样才能比较全面地了解媒体对留守儿童的媒介呈现。

本书为了探查媒体是如何报道留守儿童这一群体,拟以媒介框架理论为理论指导,探究中国媒体上留守儿童的媒介呈现情况,这是本书研究的出发点。基于媒介框架理论的指导,本书主要提出两个研究问题:一是当前中国媒体是如何呈现留守儿童这一群体的?二是留守儿童媒介形象呈现背后的话语权力和利益关系又是如何?笔者选择中国有代表性的报纸的新闻报道进行研究,报纸包含国家级党报、省级党报(留守儿童数量比较多的省份)和都市报。在媒介框架理论的指导下,本书将对中国报纸有关留守儿童媒介形象呈现问题进行研究。

关于第一个研究问题,本书将使用内容分析的方法来回答。本书首先要对留守儿童新闻报道的文本进行样本选择收集,笔者拟对三份报纸近 10 年相关报道进行内容分析,了解留守儿童的媒介呈现,使用的方法是内容分析法。笔者主要从新闻常规和性别形象这两大维度出发,构建类目,试图对媒介生产中的框架进行解读,将留守儿童媒介形象的呈现的情况一一梳理归纳,第一个研究问题得到解决。

关于第二个研究问题,本书将使用话语分析的方法来回答。学者潘忠党[①]在 2006 年曾对媒介框架理论进行研究,认为媒介框架分析一般可从话语、话语的建构和话语的接收这三个范畴进行。其中文本分析是最基础的,"文本是一个动态和整合的研究领域",所以文本的解读不能孤立进行,要结合"社会行动和社会关系的场景"来理解[②]。为了深入的研究留守儿童媒介呈现问题,在内容分析法的基础上,将借鉴使用凡·迪克的话语分析方法,从具体的语境、社会情境和社会文化等背景出发,对新闻报道中典型的新闻文本进行话语解读与分析,第二个研究问题得到解决。

第二节 研究意义

一、理论意义

本书的理论意义可以归纳为三个方面:首先,留守儿童媒介呈现也是传播学领域一个重要的有意义的选题,多年来相关研究比较缺乏,仅有的研究视角都比较单一;其次,本书从媒介呈现视角出发,以媒介框架理论作为指导来研究留守儿童媒介形象呈现问题,这在中国当下前期的相关文献中比较少见;最后,本书的研究方法在具有一定

---

① 潘忠党:《架构分析:一个亟需理论澄清的领域》,载《传播与社会学刊》2006 年第 1 期。
② 潘忠党:《架构分析:一个亟需理论澄清的领域》,载《传播与社会学刊》2006 年第 1 期。

的创新性,首先使用内容分析法了解留守儿童媒介呈现的现状,然后再使用凡·迪克话语分析方法,对媒介话语背后的话语权力和利益进行解读。下面从这三个方面具体来看:

一是留守儿童媒介呈现研究选题本身的理论意义。近些年来有关留守儿童的大众传播文本数量是巨大的,对留守儿童媒介文本的解读过程,其实就是对当前的媒介话语及其背后的价值观进行剖析的过程。留守儿童作为一个被标出的特殊群体,被大众媒体赋予了独特符号来意指其内涵和特征,这些特征或明显或含蓄地在大众传播媒介的文本中出现。所以对大众传播媒介有关留守儿童报道的文本进行解读与分析,就是梳理和发掘留守儿童被标签化的过程,也是对大众传播媒介文本的译码过程。

本选题切入的视角是中国农村留守儿童问题,也是当下中国社会比较关注的问题。从现有的文献资料组成来说,当下多数的研究是从人口学、教育学、心理学和社会学这几个学科出发[①],比如研究留守儿童的吃、穿、住、行、教育和健康等等方面的文献比较多(如 2013 年段成荣、吕利丹、郭静、王宗萍发表的《我国农村留守儿童生存和发展基本状况——基于第六次人口普查数据的分析》[②];2008 年高亚兵发表的《农村留守儿童心理健康状况及人格发展特征》[③];2015 年 Hui Ling,En Fu,Jian-Ren Zhang 发表的 Effects of Separation age and separation duration among left-behind children in China[④];2015 年 Nan Zhang,LaiaBécares and TaraniChandola 发表的 Does the timing of parental migration matter for child growth? A life course study on left-behind children in rural China.[⑤]。在传播学领域,学者对此的关注和研究还不是很多。近些年来有关留守儿童的新闻文本愈来愈多,但传播学领域的学者对此关注阙如,比较有代表性的有研究媒体对留守儿童的影响,如李艳红和刘晓旋 2011 年发表电视媒体对留守儿童的影响的论文[⑥],张明皓和叶敬忠 2019 年发表电子游戏对留守儿童的影响的论文[⑦],可查阅到的仅有的一些文献对留守儿童媒介呈现进行研究,很少研究涉及传播学的相关理论,一般都是针对现象收集一些数据加以分析就完成研究。在前

---

① 潘璐、叶敬忠:《农村留守儿童研究综述》,载《中国农业大学学报(社会科学版)》2009 年第 2 期。

② 段成荣、吕利丹、郭静、王宗萍:《我国农村留守儿童生存和发展基本状况——基于第六次人口普查数据的分析》,载《人口学刊》2013 年第 35 期。

③ 高亚兵:《农村留守儿童心理健康状况及人格发展特征》,载《中国公共卫生》2008 年第 8 期。

④ Hui Ling,En Fu & Jian-Ren Zhang,Effects of Separation Age and Separation Duration Among Left-Behind Children in China,*Social Behavior and Personality*,2015,43(2).

⑤ Nan Zhang,LaiaBécares,Tarani Chandola:Does the Timing Of Parental Migration Matter For Child Growth? A Life Course Study On Left-Behind Children In Rural China,*BMC Public Health*,2015,15(1).

⑥ 李艳红、刘晓旋:《诠释幸福:留守儿童的电视观看——以广东揭阳桂东乡留守儿童为例》,载《新闻与传播研究》2011 年第 1 期。

⑦ 张明皓、叶敬忠:《游戏商品化中的留守儿童》,载《探索与争鸣》2019 年第 4 期。

期的研究中,有部分是在议程设置的理论指导下开展的,如陈世海、詹海玉、陈美君、文四海①在 2012 年从媒体的议程设置出发对留守儿童的媒介形象进行研究;而更多的研究,是没有明确的理论基础,直接以内容分析法入手得出数据,没有相关的理论统筹。这样就导致留守儿童媒介形象呈现的研究一直处于表象的浅层次的阶段,研究没有得出有深度的、对业界和学界有启发意义的发现。

二是研究的理论视角。笔者选取媒介框架理论作为理论基础,媒介框架理论在美国传播学界已有多年的存在历史,国外相关研究成果比较多。但中国对此研究尚不丰富,运用此理论进行研究的文献也不是很多。相比较议程设置理论,媒介框架理论特有的理论视角和囊括的研究范围都更适合对媒介生产研究进行深入的指导。媒介框架理论从建构主义出发,以一种全新的视角来看待新闻生产。在进行媒介研究时,运用媒介框架理论这一范式,能够一针见血深入地洞察媒体的"框架",可以帮助研究者避开眼花缭乱的外在信息干扰,透过现象看本质,比较适合对媒体传播进行深入的研究。

三是本书使用的研究方法。本书从框架理论出发,使用内容分析和话语分析两种方法对中国农村留守儿童的媒介形象呈现进行研究。为了研究当前中国媒体有关留守儿童的媒介呈现具有什么样的特征,本书选择中国三份报纸作为代表,对三份报纸近 10 年的相关新闻报道进行内容分析,试图发现三份报纸的媒介呈现现状和特点。在研究留守儿童媒介呈现背后的话语权力和利益等问题时,运用凡·迪克的话语分析方法,选择有代表的典型的新闻报道进行话语分析,试图结合具体的社会情境和社会话语语境,剖析新闻报道中的话语特征,以及话语背后的文化特征以及权力利益关系。

本选题以留守儿童的媒介呈现作为研究对象,选题本身、研究的理论视角和研究方法都具有一定的创新价值。可见,本书目前在中国尚处于比较稀缺的研究领域,希望能起到一个抛砖引玉的效果;本书希望通过分析,得出中国媒体有关留守儿童媒介呈现具有的特征,以及出现这种媒介呈现特征的深层原因。

二、现实意义

留守儿童是当下中国社会一群特殊的群体,一方面中国政府和媒体大力关注;一方面正是由于媒体的广泛关注,留守儿童这一群体已广为人知。当下数以万计的新闻报道中充斥着很多感情色彩,有的是悲悯、气愤、难过、担忧、有的是充满希望……不管是哪种感情,经过大众传播和人际传播多次反复发酵后,人们提到留守儿童就会将悲惨或有问题等等形象与之关联,逐渐就形成留守儿童就代表着什么什么,这就是一种标签化过程。当前留守儿童这一群体已逐渐变成一种标签化的存在,媒体越是大规模地参与报道,这种标签化的认知就越深入人心。当人们没有充分了解一个个体之前,就给她或他贴上标签加以分类,这是一个非常不平等的了解和交流过程。所以,尽管留守儿童的这一标签有时会更能博得别人的同情,有时也会更没有缘故的遭受别人的鄙视。因为这个群体的标签,外界忽视个

---

① 陈世海、詹海玉、陈美君、文四海:《留守儿童的社会建构:媒介形象的内容分析——兼论留守儿童的"问题命题"》,载《新闻与传播研究》2012 年第 2 期。

体具有的特征,所以从长远的角度来看标签化给留守儿童现实生活带来的弊要多于利,对留守儿童个体的发展是不公平的。

有一些媒体是无偿地帮助留守儿童进行报道,还有一些媒体本身报道的立场和动机不纯,不是单纯为了帮助留守儿童,而是为了媒体自己的利益或其他利益。那么在传播过程中,可能会存在更多的偏向,有的可能是有意为之。

还有不少媒体传播的立场以城市为本位,喜欢用城市的标准去衡量农村的一切,对农村的报道存在不全面不客观。中国素来被称为是农业大国,但中国媒体资源在城乡分布存在明显的不平衡,绝大多数媒体的受众定位都是面向城市居民。在这种情怀影响和辐射下,城市儿童的生活被描绘为五彩斑斓,是幸福儿童的代表;农村留守儿童的生活很少全面地在媒体上呈现,呈现出来的那部分都是贫穷与可怜,色调是灰色的,只能让人感觉到悲伤。在这种城市本位的观念下,有个潜台词就是农村留守儿童必须像城市儿童一样才是幸福的儿童,所以后续相关媒体报道中,为了彰显帮助关爱活动的成效,都会强调类似这样的一句话"让农村孩子像城市孩子一样"。媒体在对留守儿童的进行报道时,通常将留守儿童视为被报道的对象,留守儿童的话语权和主体性在报道中很少得到体现,这也是报道的一个倾向性,也是造成相关报道不全面不真实的一个重要因素。

正因为媒体存在以上的报道倾向,这些倾向所产生的影响是不可忽视的。首先,从留守儿童的视角来说,前面已有论述媒体传播中存在的倾向及偏向会产生卷标化,标签化会对留守儿童个体产生极其不好的影响。其次,从受众视角来说,大众媒体是广大受众获取信息的重要来源,受众在一定程度上依赖大众媒体对整个外界社会的人或事进行认识和判断,媒体传播存在偏向或倾向,会导致受众的认识产生偏差,进而会让受众产生对他人或他群的刻板印象,造成错误的认知,影响受众个体的理智评判。再进一步来说,由于错误的认知或有偏差的认知,又会导致有偏差的行为。比如在如何关爱帮助留守儿童的问题上,受众如果没有正确的认知没有正确的判断,就会认同某些媒体有偏向的引导进而做出有偏差的行为。最后,从国家层面来说,媒体所产生的社会效应不仅简单地影响着社会中普通的个人认知,这种社会效应长期的积累最终也会影响整个社会的文化价值观以及国家立法决策的导向。如果没有人指出媒体存在这些偏向,那么国家、社会和个人会不会对留守儿童这一现象作出错误的反应,这一点的可能性是有的。

本书对留守儿童媒介形象进行研究,希望能够有助于留守儿童刻板印象得到改变,在这个层面上来说本书具有一种人文关怀情怀;除了这一层面意义,本书还寄予了一种社会反思和批判的情怀,希望能对大众媒体的新闻框架进行研究并加以解读,希望能够有助于受众媒介素养的提升,科学辨别媒体传播的信息;最后,本书还希望对媒体传播深入的批判和解读能够促进国家立法政策制定者科学合理地制定相关留守儿童的法律法规。

第 二 章

留守儿童背景研究

第一节　城镇化与农村变迁

改革开放以来,随着中国城镇化的大力发展,打工的规模呈现快速增长的势头,有人比喻为"打工潮",以此来形容打工的人此起彼伏规模庞大。中国的农村于 20 世纪 80 年代中期开始出现农民进入城市打工的现象,随着时间的推移,更多的农民选择进城务工[①]。在 20 世纪 90 年代之前,进城打工的人在村庄尚占少数比例。20 世纪 90 年代末,离土离乡进入城镇的农民工约为 8000 万人,农民工逐渐成为工人阶级的主力军[②]。但进城农民工无法获得与城市市民同等的社会地位和权利,体现出明显的"边缘人"特征[③]。但是到了 21 世纪,在中国的多数农村,不打工的农民已是少之又少。中国农民大规模地进城务工形成了前所未有的人口大流动,中国农村世代定居的传统观念和自给自足的农耕生活方式被大大颠覆[④]。外出打工的农民,不管是已婚还是未婚者,一般都是独自外出,很难全家人一起迁徙到城市。有孩子的打工者,多数也无法带孩子一起去城市,只能把孩子交托给在农村的亲戚或者祖辈照看,其中多数是交给自己的父母。这样一般都是祖辈(祖父母或外祖父母)代替自己的子女照顾子女未成年的孩子,所以在农村中上演了这样一幕:很多祖母或外祖母在暮年之际再次担当母亲一职,有人称之为"二度母亲"。这样的一幕并不是农村中偶发现象,而是成为当前中国农村家庭结构中存在的一种常态[⑤]。

一、打工潮

有学者对打工者按时间顺序进行代际分类和标签化,比如把 20 世纪 70 年代末到

---

① 刘康:《新时期农民工队伍结构变化及其社会影响》,载《农村经济》2009 年第 8 期。

② 陆学艺:《农民工问题要从根上治——访陆学艺》,载《读书》2003 年第 7 期。

③ 叶敬忠、王维:《改革开放四十年来的劳动力乡城流动与农村留守人口》,载《农业经济问题》2018 年第 7 期。

④ 李虎:《论"外出打工"的仪式过程与意义——基于桂西壮乡伏台的田野考察》,载《广西民族研究》2014 年第 2 期。

⑤ 孔海娥:《转型期农村抚育模式与家庭结构的变迁——以湖北省浠水县柳树铺村为例》,载《江汉论坛》2011 年第 8 期。

80 年代初期这个时间段进城打工的农民称为第一代农民工;把 20 世纪 90 年代到 2000 年期间进城打工的农民称为第二代农民工;把 2000 年以后进城打工的农民称为第三代农民工①。以此类推,2010 年以后进城务工的农民应该为第四代农民工。不同年代的打工者表现特征各具不同,第一代打工者、第二代打工者可以说是为了养活家人、为了温饱和为了提高家庭收入而打工。后面几代打工者则已经不是为了温饱和简单改善收入而打工,打工已不再仅仅是一种谋生手段,已赋予了特殊的文化意义。打工成为一种文化,而这种文化的影响已经进入和渗透到当下中国农村生活的方方面面。2005 年严海蓉②对农民进城打工的深层原因加以分析,认为中国在以城市发展为目的的现代化转型过程中夺走了农村从经济到文化到意识形态上所有的价值。农村的年轻人在日益萧条的农村看不到一条通往未来的道路。"在农村没有出路",他们"必须"外出打工③。打工是每一个乡村青年谋生的主要途径,同时也是每一个农村青年成长的重要经历;打工成为中国广大农村成员争相模仿的一种潮流,不仅仅因为它是能带来谋生的渠道,同时它也有文化意义上的象征,打工在精神意义上成为了一种仪式,对于农村青少年而言,打工又是一种成人礼的仪式,也是个体积极向上的一种外在行为的象征。在中国的农村,大多数村民对打工的认知就是如此,他们把不外出打工的年轻人和好吃懒做、没有出息、没有上进心这类负面形象挂钩。所以,当下是否打工对于农民个体来说,不仅仅是选择在农村还是城市生活的问题,而是有种无形的压力,如果没有去打工,损失的不仅仅是经济上的收入,甚至在婚姻嫁娶方面,打工与否也作为一个重要的考虑因素④。

二、乡村认同

农村文化可以划分为三个层次,即信仰性文化、规范性文化和农村实体性文化,三者是由内而外,形成彼此相互联系、共同交织作用的农村文化集合体。农村文化的丧失主要是规范性丧失,即能够为村庄提供公共规则、村规民约、公共舆论、道德规范和行为准则的原有农村文化规范正在瓦解⑤。部分农村尤其是西部农村一方面受到外来不良文化的影响,同时另一方面农村社会精英大量流出,农民的是非观念、道德价值判断发生了明显变化,规范性文化开始解体⑥。在城镇化大旗的挥舞下,社会舆论、媒体传播都散发出城市优于农村的价值观,中国农村正在快速地没落。不仅是农村青壮

① 邓大才:《农民打工:动机与行为逻辑——劳动力社会化的动机—行为分析框架》,载《社会科学战线》2008 年第 9 期。
② 严海蓉:《虚空的农村和空虚的主体》,载《读书》2005 年第 7 期。
③ 叶敬忠、王维:《改革开放四十年来的劳动力乡城流动与农村留守人口》,载《农业经济问题》2018 年第 7 期。
④ 李虎:《论"外出打工"的仪式过程与意义——基于桂西壮乡伏台的田野考察》,载《广西民族研究》2014 年第 2 期。
⑤ 张良:《农村文化与农村文化建设》,华中师范大学 2010 年博士论文。
⑥ 韦克难、陈晶环和张琼文:《留守儿童成长问题及其形成原因、治理对策》,载《贵州省党校学报》2017 年第 5 期。

年的外出打工,而是在农村居民思想观念上就对农村有一股鄙视并且极具向往城市的生活。这一方面与传统农村文化的没落有关,另一方面与大众媒体有偏向的传播引导和渗透也很相关。

当前中国农村大众媒体已相当普及,发达地区的农村在媒体使用上与城市没有太大差距,比如移动电话、网络都可以实现普遍使用。现代大众媒体在消费主义思潮的影响下,媒体自身与消费主义价值观彼此渗透。大众媒体传播的节目具有明显的消费主义特征,如现代电视节目不管在形式上还是内容上,都携带着一股强烈的消费气息。电视节目中充斥着很多诱惑人心的广告,为了激发观众的购买欲望,广告画面和情节打造出唯美的城市空间或充满诱惑的异域风情,似乎暗示美好的生活就是如此,而压根不会赞美传统的朴素的农村生活。除了广告外,大量的"青春偶像剧"、"好莱坞大片"和"唯美的韩剧",其内容都脱离乡村生活的实际情境,很多影视作品甚至脱离中国现实的社会关系和社会秩序,呈现的是完全不同于中国的生活和文化图景①。越来越多的舆论在引导人们对城市的想象与崇拜,导致城市的生活方式以及城市所流行的文化价值得到极大地认同,而乡村文化和价值观念的影响日渐式微,这一趋势强化了乡村里的年轻人对农村的否定和反叛意识,促使越来越多的农村人产生脱离农村生活的愿望。一旦有机会,即使是去城市做苦力,他们也愿意抛弃农村的生活,因为很多农村人在城镇化的今天对传统的乡土文化没有认同,对传统的体力劳动更是鄙视②,乡村认同感已经支离破碎,只有远在城市的人还有乡土情怀。

三、农村儿童形象

改革开放以后,随着经济的快速发展,西方一些思想和教育理念也纷纷传入中国。相比传统的封建社会,中国的父母和孩子的关系也发生了系列变化,父权越来越被削弱。随着国家出台实行独生子女政策,独生子女在家庭中的地位一下子突显出重要性和唯一性。郭婉芬指出在一些文学作品中经常这样描述:父母尤其是祖父母特别溺爱独生子女,孩子成为家里的"小皇帝"③。中国的独生子女中男孩子形象一跃成为"小霸王",而女孩则被冠名"小公主"的形象。但是学者风笑天在2010年④的研究却对此提出不一样的看法,在对中国独生子女形象进行研究后,他得出大众媒介上呈现出的独生子女形象不能代表现实社会中独生子女客观地表现出来的形象,大众媒体存在妖魔化独生子女形象的倾向。导致这种差距的原因,他认为有以下几个方面:一是少数不科学的调查结果;二是类似"中国的小皇帝"那样的文学作品以艺术化的手法传播独生子女的形象;三是大众媒体对独生子女不客观的报道。风笑天教授⑤指出大众传媒不客观的报道是造成独生子女形象被妖魔化最大的因素,大众媒介拥有专业的传播设

---

① 江立华:《乡村文化的衰落与留守儿童的困境》,载《江海学刊》2014年第4期。
② 江立华:《乡村文化的衰落与留守儿童的困境》,载《江海学刊》2014年第4期。
③ 郭婉芬:《浅谈独生子女的学校教育》,载《兰州学刊》1989年第6期。
④ 风笑天:《独生子女:媒介负面形象的建构与实证》,载《社会学研究》2010年第3期。
⑤ 风笑天:《独生子女:媒介负面形象的建构与实证》,载《社会学研究》2010年第3期。

备与技术,对不确定的大多数进行传播,所以在它的"妖魔化"下独生子女的形象留给社会大众的就是以负面刻板印象为主。

随着城镇化的加剧,农村逐渐衰落,常住人口逐渐减少,农村儿童的形象逐渐出现了颠覆性改变。简单地说,在衣、食、住、行方面,农村越来越像城市看齐。农村儿童越来越不像以前的农村儿童,体现在:一方面农业劳动极大地缩减。现在因为年轻壮年劳动力进城务工居多,乡村的农业劳动活动逐渐萎缩,儿童可参与的劳动机会大大减少。另一方面农村的游戏活动也逐渐消失。农业文明发达的时候,乡村的各项文娱活动都很好地开展,现在限于人力的稀少,居住农村的主要是老人和孩子,年轻人很少,传统的文娱活动都几乎消失殆尽。和城市一样,孩子们主要靠电视、手机等新媒体娱乐和消磨时间。最后还体现在留守儿童越来越多,父母子女共处的时间和机会很少,孩子和父母之间美好温馨的场景比以前少了很多。

第二节 "留守"现象

"留守"一词古来已有。在辞海上可以看到对"留守"一词的解释:一是"古代的官名"。二是"指部队、机关、团体等离开原住地时留下少数人在原地担任守卫、联系等工作"[①]。现代汉语词典上的解释为动词,"一是皇帝离开京城,命大臣驻守,叫作留守"。二是和辞海第二个解释一样,还举例说丈夫外出打工,妻子留守在家[②]。除了第一意思古代官名,与现在的"留守"含义挨不着边际,词典中的第二个意思和现在通用"留守儿童"中的留守的意思是相通的,都是强调一部分流动到其他地方,一部分不流动待在原处,那么不流动的就被称为"留守"。原本留守都是很小一部分人中发生的事情,但中国自20世纪80年后发生了"改革开放",社会迎来了巨大的变革,人员的流动性增强,到目前为止出现了二次大的"流动潮"。一是出现在20世纪80年代中国的城市,大批中国城市公民去国外读书或者工作,此次流动称为"出国潮"。另一个是出现在20世纪90年代中国的广大农村,大批中国农村青壮年去城市打工,此次流动称为"打工潮"。

改革开放后,一开始"留守"一词使用在成年的女性或者男性身上,如留守女人、留守丈夫。在1991年7月话剧《留守女士》在上海人民艺术剧院上演,让"留守"一词开始受人关注。这个话剧主要背景是改革开放后出现了"出国"热,很多城市男女去国外留学或者打工,丈夫或妻子一方留在国内照顾家庭,所以称为"留守女士"[③]。这是在出国潮带动下出现于20世纪80年代的中国城市的一种"留守"现象。比较有趣的是,这种留守现象当时并没有引起媒体和社会的广泛关注。

---

① 《辞海》,上海辞书出版社1999年版,第1324页。
② 《现代汉语词典》,商务印书馆2012年版,第830页。
③ 王志方:《"留守"别解》,载《语文学习》1993年第5期。

一、留守儿童现象

改革开放后,中国遇到了前所未有的巨大的发展机遇。根据国家统计局提供的资料(请见表 2-1)[①],从 1991 年到 2015 年中国的 GDP 连续很多年涨幅都在 7％以上,远远超过同期全球 GDP 年均仅为 3.9％左右增长率。中国的市场经济得到了快速发展,城镇化的趋势逐渐明显。城市在不断地扩大,机遇也在逐渐增多;农村发展空间却不断地缩小,发展的机遇也越来越少。由于城乡劳动收入存在巨大差距,越来越多的农村劳动力离开家乡去城市务工,这在一定程度上改善了农村家庭的经济状况,提高了农村居民的物质生活水平,有的还走上了创业和发家致富的道路。但对绝大多数进城务工者而言,在城市只能打工赚钱,无力承担未成年子女的教育和监护工作。所以他们往往把子女留在农村的老家,交给祖辈或者其他人照顾,这导致了大量农村儿童无法和父母生活在一起。

表 2-1　1991—2015 年中国的 GDP 增长速度

年　份	GDP 增长速度
1991 年	9.18％
1992 年	14.24％
1993 年	13.96％
1994 年	13.08％
1995 年	10.92％
1996 年	10.01％
1997 年	9.30％
1998 年	7.83％
1999 年	7.62％
2000 年	8.43％
2001 年	8.30％
2002 年	9.08％
2003 年	10.03％
2004 年	10.09％
2005 年	11.31％
2006 年	12.7％
2007 年	14.2％

---

① 　数据来源:国家统计局网站转自新华社,http://www.gov.cn/xinwen/2016-07/05/content_5088561.htm,访问日期:2016 年 12 月 20 日。

续表

年　份	GDP 增长速度
2008 年	9.7%
2009 年	9.4%
2010 年	10.6%
2011 年	9.5%
2012 年	7.9%
2013 年	7.8%
2014 年	7.3%
2015 年	6.9%

整理数据来源：一是数据简报：1980—2014 年中国各年度 GDP 及增长率一览，转自人民网 http://world.people.com.cn/n/2015/0120/c157278-26419556.html。二是国家统计局数据中心图表：近十年我国 GDP 资料修订情况。转自新华社 http://www.gov.cn/xinwen/2016-07/05/content_5088561.htm。访问日期：2016 年 12 月 20 日。

　　到了 20 世纪 90 年代，城乡之间发展的速度与差距更加明显。城市里越来越需要更多的人来工作，而乡村还处于长期不变的贫穷与落后的状态。所以，农村外出打工的人以更加快速方式涌入城市，其中包括已经结婚生子的农民。他们的孩子无法跟随父母一起去城市只好"留守"在农村。这种现象引起国家和社会的高度重视，为此在政府和学界的推动下，这一群与父母分开的孩子有了一个统一的名称"留守儿童"。对于留守儿童的界定与定义，目前国内尚无统一的标准，学界对此也有一些争议。目前已经形成的共识有：(1)年纪处于未成年。多大是未成年，有不同的标准，有 18 岁以下，有 16 岁以下。(2)这群未成年人父母离开家乡外出城市打工，但他们无法去城市生活，可能是生活成本太高，可能是上学读书受到户籍制度限制等等原因。(3)这群未成年人在农村由祖辈或亲戚，或者自己独自生活[①]。刘志军[②]指出，对于留守儿童的界定与定义还存在一些争议：一是父母外出的具体个数。到底是父母一方外出还是双方都外出视为留守儿童？二是留守儿童的年龄界定。未成年到底是 18 岁以下还是 16 岁以下呢？在不同文件或不同场合相关的界定不一致。三是与父母分开多久算是留守。有观点认为是半年及以上与父母分开，有观点认为是一年或以上与父母分开。

　　笔者对以上的争议进行归纳整理，留守儿童比较宽松的定义：留守儿童是指年纪在 18 岁及以下的孩子，父母一方外出打工，被留在农村过着与父或母分离的生活，和父或和母分离半年及以上的孩子。留守儿童比较严格的定义：留守儿童是指年纪在

---

　　① 刘志军：《留守儿童的定义检讨与规模估算》，载《广西民族大学学报(哲社版)》2008 年第 3 期。

　　② 刘志军：《留守儿童的定义检讨与规模估算》，载《广西民族大学学报(哲社版)》2008 年第 3 期。

16 岁及以下的孩子,父母双方均外出打工,被留在农村过着与父母分离的生活,和父母分离一年及以上的孩子。

留守儿童的数量巨大,全国妇联课题组 2005 年发布的农村留守儿童人数大约是 5060 万。2013 年,全国妇联课题组又发布一组数据,这组数据是根据《中国 2010 年第六次人口普查数据》样本数据推算出来的留守儿童的数量——全国有农村留守儿童人数达 6102.55 万,比例是农村儿童整体数量的 37.7%,占全国儿童整体数量的 21.88%。2010 年得出来的数据和 2005 年的数据相比,留守儿童的数量增加了约 242 万[①],如表 2-2 所示。

表 2-2　留守儿童数量变化表

年份(年)	人数(万)	数据源
2005	5860.00	全国妇联课题
2010	6102.55	全国妇联课题
2016	902.00	民政部

来源:根据相关数据整理。

2016 年的新数据发生巨大变化。民政部 2016 年 11 月 9 日首次对外发布中国农村留守儿童人数情况,具体情况如下:当前 16 岁以下的中国农村留守儿童人数有 902 万人,其中有 805 万儿童是由祖父母、外祖父母监护的,36 万儿童处于无人监护的状态。在绝对数量上,2016 年的留守儿童数量比 2013 年估算的数量有了剧减,对此有关部门和人士进行解释:一是 2010 年人口统计有关儿童的年龄上限是不满 18 周岁,而 2016 年统计时年龄的上限是不满 16 周岁;二是 2010 年统计时,留守儿童的标准是父母一方打工即算留守儿童,现在是指父母双方外出打工才算留守儿童。三是近些年来,越来越多的打工父母把孩子带到城市生活,从而减少了农村留守儿童的数量。四是一部分打工者响应国家政府的返乡创业政策,返回农村和孩子生活在一起[②]。

二、"留守儿童"一词溯源:从城市到农村

笔者检索文献发现,"留守儿童"作为一个专有名词最早出现在 1994 年。文献检索 1994 年共有 2 篇有关留守儿童的文献。按时间顺序,第一篇是上官子木于 1994 年在《神州学人》上发表的题为"留守儿童问题应引起重视"文章[③];第二篇是一张于 1994 年在《瞭望新闻周刊》上发表的"留守儿童"一文。需要指出的是,这两篇文章所说的

① 参考全国妇联课题组:《我国农村留守儿童、城乡流动儿童状况研究报告》,载《人民网—中国妇联新闻》,http://acwf.people.com.cn/n/2013/0510/c99013-21437965.html,访问日期:2013 年 05 月 10 日。

② 《民政部首次发布摸底数据:我国农村留守儿童达 902 万人》,载央视网,http://news.cctv.com/2016/11/10/ARTI7724QHwMIys9qmKSSh71161110.shtml,访问日期:2016 年 11 月 10 日。

③ 上官子木:《"留守儿童"问题应引起重视》,载《神州学人》1994 年第 6 期。

"留守儿童"是指因"出国潮"造成的城市父母去国外读书或者务工,把孩子留在国内让祖辈照顾的现象,这里的留守儿童不是现在媒体所默认的农村留守儿童,而是特指城市留守儿童。笔者以"城市留守儿童"为关键词检索中国学术期刊网相关文献,截至2016年10月,可查看到的论文共有76篇。研究的内容主要涉及城市留守儿童的教育、心理问题,还有一部分是呼吁城市留守儿童同样需要被关注。同样相关的新闻上也有所关注城市留守儿童,比如央视新闻2002年7月13日社会新闻刊登《关心"留守儿童"》,文中的留守儿童指的城市孩子,在暑假父母上班只能"留守"在家的情况。

20世纪90年代开始,中国市场经济已得到一定的发展壮大。城市需要大量的用工,广大农村大量的务农人员开始奔向城市,这又被称为"打工潮"。

笔者检索相关文献发现,在20世纪90年,文献开始涉及"留守"现象,并逐渐由关注城市转向农村,其中以关注留守儿童的文献最多,在"留守儿童"没有成为专门的名称前,对这一类农村的孩子的称呼多种多样比如跟随孩子父母的连带称呼如打工者子女、外来工子女,当时并没有很明确地划分"留守"和"流动"儿童。进城打工的父母越来越多,由于条件限制,孩子多数被留在农村老家,所以导致留守在农村的孩子也就越来越多。这引起社会逐渐的关注,笔者检索到最早关注农村留守儿童的文献是1995年的文献。1995年2月,孙顺其发表一篇题为《留守儿童实堪忧》于《教师博览》杂志发表上(原刊登在文汇报)。从这篇早期的文献可见,从一开始打工开始,留守儿童的命运就开始了:城乡之间巨大的鸿沟,从父母选择离开家乡就注定了留守儿童的留守常态。不同于以前城市"出国潮"引起的"留守"现象,农村的这种留守现象往往是一代又一代循环往复,而"出国潮"引起的留守往往相对是短暂的,并且不是一代又一代循环往复,往往是一代人付出艰辛,就能换回全家人在异国的团聚。

这种分离的现象和当年因"出国潮"引起的留守现象十分相似,所以逐渐就有人模仿以前城市里被留守者的叫法,把这群被父母留在农村本土生活的孩子称之为"留守一族"。这群被留下的孩子被冠名"留守"的孩子,留守子女、留守孩、留守少年、留守学生。如"留守孩"和"留守子女"和"留守儿童"三个名词一起在2004年之前比较常见和通用,在媒体新闻和学术期刊上均有不少出现的频次。笔者以"留守儿童"为关键词在澳门科技大学图书馆的中国期刊全文数据库(CNKI)上检索,有关留守儿童的文献在90年代末期出现了断层的现象,但实际上有关留守孩子的新闻和学术研究并没有停止,笔者在惠科新闻数据库上检索"留守儿童"发现在2006年之前新闻媒体使用留守儿童一词的不多,比如《光明日报》2002年4月刊登了农村留守儿童教育问题亟待解决的报道①,《安徽日报》2002年9月刊登安徽无为县开办了一所留守而学校②,是比较早报道留守儿童的新闻。这个新闻的主题是地方政府积极解决留守儿童读书的问题,在当时算是做得很早的关注留守儿童教育的活动。用"留守孩""留守子女"作为关键词检索新闻就可以找到相关的新闻报道,其数量远没有现在这么多,但是媒体早期

---

① 新闻来源:《父母外出打工,呆在家里的孩子如何健康成长——农村"留守儿童"教育问题亟待解决》,载《光明日报》2002年4月9日。

② 新闻来源:《微型调查无为有座"留守"学校》,载《安徽日报》2002年9月26日B04版。

对留守孩子的报道立场和视角似乎与十年后的今天的媒体没有什么差异。

2004 年开始,在政府和媒体共同推动下,留守儿童逐渐成为社会关注的热点。根据文献显示,有关留守儿童的文献数量从 2006 开始有了井喷式增多,详细资料见表 2-3。

表 2-3　中国期刊网"留守儿童""留守孩""留守子女"相关文献数量统计表

\"留守儿童\"		\"留守孩\"		\"留守子女\"	
年份	篇数	年份	篇数	年份	篇数
1994	2	2002	4	1997	1
1995	1	2003	4	2002	2
2003	3	2004	15	2003	2
2004	11	2005	18	2004	13
2005	93	2006	13	2005	50
2006	248	2007	10	2006	90
2007	643	2008	5	2007	137
2008	863	2009	7	2008	138
2009	842	2010	6	2009	83
2010	1034	2011	5	2010	106
2011	1254	2012	9	2011	93
2012	1683	2013	2	2012	89
2013	1989	2014	3	2013	101
2014	2062	2015	7	2015	80
2015	2175				

数据源:整理自 CNKI 2016 年 12 月,知网 http://cnki.net,2016 年 12 月 20 日。

三、关于"留守儿童"的隐喻

(一)隐喻一——被置换的留守儿童

笔者留意到从 20 世纪 90 年代开始出现的"留守儿童"一词,已从其原来所指的城市被留守的儿童转变为特指农村被留守的儿童。农村留守儿童因为数量巨大,引起了政府的关注,媒体开始对其进行广泛报道,大规模地多次地重复传播留守儿童这一群体。由于新闻媒体特有的框架特征,留守儿童这一群体很快被赋予了特有的社会标签。很多媒体也自发创造出其他词语来代替留守儿童一词,比如南方都市报有多篇记者的报道,将留守儿童一词换成"候鸟"或"小候鸟",认为这样的称呼更能体现当下农民工子女的生活状态,他们平时在农村生活上学,到了寒暑假一般就来到城市与打工父母团聚。一年中总有几次来回奔波于城市与农村,很像自然界中的候鸟。

这种将人比喻为鸟的称呼,虽然只是一种修辞手法,但语境中有一种非常怜悯同情的意思,用这种称呼,暗含了一种感情色彩。

(二)隐喻二——被娱乐化的留守儿童

正如上文所说,由于政府和媒体多年来大规模地多次地重复传播留守儿童这一群体,在大众媒体上留守儿童的形象呈现是具有鲜明的特征,留守儿童这一群体被赋予了特有的社会标签。这一卷标在经过多次的新闻媒体的传播以后,赋予这一卷标符号更广泛的代表含义:就是被留下、被剩下,没有变化的意思。所以,在当前中国媒体中,"留守儿童"不仅是用来指留守在老家的儿童,还被隐喻形容成一种没有改变的状态。比如娱乐新闻[①]中多次提到网友称演员胡某为"留守儿童",这里说的胡某是"留守儿童",并不是指胡某真的就是留守在老家与父母分离的未成年人,而是因为当年拍摄同一影视剧的其他演员都已经结婚或者确定恋爱对象,而唯独胡某至今没有明确的恋爱对象。在娱乐新闻中出现留守儿童隐喻化使用的现象,正说明了留守儿童的媒介呈现已是全民皆知的存在,取得了全民皆知的传播效果,它的范畴从属于严肃新闻的特定话语跃入娱乐新闻的话语空间,这其中包含和承载着编码与译码的复杂运行情况,也体现了留守儿童这一群体形象特征得到社会广泛地认知。

这种"换挡加速"式的词语意义的变化,反映了大众媒体有关留守儿童的传播效果已获得了广泛认知,并且由于媒介呈现的模式化或刻板印象,造成"留守儿童"一词超越本来所存的情境,能指与所指分离,出现了能指的漂浮。留守儿童一词已经不仅是指代一群被留守在家乡的儿童,所指赋予了新的社会现象。这种能指与所指的重新组合,说明了留守儿童经过新闻媒体多次重复地传播,其形象和内涵已被社会大众深深认可且留下深刻烙印,可以根据不同情境加以联想灵活运用比喻这一修辞手法,对有共通情境的人或事贴上"留守儿童"化的标签行为。

第三节　留守儿童媒介呈现

一、令人担忧的形象

大众媒介在新闻报道中对留守儿童的形象呈现,整体上是以物质不丰富,心理不健康为主,其中具体体现有辍学、犯罪等形象呈现。这些形象的呈现主要以一些调查报告,特别是一些资料来体现。如 2015 年中国青少年研究中心前往河南、安徽、湖南等劳务输出省份进行调研,调研的结果如下:在过去一年内,遇到过意外伤害的留守儿童有 49.2%;对学习不感兴趣的留守儿童比例为 43.8%;内心感到孤独的留守儿童比例是 39.8%。调查发现留守儿童中不同性别呈现的问题是不一样的,留守男童比留守

---

① 相关信息来自新浪娱乐新闻和网友发帖,访问日期:2016 年 12 月 6 日。

女童表现出来的问题更多,更令人担忧。留守男童问题集中体现在沉迷网络游戏、浏览色情暴力网页、旷课和被老师责罚等等[①]。在新闻报道中,还有一些对留守儿童形象进行"妖魔化"的报道,比如有媒体报道中直接就断定留守儿童就是当地犯罪青少年的重要群体,并给留守儿童另一个标签称号——"110 的后备大军"[②]。无独有偶,在广东地区开展的监狱调查资料也给留守儿童带来令人担忧的形象。广东地区的监狱调查数据显示犯罪的农民工八成在小时候做过农村的留守儿童[③]。但是调查资料本身的意义并不在于其结果,关键是其所选择的母体样本范围,以及采取何种方法抽样得到数据,如何选取样本、样本本身具有什么特点比得出来的数据更有意义,不同选择样本的方法,其数据的结果和意义有本质上的不同。但是媒体往往比较注重的是由某一组数据得出什么现象,而没有理智地分析其调查的过程本身是否科学合理,所以给整个社会大众带来了一个如此令人担忧的留守儿童形象。

二、泛娱乐化

大众媒介在传播留守儿童时,其立场和角度往往具有十分鲜明的特征。除了上文所说的调查类硬新闻报道,还有一些个案的报道,包括报纸媒体和电视媒体,电视媒体主要是一些大型真人秀节目。大多数媒体传播留守儿童的出发点可能是同情留守儿童悲惨的境况,但是在形式上和操作程序上渗透着泛娱乐化的影子。黄旦教授认为"泛娱乐化"是一种媒介意识形态倾向,指媒体在传播娱乐节目时存在媚俗化和低俗化,节目主要依靠炫目浮华的形式、嬉戏热闹的格调、玩耍爆料的低级趣味来吸引人迎合观众的低级需要,这样的节目对审美取向进行解构、对文化品位进行颠覆、对人文精神进行消解[④]。

当前一些涉及留守儿童的传播节目确实存在着媚俗化、低俗化等现象,如某卫视制作的《变形计》,让城乡儿童互换生活环境,重点就是要突出城乡阶层之间强烈的反差,其中农村儿童(不少是留守儿童)的选择是选择出生贫寒但学习成绩优秀的孩子。有微博网友实名发帖《我所知道的变形计第七季》,对节目制作过程提出质疑。具体有以下几宗"罪":一是拍摄时不尊重孩子,多次发生过恐吓儿童要求配合"表演"的行为。二是节目诱导人性中的猎奇心理和窥私癖,并以此为卖点。节目利用城市中多数观众对贫困农村生活的无知,以看其贫困乡村贫瘠的生活为卖点;同时节目涉嫌消费儿童的隐私。节目故意设计情节,曝光参加孩子的隐私,喜欢让参加的孩子暴露自己的伤疤。三是哗众取宠。利用人们对弱势群体的同情怜悯的心理,对城市和农村生活的不同和差距进行了放大和夸张,故意制造情节让节目中农村和城市的文明发生冲突,以

---

①　王庆环:《留守儿童身心状况堪忧 专家:解决问题须先跳出农村》,载《光明日报》首刊登,http://www.chinanews.com/edu/2015/02-02/7024481.shtml,2015 年 2 月 2 日。

②　王庆环:《留守儿童身心状况堪忧 专家:解决问题须先跳出农村》,载《光明日报》首刊登,http://www.chinanews.com/edu/2015/02 02/7024481.shtml,2015 年 2 月 2 日。

③　秦淮:《陕西留守儿童相约自杀的社会之痛》,载《华商报》,http://gb.cri.cn/27824/2010/07/05/2165s2909731.htm,2010 年 7 月 5 日。

④　黄旦:《新闻传播学》,浙江大学出版社 1997 年版。

博得大众关注。四是打着公益旗号,实施商业化运作。变形计号称是原生态公益纪录片,但却有商业冠名,插播很多次广告,整个打造过程都是商业化运作①。总结一下《变形计》节目社会效果:以曝光隐私、悲痛且营造戏剧化,在公益的外衣下进行着商业化和娱乐化,对于农村儿童的处境和未来在节目上并没有过多进行关注与思考。还有一些真人秀节目,节目虽然有留守儿童出现,但主要关注的热点是围绕哪个明星参与这个节目,留守儿童似乎只是个点缀或者是个"道具",明星借着这个"道具"提升自己的公益形象,增加知名度和美誉度。节目录制结束后留守儿童哪里来回哪里去,他们的生活仍然回归从前,而参与节目这一短暂的经历是否有益于今后的生活,还是造成更大的困惑,我们不得而知。

从整体上来说,这些节目中能出现的留守儿童是符合节目要求的具有典型特征的孩子,经过层层选拔才能出现,对于中国几千万的留守儿童来说,他们是凤毛麟角而已。

---

① 刘宪阁:《变形的〈变形计〉》,载《青年记者》2014 年第 13 期。

第三章

框架理论与留守儿童媒介形象

第一节　框架理论

一、理论缘起

"框架"(frame)一词,除了翻译为"框架"外,还有翻译为"架构"等词语,所以框架理论又称架构分析。框架理论是近些年来传播学引入的一个新兴的研究范式。

1955 年人类学家格里高利·贝特森(Gregory Bateson)在《游戏与幻觉理论》①一文中提出框架的概念。"框架"的概念与元传播(a frame is meta-communication)的概念有着紧密联系。"元传播"一词的灵感来源于贝特森在旧金山某动物园的偶然发现:两只猴子在外人看来似乎在打斗,然而它们因着共同可以理解的情感体验及其释放的信号产生了一种别人无法体会到的信息或信号——就是它们不是在打架而是在做游戏②。当打斗行为不再被理解为通常情况下所理解的身体攻击时,而被解读为超越感官刺激符号的表面指代,成为参与者都能理解和遵守的其他规则意义,进而实施与之相应的特殊行动,就个过程构成了"元传播"③。2006 年潘忠党指出"框架"(frame)属于元传播层面的信息,传受双方之间通过框架的形成产生出提供特定的符号诠释规则④。传播之所以能成为可能,是因为传受双方有这个层面的共同的情境体验,传受双方个体之间共享的"框架"是"元传播"。

美国人类学家欧文·戈夫曼 1953 年从芝加哥大学博士毕业后,参加贝特森团队一起合作进行人类行为研究。1959 年,欧文·戈夫曼出版著作《日常生活中的自我呈现》⑤,在书中结束语中提到了"框架"一词,从剧班成员与观众之间"存在一种心照不宣的一致性"这个案例说起。剧班为了维持这种一致性,需要对成为剧班成员的人加

---

① Bateson, G. A Theory of Play and Fantasy. *Psychiatric Research Reports*,1955,2(39).
② Bateson, G. A Theory of Play and Fantasy. *Psychiatric Research Reports*,1955,2(39).
③ 王彦:《沉默的框架:框架理论六十年的时间脉络与空间想象》,载"中华传播学会 2016 年学术研讨会"发表之论文。
④ 潘忠党:《架构分析:一个亟需理论澄清的领域》,载《传播与社会学刊》2006 年第 1 期。
⑤ [美]欧文·戈夫曼:《日常生活的自我呈现》,冯钢译,北京大学出版社 2008 年版。

以甄别、挑选,以选择出善于理解和运用相关技巧从而能与观众之间形成一种良好互动达成"一致性"的人员,确保这样的一致性得以贯彻。戈夫曼认为这样的特征和要素组成的框架,体现了英美社会中,人们在自然背景下"所进行的大量社会互动的特征"①。1974 年社会学家欧文·戈夫曼代表作《框架分析:关于经验组织的一篇论文》诞生,是对 1959 年框架理解的进一步明确与扩展运用,他认为框架分析就是研究人类在社会现实中以什么规则交往以及如何互动,最终是为了进行交往②,戈夫曼研究的视角和重点放在交往方面。

目前学界认为框架理论的来源主要有两条线索③,第一条线索就是人类学社会学,第二条线索就是来自心理学④。在认知心理学方面,心理学家认为框架理论中的框架是一种模板或数据结构,可以组织各种各样的信息;同时框架还能通过更加具体的认知因素加以显现出来⑤。

二、理论特征

框架理论的缘起有着人类学、社会学和心理学的背景,在具体认识论上与建构主义有很大关联。1974 年欧文·戈夫曼指出,框架是个人对事件或信息的设定、感知、辨识和标识的工具⑥。换句话说,如果从编码译码的角度来讲,戈夫曼认为框架就是编码和译码所遵守的规则。戈夫曼关注人们在每个不同的情境下是如何提出问题的又是如何解答问题的,认为框架所要解答的是人们如何建构社会现实这个问题。可见,框架理论和建构主义具有紧密关系。

舒茨和哈贝马斯先后以现代社会公共生活为背景,从社会建构主义的基本思路出发,对框架理论进行了"推广应用"。他们认为发生在公共领域的话语争辩是民主社会情境下人们展示生活的一个重要组成部分⑦。框架理论随即进入政治学领域,不少学者开始从公共领域(空间)相关理论出发,将公共领域与框架理论结合起来进行新的研究,得出社会现实是人们经过社会行动和互动而形成的看法。所以,框架理论在政治传播研究中得以广泛使用。有关框架理论与公共生活的议题,2006 年潘忠党认为在广义的政治传播研究领域,在研究和商议民主时架构分析是一种非常重要的手段⑧。

---

① [美]欧文·戈夫曼:《日常生活的自我呈现》,冯钢译,北京大学出版社 2008 年版,第204 页。

② Goffman, *Frame Analysis : An Essay on the Organization of EX perience*. Cambridge: Harvard University Press,1974.

③ Pan Z. & Kosicki G. M., Framing Analysis: An Approach to News Discourse. *Political Communication*,1993(10).

④ 黄旦:《传者图像:新闻专业主义的建构与消解》,复旦大学出版社 2005 年版。

⑤ Pan Z. & Kosicki G. M., Framing Analysis: An Approach to News Discourse. *Political Communication*,1993(10).

⑥ Goffman, *Frame Analysis : An Essay on the Organization of EX perience*. Cambridge: Harvard University Press,1974.

⑦ 转引自潘忠党:《架构分析:一个亟需理论澄清的领域》,载《传播与社会学刊》2006 年第 1 期。

⑧ 潘忠党:《架构分析:一个亟需理论澄清的领域》,载《传播与社会学刊》2006 年第 1 期。

三、框架理论引入传播学

框架理论随着时间的推移，逐渐融入更多的学科。20 世纪 80 年代，新闻与传播研究领域开始使用框架理论。结合新闻与传播研究的实际，出现了"媒介框架"（media frame）和"新闻框架"（news frame）两个学术概念[①]。郭庆光 2011 年指出媒介框架就是指媒介机构信息处理的组织框架。新闻框架就是指媒介框架"应用于新闻的选择、加工、新闻文本和意义的建构过程的研究"[②]。

第二节　媒介呈现

一、媒介呈现不同于真实事件

沃尔特·李普曼[③]在《舆论学》一书中对媒介现实的虚拟性加以分析，指出媒介呈现出来的形象经常是误导的和歪曲的。李普曼认为媒介事实和现实真实不同[④]。C. Wright Mills 于 1963 年提出类似于柏拉图"洞穴理论"的"二手世界"的概念[⑤]，认为普通人看到的世界并不是自己亲身体验的，看到的情形是受人操控后呈现出来的。美国学者 Ettema 与 Glasser 引述斯图亚特·霍尔的观点，认为新闻并无写实效果，仅具有移植社会真实的能力[⑥]。Shoemaker 与 Reese 于 1996 年也认为媒介现实不同于真实现实，指出新闻媒体传播报道乃是社会制造出的产品，并非是对客观真实的反映[⑦]。1992 年台湾学者钟蔚文出版著作对媒介真实进行研究，指出新闻报道的内容或结构与现实客观事实之间往往有某种程度的差异[⑧]。1994 年 Kennamer 谈到新闻媒体与社会真实的关系，他认为在所有语言或其他中介结构中，新闻媒体扮演　把社会真实转换为符号意义的关键角色[⑨]，言下之意，在转换的过程存在着编码与译码，不同

① 郭庆光：《传播学教程》，人民大学出版社 2011 年第 2 版，第 209 页。
② 郭庆光：《传播学教程》，人民大学出版社 2011 年第 2 版，第 209 页。
③ ［美］沃尔特·李普曼：《舆论学》，林珊译，华夏出版社 1989 年版。
④ ［美］沃尔特·李普曼：《舆论学》，林珊译，华夏出版社 1989 年版，第 237 页。
⑤ C. Wright Mills.：*Power，Politics，and People：The Collected Essays of C. Wright Mills*.New York：Oxford University Press，1963.
⑥ Ettema J.S.，& Glasser T.L.，News Values and Narrative Themes：Irony，Hypocrisy and Other Enduring Values.Paper presented at the Annual Meeting of the International Communication Association（40th, Dubin, Ireland.）．1990，p. 4. Retrieved from http://files. eric. ed. gov/fulltext/ED324671.pdf.
⑦ Shoemaker P. J. & Reese S. D.，Mediating the Message：Theories of Influence on Mass Media Content. NY：Longman. 1996.
⑧ 钟蔚文：《从媒介真实到主观真实》，正中出版社 1992 年版。
⑨ Kennamer，J. D.（ed.）.，*Public Opinion，the Press，and Public Policy*. Westport, CO：Praeger，1994.

编码与译码规则会导致不同的符号意义的呈现。迈克尔·舒德森①在《新闻社会学》一书中指出新闻和真实不是一一对应的关系，新闻不是一面等同于或反映社会现实的镜子。

二、有关客观性报道原则

早期有关新闻活动的研究理解有个明显的特征——过于强调新闻报道的客观性原则，比如早期提出的新闻媒体"镜子说"就认为新闻是反映社会真实的一面镜子。1977 年 Philips 曾对客观性报道原则进行论述，指出客观性报道原则是一个"崇高理想"状态，为了实现这一"崇高理想"，记者必须遵守"不受证据、消息来源、事件和受众"等方方面面的影响，唯有这样才能保证新闻报道能够实现公平、平衡、公正和完全公开的水平②。"客观性"是新闻人追求的崇高的职业道德理想，但无法可及，只能尽量"客观"。2005 年中国学者李彬教授曾指出"客观性"是一个神话——美妙而虚幻③。李彬认为人们对世界的认识都必须"经过感情、习惯和偏见这个三棱镜的折射"，即必须经过李普曼所说的"刻板印象"的折射④。1981 年华人学者李金铨在书中指出将新闻媒体当作中立的镜子是"太简单的神话"，亟须加以戳破，因此提倡"破碎的镜子理论"⑤。1993 年 Mendelsohn，M.认为，新闻并非仅是记者的选择结果，而更应该是媒体组织整理的故事；现实事件可以成为新闻，是因它们存在可以被整理为新闻故事的价值，每个媒介依据自己的立场和原则去解读这些现实事件，并没有统一的客观标准⑥。1997 年 Berkowitz⑦指出，新闻学研究要抛弃新闻工作者能"客观报道""新闻价值乃是自然依附于社会事件"和"新闻能反映真实"这三个传统错误的观念。

三、媒介呈现中存在"框架"

盖伊·塔奇曼不仅指出新闻是人们了解世界的窗户，同时也指出新闻是建构的现实，新闻是框架（news as frame）⑧。媒介本身并不是一个能客观反映真实的同心合力的生产制造厂商，而是具有自己的立场和价值观，正如塔奇曼所说新闻就是框架，强调新闻在生产制作过程中有一套既定的框架规则约束。斯图亚特·霍尔也不赞成新闻

---

① ［美］迈克尔·舒德森：《新闻社会学》，徐桂权译，华夏出版社 2010 年版。

② Philips，E. B.，Approaches to Objectivity：Journalistic. Social science perspectives，In P. M. Hirsch et al.（eds.），*Strategies for communication research*. Beverly Hills，CA：Sage. 1977，p.63.

③ 李彬：《全球新闻传播史》，清华大学出版社 2005 年版。

④ 李彬：《全球新闻传播史》，清华大学出版社 2005 年版，第 242～243 页。

⑤ 李金铨：《大众传播理论》，三民出版社 1981 年版，第 81 页。

⑥ M Mendelsohn.，Television's Frames in the 1988 Canadian Election.*Canadian Journal of Communication*，1993(18).

⑦ Berkowitz，D.，*Social Meanings of News*：*A Text-Reader*. Thousand Oaks，CA：Sage. 1997.

⑧ ［美］盖伊·塔奇曼：《做新闻》，麻争旗、刘笑盈、徐杨译，华夏出版社 2008 年版。

媒体有独自建构社会真实的力量,他提出初级界定者(primary definers)的概念,指出在一个社会中传播符号的意义是由一些享有权力的人决定的,新闻媒体只是被动地进入权力者所主导的社会争议中,所以新闻媒体做不到自发主动的思考问题,只能在意义的界定者的条框之下进行意义的解读①。1999 年,台湾地区学者臧国仁认为"新闻虽然系由新闻工作人员依据专业理念独立制作而成,但新闻媒体报道的内容却经常显现不寻常的偏向"②。迈克尔·舒德森指出"新闻是对世界的一种再现,而所有的再现都是选择性的"③。

有关媒介呈现的文献比较多,在此就不一一列举。众多的文献都包含了这样一个观点:媒介真实无法等同于现实存在。媒介呈现的过程中,客观性受到内在和外在的多方因素影响。

第三节　媒介框架理论已有研究和代表观点

一、中外学者已有的研究

学者塔奇曼在 1978 年出版了《做新闻》(*Making News*)一书,甘斯于 1979 年出版了《什么在决定新闻》(*Deciding What's News*)著作。Gitlin, T. 1980 年出版了《新左派运动的媒介镜像》(*The Whole World is Watching：Mass Media in the Making and Unmaking of the New Left*)一书。这些国外的经典著作,为框架理论在新闻与传播学领域的研究奠定了一定的基础,也为后来的国内外学者提供了富有价值的阅读文献。

1980 年托德·吉特林在著作中首次对媒介框架进行了详细的论述,他明确指出"媒介框架是认知、解释和表达的连贯模式,是筛选、强调和排除新闻报道的系列过程"④。Gamson 与 Modigliani.在 1989 年提出框架不仅是一种规则,而且还认为框架本身就是新闻报道内容的核心思想⑤。Entman, R. 1993 年指出应该把框架理论当作

---

①　Hall, S.et al., The Social Production of News：Mugging in the Media. In S.Cohen & J.Young (eds.). *The Manufacture of News：Deviance, Social Problems, and the Mass Media*, Beverly Hills, CA：Sage,1981,pp.234-235.

②　臧国仁:《新闻媒体与消息来源:媒介框架与真实建构之论述》,三民书局出版社 1999 年版,第 14~15 页。

③　[美]迈克尔·舒德森:《新闻社会学》,徐桂权译,华夏出版社 2010 年版,第 40 页。

④　[美]托德·吉特林:《新左派运动的媒介镜像》,张锐译,华夏出版社 2007 年版,中译本序,第 13~14 页。

⑤　Gamson W.A. & Modigliani, Media Discourse and Public Opinion on Nuclear Power：A Constructionist approach, *American Journal of Sociology*,1989, 95(1).

媒介研究的一种范式①,传播者通过选择特定的符号如关键词、固定用语、信息来源等组合形成文本,就能形成框架,能使某些事实或观点有机结合起来强化传播者所想表达的意义。Pan,Z.与 Kosicki,G.M.认为"媒介框架就是符号工作者通过大众媒介组织口语与视觉言 的过程,这个过程具有长期性所以容易形成固定的认知、解释与呈现型态",并以此来选择、强调和排除社会事件②。2001 年 Reese,S.D.③积极地肯定了框架理论在传播学研究中的作用和地位。

学者们不仅对框架理论本身进行概念定义层面的研究,还从多个角度研究影响框架形成的因素。Cappella,J.N.与 Jamieson,K.H.认为这两个方面可能会影响新闻框架的形成④。Hertog,J.K.与 McLeod D.M.认为文化是框架形成的一种原因,他们比较意识形态和文化两种因素⑤,更倾向于文化这一影响因素。

中国对框架理论系统深入的研究始于 2000 年后。早期有零星的涉及,比如 1996 年清华大学李希光围绕"西方媒体妖魔化报道中国"这一研究议题发表了相关论文、出版了专著《妖魔化中国的背后》⑥,被学界认为是大陆学者中首次采用框架分析的思路来研究媒介传播。2000 年后,媒介框架理论研究开始兴起。2001 年,中国学者张洪忠发表了有关框架理论研究的论文,在文中梳理和区分了框架理论与议程设置理论之间的关系,对框架理论进行了比较全面的介绍⑦。其后,2005 年,复旦大学黄旦教授出版专著,在该书中专门设立一章对框架理论进行探讨⑧,是中国比较系统和深入地探讨框架理论的文献。2006 年,美籍华人学者潘忠党针对框架理论发展存在的一些混沌之处进行探究,发表了《架构分析:一个亟需理论澄清的领域》一文,对框架理论进行了详尽地梳理,从多个学科视角对框架理论进行澄清,并指出该理论尚存在一些"混沌"

① Entman R.M.,Framing:Towards Clarification of a Fractured Paradigm,*Journal of Communication*,1993,43(4).

② Pan Z.＆Kosicki,G.M.,Framing Analysis:An Approach to News Discourse. Political Communication,1993,10,p.56

③ Reese,S. D.,Framing Public Life:A Bridging Model for Media Research,in S. D. Reese,O. H. J. Gandy and A. E. Grant(eds)Framing Public Life. Mahwah,NJ:Lawrence Erlbaum ,2001,pp.7-31.

④ Cappella,J.N.,＆ Jamieson,K.H.,News Frames,Political System,and Media System. In A.W.Heston,amp;N.A.Weiner(Eds),*The ANNALS of the American Academy of Political and Social Science*,1996,546(1).

⑤ Hertog,J.K.＆ D.M.McLeod,A Multiperspectival Approach to Framing Analysis:A Field Guide. In S. D. Reese,O. H. Gandy,＆ A. E. Grant(Eds.),*Framing public life*:*Perspectives on media and our understanding of the social world*(pp.139-162). Mahwah,NJ:Lawrence Erlbaum Associates,2001.

⑥ 李希光、刘康:《妖魔化中国的背后》,中国社会科学出版社 1996 年版。

⑦ 张洪忠:《大众传播学的议程设置理论与框架理论关系探讨》,载《西南民族学院学报》2001 年第 10 期。

⑧ 黄旦:《传者图像:新闻专业主义的建构与消解》,复旦大学出版社 2005 年版。

情境①。2007年,中国学者陈阳也对框架理论的发展现状进行探讨,发表了相关论文②。这时,中国学界对媒介框架理论的研究已经形成一定的规模。2014年,中国学者杜涛出版专著《框中世界——媒介框架理论的起源、争议与发展》梳理了媒介框架理论的起源及其发展③。2015年,中国学者刘强发表《框架理论:概念、源流与方法探析——兼论我国框架理论研究的迷误》,该文对华人地区的框架理论研究进行了梳理和批判,指出当下中国很多媒介框架理论的研究都承袭了美国学界的方法与思路,没有结合不同国家和地区各自不同的情况加以创新,研究缺少独立批判精神①。

除了以上文献,在中西方学界还有很多有关的文献,由于篇幅和时间所限没有进行一一梳理。除了专著和期刊论文外,还有一些博士硕士研究生学位论文对框架理论有所涉及,在此就不一一罗列。

二、对框架理论的几种解读

传播学者对框架的理解和阐释有多种多样,不同的角度不同的情境下就会产生不同的框架定义,笔者在此简单梳理几种常见的框架定义的类型。

第一类是以吉特林(Gitlin)为代表的"框架"解读。

托德·吉特林把框架看作是一种对意义进行删选的手段⑤,当框架与话语生产结合在一起,生产话语的一方就可以按照"选择、强调和排除新闻报道"这样一种已经存在的框架来组织符号话语。学者甘斯也认为,媒体框架是认识、阐释和陈述的一种长期的固定的规则。框架形成后,不管是语言符号还是视觉符号,传播者只需遵循框架的规则进行符号组织即可⑥。2005年,大陆学者李希光指出,"新闻框架是一只看不见的手,无时无刻不在幕后管制着新闻。在某种程度上,新闻框架是概念框架、意识形态框架和知识框架的翻版"⑦。

托德·吉特林为代表的这种框架情境主要是从符号传播者也就是编码者生产符码的视角出发。在大众传播中,新闻工作者就是信息传播者的代表。托德·吉特林⑧认为因为新闻工作者都有一套专业的新闻常规(routine)可以依据,所以新闻工作者才能迅速处理大量的信息,而这套新闻常规是在特定媒介框架影响下形成的。新闻工作者根据新闻常规来选择组织信息并凭借大众媒体这一强大的"扩张器"将信息传送到广大受众那里。正因为媒体是凭借着固定的框架进行信息的传递,所以能够梳理社

---

① 潘忠党:《架构分析:一个亟需理论澄清的领域》,载《传播与社会学刊》2006年第1期。

② 陈阳:《框架分析:一个亟待澄清的理论概念》,载《国际新闻界》2007年第4期。

③ 杜涛:《框中世界——媒介框架理论的起源、争议与发展》,北京知识产权出版社2014年版。

④ 刘强:《框架理论:概念、源流与方法探析——兼论我国框架理论研究的迷误》,载《中国出版》2015年第8期。

⑤ [美]托德·吉特林:《新左派运动的媒介镜像》,张锐译。华夏出版社2007年版,中译本序,第13～14页。

⑥ Gans, *Deciding What's News*, New York: Harper and Row,1979.

⑦ 李希光:《转型中的新闻学》,南方日报出版社2005年版,第491页。

⑧ [美]托德·吉特林:《新左派运动的媒介镜像》,张锐译,华夏出版社2007年版。

会现实中各类变化莫测的事件和复杂的现象,让"本来多种多样互相矛盾的意识形态,在新闻报道中呈现出和谐一致、井井有条"的样式①。李希光指出"新闻的框架设计是为了使新闻稿件条理分明,逻辑严密,对读者更有诱惑力,但也反映出了记者的偏见"②。这种理解侧重于传播者的角度,从传者如何选择信息传播方面理解框架,有人称之为"传者的框架"③。

第二类是以学者 Gamson 为代表的"框架"解读。

Altheide 与 Snow 在 1979 年探讨了媒体在塑造(运用媒介框架梳理信息的意思)不同领域时发挥什么样的作用,媒体对受众产生的影响具体所起到的作用,指出新闻工作者(包括记者与编辑)所做的工作就是将原始事件(occurrence)转换为社会事件(event)再转换为新闻报道。在几次的转换过程中,新闻工作者将事件与其他社会意义连结,产生了新的情境意义④,这一连结过程可称为再框架。这其实就体现出了框架可以进行意义生产的意思。Gamson 在 1989 年提出框架不仅仅是一种信息的筛选手段,更是一种积极的意义生产过程⑤。其实上文 Gitlin 说"框架可以梳理现实信息使之变得井井有条"就已经涉及了框架在传播过程中发挥着意义生产的功能。Gamson 更明确地指出"框架是新闻内容核心组织观点(central organizing idea)",它能赋予事件意义,通过筛选、强调和剔除等方式将复杂混乱的现实世界进行梳理,将意识形态进行统一,这些都是框架发挥意义生产作用的体现⑥。Gamson 认为事实本身没有意义,只有在框架中才形成了意义,框架让事实与事实之间产生了联系,赋予了事件特定意义;而新闻作为信息传播的表现形式,不是一种单纯的简单的信息传播活动,而是"表现事实为故事的一种手法"⑦。

Gamson 在 1992 年解读框架有两个层次的含义,第一层是指"界限"也就是"规则",就像塔奇曼所说的窗户的界限,是人们认识世界的一种规范与限制;第二层含义是指人们利用框架建构的内容,代表一种意义生产,将本来没有意义的社会事件或者社会现象通过框架赋予特定的意义,具有一种创造性的特征⑧。学者黄旦对 Gamson

① Gitlin,*The Whole World is Watching*:*Mass Media in the Making and Unmaking of the New Left*,*Berkeley*:University of California Press,1980.pp.4-11.

② 李希光:《转型中的新闻学》,南方日报出版社 2005 年版,第 491 页。

③ 李瑞芳:《框架与新闻文本之建构》。江西师范大学 2007 年硕士学位论文。

④ Altheide David L. & Robert P. Snow.,*Media Logic*. Beverly Hills,CA:Sage.,1979,p.90.

⑤ Gamson W.A. &Modigliani A.,Media Discourse and Public Opinion on Nuclear Power:A Constructionist Approach. *American Journal of Sociology*,1989,95(1).

⑥ Gamson W.A. &Modigliani A.,Media Discourse and Public Opinion on Nuclear Power:A Constructionist Approach. *American Journal of Sociology*,1989,95(1).

⑦ Gamson W.A. &Modigliani A.,Media Discourse and Public Opinion on Nuclear Power:A Constructionist Approach. *American Journal of Sociology*,1989,95(1).和 Gamson W.A.,etal.,Media Images and the Social construction of Reality. *Annual Review of Sociology*,1992(18).

⑧ Gamson W.A.,etal.,Media Images and the Social Construction of Reality.*Annual Revie of Sociology*,1992(18).

框架的第二层含义也进行了阐释,他认为框架可以被人们用来建构意义,通过框架的运用可以对复杂的社会事件呈现进行原因和脉络上的解读与说明①。这种框架含义的理解,比第一层要深刻得多,突出框架生产创造的能力。所以,第二类框架被命名为"生产意义的框架"。

第三类框架是以恩特曼(Entman)为代表的"框架"解读。

大众媒体可以通过特定的媒体框架影响受众对事物的认知,但受众也有自己一套框架,"受众的框架规则来源与受众过去社会生活经验的积累、既有的价值观和态度、行为取向等等有关",受众的框架会引导受众个人处理新的信息②。Entman也指出虽然占统治地位的新闻框架能够得到广泛传播,但有时会存在不同的声音——受众的框架可能会抵抗大众媒体传播的框架③。也就是郭庆光所说的"新闻框架的功能只能通过受众框架的过滤才能发挥其效果"④。

因为框架能够影响社会公众对信息的处理结果,还能够影响社会大众对事物的价值判断、态度形成以及相应的行动反应⑤,所以使用"框架效果"这个概念来表达说明框架所能产生的影响。这种框架的理解侧重于新闻框架的效果,涉及受众的接受框架,在这种框架情境中以研究效果为主要任务,因此,这种框架的情境被称为"效果的框架"。

第四节 媒介框架理论与本研究

一、影响框架的主要因素分析

Pan,Z.与 Kosicki,G.M.于1993年提出新闻话语在生产过程中受到诸多元素的影响,最为常见的是新闻常规、社会制度和新闻从业者个人的意识形态这几个因素⑥。而它们在一定程度上影响着新闻框架的形成。2001年,Scheufele,D.A.则从社会、组织和利益集团的角度来考虑,提出了影响新闻框架形成的因素,包括新闻常规和新闻从业者个人的意识形态或政治倾向等因素。除了这两个因素外,Scheufele,D.A.还认为社会规范和价值、组织压力和组织限定以及利益集团的压力这三个因素也会对框架

---

① 黄旦:《传者图像:新闻专业主义的建构与消解》,复旦大学出版社2005年版。

② 郭庆光:《传播学教程》,中国人民大学出版社2011年第2版,第214页。

③ Entman, R.M., Framing: Towards Clarification of a Fractured Paradigm. *Journal of Communication*,1993,43(4).

④ 郭庆光:《传播学教程》,人民大学出版社2011年第2版,第212页。

⑤ 郭庆光:《传播学教程》,人民大学出版社2011年第2版。

⑥ Pan Z. & Kosicki G.M., Framing Analysis: An Approach to News Discourse. *Political Communication*,1993(10).

的产生有影响①。

本书综合以上学者的观点,针对中国媒体的具体情况认为影响中国新闻框架形成的因素主要有以下四个方面:国家层面的意识形态、社会层面的意识形态包括社会规范和文化价值观等等、媒介集团根据自身利益形成的新闻常规和新闻从业者自身的意识形态倾向。

(一)意识形态

阿尔图塞(Louis Althusser)对意识形态的理解是意识形态是一个多种观念和表象(representation)聚集的系统,意识形态形成后能够支配着所在范围内的个体或所在社会的群体的精神②。威廉森(Judith Williamson)③1997 年认为特定的社会状况决定着什么样的意识形态的产生。意识形态一旦产生,从宏观上来说是有助于维持其产生的特定的社会状况;从个人层面上来说,有助于所在范围内的个体感受到一种归属感。大众媒介与国家意识形态有着怎样的关系?学者斯图亚特·霍尔曾对大众媒介与意识形态之间的关系进行研究,在研究中使用"意识形态国家机器"这一符号来指代大众媒介,认为"大众媒介是意识形态斗争和争夺的场域"④。凡·迪克认为"意识形态是社会科学中最难以捉摸的概念之一"⑤。为了更好地与话语分析结合起来,凡·迪克对意识形态进行了新的解读,认为意识形态主要有社会结构、认知结构和话语表达与再生产组成⑥。每个国家都有自己特定的意识形态,中国媒体在国家意识形态的影响下,也会形成自己独特的媒介框架。

本书使用凡·迪克的话语分析方法,同时也接受凡·迪克有关意识形态的新诠释,主要对意识形态中的话语表达与再生产这块加以关注。

(二)社会文化

爱德华·霍尔在《超越文化》一书中指出文化有三个特征:"一是文化不是先天固有的,是后天习得的;二是文化的各个方面是相互联系的——牵一发而动全身;三是文化是共享的,结果是它划清了不同群体的界限"⑦。文化与媒介框架有什么联系?文

---

① Scheufele D.A.,"Examining Differential Gains from Mass Media and Their Iimplications for Participatory Behavior",*Communication Research*,2001(29).

② Louis Althusser,Ideology and Ideological State Apparatuses,in Slavoj Zizek,ed.,*Mapping Ideology*,London:Verso,1994,p.120.

③ Judith Williamson,"Meaning and Ideology" in Ann Gray and Jim McGuian,eds.,*Studying Culture:An Introductory Reader*,London:Arnold,1997.

④ 邹威华:《斯图亚特·霍尔的文化理论研究》,中国社会科学出版社 2014 年版,第 133 页。

⑤ [荷]凡·迪克:《媒介中的意见与意识形态》,徐桂权译,中国人民大学出版社 2015 年版,第 19 页。

⑥ [荷]凡·迪克:《媒介中的意见与意识形态》,徐桂权译,中国人民大学出版社 2015 年版。

⑦ [美]爱德华·霍尔:《超越文化》,何道宽译,北京大学出版社 2010 年版,第 16 页。

化具有后天习得的特征,所以不同时期不同地域的文化可能存在差异。1993 年 Entman[①] 指出媒介框架理论中的"框架"还能在文化上有所体现,也即文化是媒介框架存在的载体之一。2001 年 Hertog,J. K. 与 D. M. McLeod[②] 也从文化的角度来思考媒介框架,认为文化是媒介框架形成的重要因素之一。文化又能划清不同群体的界限,其本身就是一种标志。比如在美国全境有着这样一种共同形成的文化情境——即"美国至上"的文化价值观,这个价值观形成了并且非常稳固。虽然美国新闻业发达,新闻自由得到全面倡导,但如果记者以新闻自由的名义去挑战"美国至上"这一文化价值观,就可能会引起麻烦。在这样的文化情境下,新闻媒介的框架自然受到影响,媒介框架逐渐修改为不能与"美国至上"文化价值观冲突,由此就会形成了一个带有美国特色的新闻媒介的"框架"[③]。

　　本书分析的是中国报纸的新闻框架,在国家层面没有意识形态的差异,但在社会文化价值观上却存在一些差异。中国正处于一个转型期,很多种文化价值观发生着交流与碰撞,有时产生火花,有时发生对抗。这些不同的文化价值观在不同时期不同情境下,得到认可的程度不一样。但可以肯定的是,不管哪种文化价值观占据上风,那种文化价值观一定会影响新闻媒介框架的形成。

　　和本书有关的文化价值观冲突主要体现在城市与农村的文化价值观碰撞,也可以说是农业文明和工业文明的冲突。马克思恩格斯选集中马克思曾对城乡冲突加以评价,认为"物质劳动和精神劳动的最大的一次分工,就是城市和乡村的分离"[④]。这种城市和乡村之间的文化价值观冲突或多或少在新闻媒体报道中有所体现,有的新闻媒体侧重于城市本位立场,有的对农村怀有乡土情怀。有关文化价值观方面的分析将在话语分析中进行展开。

(三)新闻常规

　　如果说意识形态和文化价值观等等这些都是弥漫在空中看不见摸不着的存在,黄旦 2005 年指出"新闻生产的基本仪式也即新闻常规,倒是具体可感的构成框架的因素"[⑤]。新闻常规是每个媒体结合自身的实际情况形成一种常规性的规范与管理规则。从新闻专业主义者视角来看,一套切实可行具体细致的新闻常规是保证新闻专业主义能够得以开展下去的重要前提。从框架理论的视角来看,新闻常规是形成和构建

---

　　①　Entman R.M.,Framing:Towards Clarification of a Fractured Paradigm. *Journal of Communication*,1993,43(4).

　　②　Hertog J.K. & D.M.McLeod,A Multiperspectival Approach to Framing Analysis:A field guide. In S. D. Reese,O. H. Gandy,& A. E. Grant (Eds.),*Framing public life:Perspectives on media and our understanding of the social world* (pp. 139-162). Mahwah,NJ:Lawrence Erlbaum Associates,2001.

　　③　王贵斌、陈敏直:《文化规范与新闻框架》,载《当代传播》2005 年第 3 期。

　　④　[德]马克思、恩格斯:《马克思恩格斯选集》,中央编译局译,人民出版社 2002 年版第 1 卷,第 56 页。

　　⑤　黄旦:《传者图像:新闻专业主义的建构与消解》,复旦大学出版社 2005 年版,第 241 页。

框架的重要角色之一。黄旦说，"这些新闻常规本身就是框架"①。

新闻常规是新闻工作者接触到的最直接最具体的"框架"，当一名记者做出要报道什么和如何去报道时，一般很少从宏观视角比如意识形态的层面去仔细思考。通常情况下，记者早已熟悉所属媒体单位的新闻常规，是在这个新闻常规下去思考做报道或不做报道。在微观上，这看似是媒介工作者自己在独立行事，政治和经济精英似乎没有直接干扰媒介信息的生产；而在宏观上，媒介生产出来的信息都是经过新闻框架的过滤，新闻框架的形成不可避免地受到政治和经济精英们的影响，所以他们才是最终的意义决定者②。

由以上分析，可以得知，新闻常规其实就是框架的一种具体体现。每个媒体都有自己的新闻常规，它是在媒介机构成立时早已存在，并随着时间和环境的变化，逐渐进行调整和修改。从根本上来说，新闻常规就是媒体长期与意识形态和文化价值观进行磨合的产物。

因为不同类型的媒体在国家社会中所处的地位和承担的功能不一样，所以不同类型的媒体所具有的新闻常规极可能不一样。本书秉承媒介框架理论的指导，首先在内容分析法中探索发现不同类型的媒体其新闻常规的呈现是否存在不一致，然后再进一步在话语分析法中阐释不同类型媒体因为新闻常规的不同造成的话语表达存在差异。

二、框架理论在本研究中的应用

(一)框架理论在研究思路上的指导

本书主要探查中国报纸上的留守儿童的媒介呈现问题，主要研究对象是新闻文本，与上文 Gamson 为代表的第二类"意义生产的框架"内涵最为接近。本书以新闻文本中如何呈现留守儿童的媒介形象为研究起点，以媒介框架理论为指导，发掘新闻文本在生产过程中的框架，找出框架形成背后的文化和意识形态的因素。

(二)框架理论在方法论上的指导

媒介框架理论尤其是以 Gamson 为代表的"意义生产的框架"特别重视文本的研究，所以对应到方法使用上，一般使用内容分析法或话语分析法。本研究中第一阶段采用内容分析法，了解留守儿童媒介呈现概貌；本研究第二阶段为了更深入地了解框架形成的具体情境，采用话语分析法，对新闻文本的话语进行解读阐释。

---

① 黄旦：《传者图像：新闻专业主义的建构与消解》，复旦大学出版社 2005 年版，第 242 页。
② 邹威华：《斯图亚特·霍尔的文化理论研究》，中国社会科学出版社 2014 年版。

第 四 章

历史上的儿童形象

第一节 西方古代儿童

从建构主义来看,童年是一个建构的概念,它具有特定的社会和历史的烙印。童年的概念并不纯粹仅仅是一个生物学的概念和范畴。大卫·帕金翰曾指出"童年是一种社会性建构的观念"[①],不同的政治、文化和科学发展水平对童年的概念都会有影响,在不同的历史时期,对待儿童的方式也是多种多样、充满差异[②]。《西方儿童史》的作者认为"儿童史是一部无言的历史",因为历史上有关儿童的资料很少是儿童自己第一人称真实地表达出来的,一般都是第三者成人凭着自己的主观感受和理解认为儿童应该怎么想的怎么做的而记录下来的。不同时代的史学家研究儿童,所看到的资料一般都是成年人以第三者的身份记录下来的[③]。这些数据在记录的过程中,首先就受到成年人的主观判断译码进而编码,随后,又被史学家再一次的进行主观的译码与编码,这些过程中失真的东西可能越来越多。所以,历史上儿童的童年到底是怎么样?这个不能简单地看历史文献资料,还要了解那个历史时期社会上的主流价值观,进而才能够明白文献数据是在怎样的意识形态下写出来的。如果仅仅以现在的价值观来判断古代历史上的儿童资料,那么得出的有关古代的儿童观其实只是后人解读出来的儿童观。

一、暗黑观儿童史

柏拉图在《理想国》第五卷中讨论过儿童抚养的问题,他认为儿童应该从小实行军事化训练,过集体生活。儿童和父母之间没有固定的亲情联系,儿童应该交给专门负责抚养儿童的人抚养,儿童不是父母的私人财产,而是国家的财产[④]。法国学者菲利普·阿利埃斯在 1960 年出版《儿童的世纪》一书,在书中为我们勾勒出中世纪父母与

---

① ［美］大卫·帕金翰:《童年之死》,张建中译,华夏出版社 2005 年版,第 4 页。
② ［美］大卫·帕金翰:《童年之死》,张建中译,华夏出版社 2005 年版。
③ ［意］艾格勒·贝奇、多米尼克·朱利亚:《西方儿童史》,申华明等译,商务印书馆 2016 年版。
④ ［古希腊］柏拉图:《理想国》,郭斌和、张竹明译,商务印书馆 1986 年版。

孩子之间冷漠没有爱的关系①。

法国儿童史研究学者罗伊·德·莫斯根据时间发展线索提出在不同的历史阶段儿童所处的几种模式。从远古到公元 4 世纪时，他总结的模式是"弑婴模式"，父母对不想要的婴儿习惯采取弑杀方式；从公元 4 世纪到 13 世纪，他总结为"弃婴模式"，父母对不想要的孩子，一般不会直接杀死，而是选择丢弃；而在 14 到 17 世纪，他称之为"过渡模式"，同时存在几种不同的对待孩子的观念，父母在几种矛盾的观点中徘徊与选择过渡；到了 18 世纪，他认为是"介入模式"，父母和孩子的交流增多，感情变得亲密；19 世纪到 20 世纪中叶，他称之为"社会化模式"，父母开始对孩子进行教育，帮助孩子成长进行社会化；20 世纪中叶开始，被称之为"帮助模式"，父母为了帮助孩子成长，花费了大量的时间、金钱和精力②。

历史上的儿童形象除了被父母冷漠的可怜形象外，还有比较多的是被暴力、被虐待的悲惨形象。罗伊·德·莫斯和菲利普·阿利埃斯对儿童历史的认识基本相一致，他们都觉得儿童的历史越往前追溯越黑暗越恐怖，充满暴力、虐待和恐吓，认为儿童史就是一部漫长的"暴行目录"，弥漫着各种黑暗和恐怖的基调，所以他们认同儿童史就是一部暗黑史。

二、儿童历史观的新建构

意大利学者艾格勒·贝奇和多米尼克·朱利亚主编的《西方儿童史》一书中文版于 2016 年出版。该书以一种全新的方式来看待历史上的儿童所处环境与所遭受的待遇，更是明确地提出对待历史上的儿童不能以现代儿童的生活标准去衡量，要用历史本来的情境去解读和还原。《西方儿童史》对阿利埃斯的《儿童的世纪》一书中表达的一些观点进行反驳，比如对"中世纪的西方人没有儿童的观念"这一论点进行反驳，《西方儿童史》一书作者认为虽然中世纪的儿童无论在穿着打扮上还是在娱乐劳动活动中都与成人一样无二，成人没有把成人和孩子区别对待，都不能以此说明当时的父母对儿童没有关爱。因为考虑到当时的社会生产力发展情况，以及绝大多数群体的生活水平，在当时这样对待孩子并不是虐待③。像《儿童的世纪》等类似的研究文献是典型的以现代人的标准来衡量历史上不同时期的人与事。在儿童史研究之初，解读的方式充满了争议，其中最突出的一个问题就是以现代人的标准去看待、追溯和评判过去的做法。比如体罚孩子，一些史学家不考虑当时实际的社会情境就将这种行为解读为父母对孩子没有温情只有暴力，没有把这种行为放在特定的社会文化情境之下去认识和理解。《西方儿童史》一书中对这种行为的发生及其背后复杂的原因进行了分析，结合当时的时代特征，指出暴力是当时社会不同等级成员之间的正常手段。同样，把儿童送进济贫院，也不能证明父母对孩子没有感情，认为就是抛弃孩子。由于当时物质条件

---

① ［法］菲利普·阿利埃斯：《儿童的世纪》，沈坚、朱晓罕译，北京大学出版社 2013 年版。

② L.DeMause：*The History of Childhood*.New York：The Psychohistory Press，1974，pp.1-10.

③ ［意］艾格勒·贝奇、多米尼克·朱利亚：《西方儿童史》，申华明等译，商务印书馆 2016 年版。

缺乏,普通阶层劳动人们的生活条件都很艰苦,在无法养活孩子的情况下,将孩子送走是无奈之举,与现代社会故意遗弃孩子不是一回事①。

第二节　中国古代的儿童

一、儒家话语中的儿童

中国历经了漫长的尊崇儒学的封建社会,"君君,臣臣,父父,子子"这样等级森严的儒家观念一直被统治者强调。君臣之间最极端的顺服就是"君要臣死,臣不得不死",父子之间最极致的伦常就是"父叫子亡,子不得不亡"。直到现在,中国不少中小学要求学生背诵论语、弟子规和三字经等强调遵守等级秩序、无条件顺服父母的书籍。比如弟子规强调"父母呼,应勿缓,父母命,行勿懒"、"父母教,须敬听,父母责,须顺承"②,要求儿童听话服从父母,要学会逆来顺受。现在社会,孩子与父母应该遵循怎样的伦理关系?儿童背诵这些强调孝道的经书是否会对行为和思想产生影响?这些目前都没有数据和数据进行研究和评价。但有一点可以显而易见地知晓,就是学校号召学生去阅读这些书籍的行为足以证明一点:他们赞同书籍里的这种观点,并且希望当代儿童能模仿书籍里的儿童行为和思想。这就可以看出当前社会对儿童的行为与形象的期望值是什么类型,这也反映了公立学校等儿童教育机构及其相关部门对下一代的教育观。

当然,文献显示中国也有一些学者对此表示担忧,如南京师范大学道德教育研究所刘晓东于 2005 年对儿童读经现象进行批评,认为世界在变化,中国在变化,在教育下一代的时候不能只是"固守中国的老传统"③。目前中国官方对儿童读背古代诗文采取的是默许的态度,对此没有做过多评价和明显的表态。

二、中国古代儿童形象

中国古代的儿童形象是什么?我们现在无法完全明了,但是通过一些古代诗词,可以间接了解古代的儿童形象。

一是描写儿童劳动的古诗词,可以看到诗人眼中参与劳动的儿童的形象。如"稚子才年七岁余,渔樵一半分余力。"④展现了传统农村中儿童和父母一起参与家庭劳动的情形。二是游戏中的农村儿童形象。路德延《小儿诗》⑤"寻蛛穷屋瓦,探雀遍楼椽。抛果忙开口,藏钩乱出拳。夜分围榾柮,朝聚打秋千。折竹装泥燕,添丝放纸

---

① ［意］艾格勒·贝奇、多米尼克·朱利亚:《西方儿童史》,申华明等译,商务印书馆 2016年版。

② 参考《弟子规》原文摘录。

③ 刘晓东:《儿童读经能否读出道德中国》,载《中国教师》2005 年第 6 期。

④ 参考李涉:《寄河阳从事杨潜》,第 14 册,卷 477,《全唐诗》,中华书局 1992 年版,第 5427 页。

⑤ 参考路德延:《小儿诗》第 21 册,卷 719,《全唐诗》,中华书局 1992 年版,第 8255 页。

鸢。……"生动形象地勾画了乡村孩子的各种游戏,展现了游戏中儿童活泼机灵的一面。三是在古诗词中描绘了传统家庭亲情模式下,孩子和父母之间美好温馨的天伦之乐的场景。"呼童烹鸡酌白酒,儿女嬉笑牵人衣。"①这些场景在古今其实没有本质的区别,新中国成立后到 2000 年左右,中国很多传统的乡村中仍然处处可见这样的场景——父母与孩子之间相互依偎彼此温暖的画面。

通过中国古代诗词的解读,我们看到的仅是文人墨客笔下的儿童。中国历史上儿童形象的塑造长期都受到儒家文化的熏陶影响,所以历史文献上的儿童形象主要是从儒家的价值观判断下进行解读与构建,这其实就是一种选择的"框架"。比如史书上记载到现在都广为流传的孔融让梨、花木兰代父从军,都是强调孝道,符合儒家的价值观,而发生的事情如果不符合这个框架,就很大可能被忽略不会记载流传。由古及今,大众媒体时代媒体更喜欢传播符合主流社会价值观的儿童形象(这是媒体自身的框架决定的),这种主流的力量,无形中会影响千千万万普通人,对整个社会的文化传承有很大的影响。

第三节　近现代的儿童

一、儿童的独立人格

英国哲学家洛克 1693 年出版《对教育的一些想法》探讨了对儿童教育的一些问题,其中对童年概念的形成与发展产生了巨大的影响②。洛克认为:"人类的头脑生来是一张空白的刻写板、一张空白的书写板",儿童需要被教育,父母和社会都要对儿童的教育承担责任③。文艺复兴开启了人性的力量,随着"人文主义"的蓬勃兴起,其中有关儿童的观念产生了巨大改变。18 世纪法国哲学家和教育学家卢梭对儿童也有特别研究,1762 年卢梭的《爱弥儿》(Emile)一书诞生,他的浪漫主义派的儿童观在该书中得到具体展现。卢梭认为儿童是最接近自然的状态,儿童与生俱来具有很多优良的品德④。19 世纪,心理学也关注儿童的研究,弗洛伊德认为,儿童的头脑有天生带来的一些特殊的结构和特殊的内容,如本能的一些特质。在这一点上,弗洛伊德不同意洛克的看法,赞同鲁索的观点,认为儿童的头脑不是一张空白的书写板,而是最接近自然状态;同时,他又认为儿童应该受到理性教育,这样才能将本能的一些特质进行升华达到文明的状态⑤。20 世纪,以"儿童为本位"的教育观被杜威、蒙台梭利等著名儿童教

---

① 参考李白:《南陵别儿童入京》,第 5 册,卷 174,《全唐诗》,中华书局 1992 年版,第 1787 页。
② 〔美〕尼尔·波兹曼:《童年的消逝》,吴燕莛译,广西师范大学出版社 2009 年版,第 217 页。
③ 〔美〕尼尔·波兹曼:《童年的消逝》,吴燕莛译,广西师范大学出版社 2009 年版,第 218 页。
④ 〔美〕尼尔·波兹曼:《童年的消逝》,吴燕莛译,广西师范大学出版社 2009 年版。
⑤ 转引自〔美〕尼尔·波兹曼:《童年的消逝》,吴燕莛译,广西师范大学出版社 2009 年版,第 223 页。

育家提出①。学者尼尔·波兹曼强调指出"现代童年的范例也是现代成人的范例"②，这句话也点明了童年概念的变迁具有时代特征，并不具有绝对的稳定的标准。

重视童年不仅在教育界引起了一股热潮，同时在学术界也有一批学者关注和研究童年，对儿童出生后尚未成年的那段时间进行了认真严肃的研究，还专门给这段时间命名为"童年"。学者纷纷展开对童年的研究，主要指导思想一般是围绕着"童年"被破坏而引起的担忧。如1981年戴维·艾尔凯德认为当代儿童变成大人的速度太快，其中父母、学校和媒体等各种外在力量交汇在一起让孩子的童年越来越短。1982年尼尔·波兹曼指出童年存在的前提是儿童和成人之间有信息接收的不对称，但电视等图像媒体的出现，成人和儿童之间的不对称信息越来越少，童年也就处于消逝的边缘③。1984年Marie Winn认为媒体对童年的存在有干扰威胁，新型的媒体能够把成人生活的秘密透露给儿童。成人生活秘密，主要是指性与暴力④。这一观点和波兹曼见解颇有相似之处。1985年梅罗维茨⑤认为现代传播媒体技术的普及会导致童年与成年融合为一。电视媒体能够营造一种情境，这种情境不仅将成人与儿童之间的界线模糊了，同时也模糊了很多本来界限分明的对象，比如男人和女人、公民个人和其政治之间表现。1995年Barry Sanders非常担忧地指出现代年轻人读写能力的水平日益下降⑥，这是图像化媒体传播所引起的一种后果表现。认为现代媒体具有颠覆性的特征，表现之一就是对原来固化的伦理关系进行解构，导致年轻人生活在被媒介包围的充满暴力和自我毁灭的信息的世界。2000年David Buckingham指出科技日新月异的发展带来的许多新的情境，如何保护身为公民和消费者儿童的权利，需要新的对策⑦。2005年Rhacel Salazar Parrenas出版专著，主题是围绕新世纪最新出现的因为移民而导致的儿童生活状态发生改变及其给儿童带来的影响，探讨新世纪一部分儿童因为流动而面临成长的新问题⑧。在国际上，表现的是移民现象；在中国国内表现的即是大规模农民进城打工而造成的留守儿童现象。

二、现代幸福儿童观的争议

不得不承认，人类社会在物质生活方面比以往有了极大的提升，现代儿童的物质生活比以往有了几何级别的飞跃。现代媒体更是通过最先进的技术展示当下儿童"美好幸福"的生活，比如现代广告中经常将儿童幸福的生活形象进行扩大、类型化和标签

① 马文华：《儿童观的现代困境与出路》，载《基础教育研究》2014年第8期。

② ［美］尼尔·波兹曼：《童年的消逝》，吴燕莛译，广西师范大学出版社2009年版，第224页。

③ ［美］尼尔·波兹曼：《童年的消逝》，吴燕莛译，广西师范大学出版社2009年版。

④ Marie Winn, *Children Without Childhood*, London: Penguin, 1984.

⑤ ［美］乔舒亚·梅罗维茨：《消失的地域：电子媒介对社会行为的影响（No Sense of Place: The Impact of Electronic Media on Social Behavior）》，肖志军译，清华大学出版社2002年版。

⑥ Barry Sanders, *A IS FOR OX*, New York: Random House US, 1995.

⑦ ［美］大卫·帕金翰：《童年之死》，张建中译，华夏出版社2005年版。

⑧ Rhacel Salazar Parrenas, *Children of Global Migration: Transnational Families and Gendered Woes*, Stanford: Stanford University Press, 2005.

化,让人感觉到现在的儿童是有史以来最幸福的时候,但现实是不是与媒体呈现的完全一致呢?

不少研究儿童的学者指出,现代社会幸福儿童的形象呈现也只能代表一部分儿童而已。同样是在现代社会,一些地区仍然存在悲惨的儿童,他们饱受战争、疾病和饥饿等痛苦的折磨——比如艾格勒·贝奇和多米尼克·朱利亚在书中提到的非洲等地区的童工,战乱地区的难民儿童等等①,这些儿童生活在水深火热中,煎熬程度不亚于古代历史中的儿童。

其次,从另一视角来看,物质的极大丰富是否内心就一定幸福呢?放眼全球除了一些战乱地区,其他地区的儿童都生活在物质比较丰富的时代,享受着现代社会巨大的物质文明成果。但在和平的年代,孩子们生活的如何呢?正如前文学者在著作中所言,孩子的童年在媒体、成人和社会的催促下逐渐缩短;孩子生活在新媒体打造的虚拟世界中,"仿真"和"超现实"技术让他们流连忘返于虚拟世界。1995 年 Barry Sanders 曾指出在富裕和平的社会,有绝望与辍学的孩子、有自杀的孩子、有帮派斗争的孩子、有家庭破碎伤心孤独的孩子②,他们幸福吗?在眼花缭乱的商业信息冲击下,逐渐萎缩的童年,现在的儿童真的比以前的儿童幸福吗?

同样在这群所谓幸福的孩子群体里,抛开物质方面的丰盛外,普通孩子所承受的精神压力确实是史上空前的。这些压力很少是来自物质方面,主要是在学习方面。这在中国尤其严重,学龄儿童受到学校、父母和社会等多方面无形的攀比压力,其中影响最大的就是升学压力,儿童因为学习,很少有时间接触自然,很早就戴上了厚重的近视眼镜。近些年,新闻上报道不少学生因为学习压力离家出走,有的甚至自杀。2016 年 2 月 24 日,北京晨报新闻《学习压力大女孩离家出走》③报道,14 岁女孩小丽因为学习压力大,三天前留下纸条离家出走,父母心急如焚。2016 年 8 月 15 日,中国新闻网报道了,《13 岁男孩学习压力大离家出走在医院"住院"多日》④。2011 年《光明日报》报道了《11 岁孩子学习压力大揣 4 元坐火车离家出走》⑤。《华商报》2015 年报道新闻:一女学生因为学习压力喝敌敌畏自杀。学生留遗书诉苦:每天早上 6 点,当大家还在睡梦中时,她就开始一天的奔波。早上 6:20 起床,6:30 出门,7:00 到校,12:00 放学;13:30 到校,19:00 放学;晚饭后做作业,

---

① [意]艾格勒·贝奇、多米尼克·朱利亚:《西方儿童史》,申华明等译,商务印书馆 2016 年版。

② Barry Sanders:A Is For Ox. New York:Random House US,1995.

③ 参考记者张静雅:《小学生留告别信离家出走:压力太大活着太累》,载《北京晨报》2016 年 02 月 23 日。

④ 参考记者刘林:《13 岁男孩学习压力大离家出走在医院"住院"多日》,载《中国新闻网》2016 年 8 月 15 日。

⑤ 参考记者孙传章:《11 岁孩子学习压力大揣 4 元坐火车离家出走》,载《光明日报》2011 年 12 月 30 日。

直到 23:30 才能休息,生活就像个机械钟表[1]。

现代社会对儿童的关注和重视是空前的,但这种过分关注和重视是否也会带来负面的效果? 现代商业媒体为了促进消费,通过很多信息告诉我们孩子只要消费就会快乐幸福,但这只是商家认为的快乐幸福。还有很多为了学习成绩去奋斗的孩子,家长们认为学习成绩好,孩子就很快乐,但这只是成人眼中的幸福。我们很少知道孩子真实的内心,他们到底何时觉得幸福快乐。正如《西方儿童史》一书作者所坚持的那样,讨论儿童是否幸福,一个非常必要和关键的条件就是是否参考了儿童自己真实的话语[2]。

从古代到现代,绝大多数文献所呈现出来的儿童形象只是成人想象出来的儿童样式,是成人以自己的理解感悟所认为的"儿童"。所以可以这样说,历史上呈现的主流儿童形象都是特定时期特定阶层的构建行为。

---

① 参考记者康菲:《学习压力大欲自杀专家:多帮孩子卸压人生不只上大学》,载《华商报》2015 年 12 月 25 日。

② [意]艾格勒·贝奇、多米尼克·朱利亚:《西方儿童史》,申华明等译,商务印书馆 2016 年版。

第五章

传播学视角的留守儿童研究

留守儿童现象的出现早于"留守儿童"一词的出现,在前文梳理"留守儿童"一词来源时已作具体说明。留守儿童的出现到引起社会的广泛关注,是在 20 世纪 90 年代后。笔者使用"留守孩"和"留守子女"分别作为关键词在知网数据库中进行检索,发现"留守孩"在 2002 年开始有相关研究,发现"留守子女"早期在 1997 年就有 1 篇研究。这两个关键词检索出的随后是缓慢增多,其中"留守孩"在 2005 年检索篇数最多达 18 篇,"留守子女"在 2008 年达到最多篇数 138 篇;笔者使用"留守儿童"作为关键词在知网数据库中进行检索,1993 年到 2003 年相关的文献仅有 6 篇。随后几年"留守儿童"、"留守孩"和"留守子女"三种称呼并存,其中有一段时期"留守子女"的称呼比较流行,检索的数量处于三者的领先位置。但自 2006 年以后,以"留守儿童"为关键词检索的篇数达 248 篇,关键词"留守子女"的篇数是 90 篇,关键词"留守孩"是 13 篇。"留守儿童"这一词语成为通用符号来指代这群留守在农村的孩子,而其他称呼方法逐渐被弃用。留守儿童逐渐成为媒体和学术界高度关注的话题,截至 2015 年,以"留守儿童"为关键词在知网的检索篇数达 2000 多篇,呈现井喷式增多,其他的类似关键词检索数量不到 100 条,在前面已列出的(表 2-3)。笔者梳理近些年有关留守儿童的研究,根据主题大致可分以下几个方面。根据学科类别和本书的研究特色,可以分为传播学和其他学科的研究。

第一节 非传播学学科的研究

随着留守儿童这一群体的凸现,相关研究一直没有停止,在 2005 年以后相关研究如雨后春笋般涌现。多数的研究是在人口学、教育学、心理学和社会学等学科类别。

一、留守儿童心理

留守儿童因为长期与父母缺少沟通与相处,在心理上是否会与普通儿童不一样?很多学者就此问题进行了研究。2007 年,郝振与崔丽娟研究了留守儿童的社会适应情况,认为自尊和心理控制源对其有影响[1];同年,周宗奎、孙晓军与范翠英[2]研究农村留守儿童的心理存在什么问题,以及这些问题如何解决;随后,2008 年高亚兵对留守儿童心理方面进行了相关研究[3],2009 年张若男、张丽锦与盖笑松[4]也做了相关研究。外文文献中关注留守儿童心理方面的研究也很多,主要研究中国留守儿童的孤独焦虑等心理情况与年龄和被留守时长之间是否有关系,如 2015 年 Hui Lin、En Fu 与 Jian-Ren Zhang[5] 所做的相关研究;2014 年 Chuan Jing Liao、Yu Hu 与 Jin Fu Zhang[6] 对中国农村留守儿童的安全感进行研究,通过对比留守儿童与非留守儿童展开这项研究,发现农村留守儿童的安全感低于非留守儿童;类似研究还有 Xue Zhao.[7]2014 年所做的研究,认为中国农村留守儿童心理焦虑程度很高,心理素质也较差。相关文献比较多就不一一列举。以上心理学方面的研究,普遍得出的结论就是长期的亲子分离会给儿童的心理带来负面影响。心理学方面的相关研究为后期很多的论断奠定了基础。

二、留守儿童健康状况

中国农村留守儿童物质生活水平一直被认为是比较低的,所以长期下去,留守儿童的营养健康是否也有问题? 对此很多学者进行了研究。如段成荣与周福林[8]在 2005 年就开始关注留守儿童,是中国较早关注留守儿童生活状况并进行研究的,随后段成荣与杨舸[9]和谭深[10]也做了相近研究。2009 年,陈在余[11]专门进行了中国农村留守儿童营养与健康状况研究;2013 年,段成荣等[12]又对中国农村留守儿童生存和发展的基本状况进行研究。相关外文文献很多,不一一列举,仅以下面几篇代表:2015 年,

---

[1]　郝振、崔丽娟:《自尊和心理控制源对留守儿童社会适应的影响研究》,载《心理科学》2007年第 5 期。

[2]　周宗奎、孙晓军、范翠英:《农村留守儿童心理发展问题与对策》,载《华南师范大学学报:社会科学版》2007 年第 6 期。

[3]　高亚兵:《农村留守儿童心理健康状况及人格发展特征》,载《中国公共卫生》2008 年第 8 期。

[4]　张若男、张丽锦、盖笑松:《农村留守儿童是否有心理健康问题?》,载《中国心理卫生杂志》2009 年第 6 期。

[5]　Hui Ling，En Fu&Jian-Ren Zhang，Effects of Separation Age and Separation Duration among Left-behind Children in China. *Social behavior and Personality*，2015，43(2).

[6]　ChuanJing Liao，Yu Hu&JinFu Zhang，Measuring the Sense of Security of Children Left Behind in China.*Social behavior and Personality*，2014，42(10).

[7]　Xue Zhao，Jian Chen，Ming-Chun Chen，Xiao-LingLv，Yu-Hong Jiang&Ye-Huan Sun，Left-behind Children in Rural China Experience Higher Levels of Anxiety and Poorer Living Conditions. *FoundationActaPædiatrica*，2014(103).

[8]　段成荣、周福林:《我国留守儿童状况研究》,载《人口研究》2005 年第 1 期。

[9]　段成荣、杨舸:《我国农村留守儿童状况研究》,载《人口研究》2008 年第 32 期。

[10]　谭深:《中国农村留守儿童研究述评》,载《中国社会科学》2011 年第 1 期。

[11]　陈在余:《中国农村留守儿童营养与健康状况分析》,载《中国人口科学》2009 年第 5 期。

[12]　段成荣、吕利丹、郭静、王宗萍:《我国农村留守儿童生存和发展基本状况——基于第六次人口普查数据的分析》,载《人口学刊》2013 年第 35 期。

Qian Lin 等[①]指出超过 40％的留守儿童年龄在 5 岁以下，平时身边没有父母照顾，身体健康存在隐患，令人担忧。还有 N. Zhang 等在 2015 年从隔代抚养方面研究对留守儿童的身体健康的影响，比如老人和小孩的饮食习惯、代际观念差异都会对儿童的健康成长造成不利的影响[②]，一般使用定量研究方法居多。

三、留守儿童教育问题

由于大规模的人口流动和农村大规模的撤点并校，农村教育正发生着巨大变化，2015 年，杨东平指出农村现在出现三类学校并存的格局：一是城镇出现的大班额和巨型学校；二是乡镇出现的寄宿制学校；三是乡镇以下的村小或教学点（即"小规模学校"）[③]。不少研究围绕留守儿童的学校教育问题，如 2015 年张家勇与朱玉华[④]对农村教育当前遇到的问题及其复兴的可能性进行了研究。2015 年学者叶敬忠[⑤]在《人民政协报》发表题为"留守儿童的教育与成长困境"文章，认为随着农村人口流动深化、城乡教育政策调整、农村社区的衰落，留守儿童的教育生态进一步变差。外文文献涉及的有 Xiaojun Sun、Yuan Tian、YongXin Zhang、XiaochunXie、Melissa A. Heath 与 Zongkui Zhou[⑥]指出中国农村留守儿童在教育方面存在的问题。Yao Jihai 与 Mao Yaqing[⑦]使用问卷调查的方式对中国西部 10 个省市自治区几千名农村小学生进行的研究，发现留守儿童的学业表现不佳，尤其是仅母亲外出的留守儿童。其他文献不一一列举。

教育不仅仅是学校教育，其中还包括家庭和社会教育。留守儿童在这三方面都存在不利的现状，但目前文献中很少涉及留守儿童的家庭教育与社会教育的研究，以下有几篇：江立华[⑧] 2011 年从乡村文化的没落对留守儿童家庭和社会教育带来的冲击

---

① Qian Lin, PeymanéAdab, Karla Hemming, Lina Yang, Hong Qin, Mingzhi Li, Jing Deng, JingCheng Shi & JihuaChen, Health Allowance for Improving the Nutritional Status and Development of 3-5-year-old Left-bchind Children in Poor Rural Areas of China: study protocol for a cluster randomised trial. *Trials*, 2015, 16(1).

② Nan Zhang, LaiaBécares, &TaraniChandola:Does the Timing of Parental Migration Matter for Child Growth? A life course study on left-behind children in rural China.*BMC Public Health*, 2015,15(1).

③ 杨东平：《陈旧教育体制下的星星之火》，载《凤凰周刊》2015 年第 36 期，取自：http://www.anyv.net/indeX.php/article-129890。

④ 张家勇、朱玉华：《农村教育复兴的可能与方向》，载《中小学管理》2015 年第 10 期。

⑤ 叶敬忠：《留守儿童的教育与成长困境》，载《人民政协报》2015 年 11 月 4 日第 010 版。

⑥ Xiaojun Sun,Yuan Tian,YongXin Zhang,XiaochunXie,Melissa A. Heath,&Zongkui Zhou, Psychological Development and educational Problems of Left-behind Children in Rural China,*School Psychology International*,2015,36(3).

⑦ Yao Jihai&Mao Yaqing, Rural left-behind Children's Academic Psychology in Western China and the School Management Countermeasures. *Front.Education China*,2008,3(4).

⑧ 江立华：《乡村文化的衰落与留守儿童的困境》，载《江海学刊》2014 年第 4 期。

与影响来研究,这是当前比较少见的研究视角。黄海[1]主要是从社会文化对留守儿童成长的影响,探讨留守儿童的成长教育问题。类似文献还有 2013 年和 2014 年 Guodong Ding 与 YiXiao Bao[2]、LiuNaGeng、WenJun Zhou 与 QiaoXin Xu[3] 等所做的研究。

四、关注中国农村留守儿童产生的原因、解决措施

在查阅文献过程中,笔者发现境内有关留守儿童的研究侧重于心理、营养健康和教育等问题,对留守儿童产生的原因一般很少涉及,偶有一笔带过,2017 年韦克难、陈晶环和张琼文认为公共服务不足、儿童保护法制不健全、部分农村文化的衰落等等因素是造成留守儿童成因的宏观原因。认为家庭结构不全,家庭功能瓦解、监护人监护职责不到位,缺乏对留守儿童保护、重视物质建设,忽视对儿童的教育关爱是造成留守儿童不能健康成长的微观原因[4]。境外媒体也对留守原因进行深入剖析,如《南华早报》刊登的《境外媒体评中国留守儿童:繁荣的代价》[5],英国《每日电讯报》报道的《中国户口制度造成约 6000 万留守儿童》[6],都对留守儿童成因进行分析。相关文献还有不少就不一一梳理,此外还有不少外文文献是关于留守儿童问题的解决方面,如 2014 年 Loo-See Beh 对重庆当地政府推出的五大解决留守儿童的措施进行研究[7]。

目前中国研究留守儿童的文献很多,但关注的视角主要就集中在以上几个方面。文献数量众多,但视角相似,变化的只是数据,在理论和认知方面创新的研究很少。

第二节　传播学视角下的留守儿童研究

改革开放后,城乡的壁垒在一定程度上被打破,从而引发农民"打工潮"的产生,这导致广大农村出现大量的留守儿童。这些留守儿童和传统农村社会的孩子有着截然

---

[1]　黄海:《从留守儿童到乡村"混混"》,载《当代青年研究》2008 年第 7 期。

[2]　Guodong Ding & YiXiao Bao,Editorial Perspective:Assessing Developmental Risk in Cultural Context:the Case of 'left behind' Children in Rural China. *Journal of Child Psychology and Psychiatry*,2014,55(4).

[3]　Liu Na Geng,Wen Jun Zhou & QiaoXin Xu,Explicit and Implicit Television Cognition of Left-behind Children in China. Social Behavior and Personality,2013,41(3).

[4]　韦克难、陈晶环和张琼文:《留守儿童成长问题及其形成原因、治理对策》,载《贵州省党校学报》2017 年第 5 期。

[5]　参考冯灵逸:《境外媒体评中国留守儿童:繁荣的代价》,原刊登《南华早报》,转自参考消息网 2013 年 7 月 17 日。

[6]　参考英媒:《中国户口制度造成约 6000 万留守儿童》,许燕红编译,英国《每日电讯报》2015 年 8 月 26 日报道,转中国新闻网,网络来源:http://big5.chinanews.com/sh/2015/08-29/7495900.shtml.

[7]　Loo-See Beh:China's Left-behind Children:Development and Challenges for the Future. *The Copenhagen Journal of Asian Studies*,2014,32(2).

不同的生活常态,他们一般是老人看顾,缺少和父母的沟通交流。费孝通在其《乡土中国生育制度》一书中指出:"婚姻的意义就在于建立社会结构中的基本三角",即夫妻双方、夫妻和孩子之间分别构建起来一个家庭关系的三角[①]。费孝通认为婚姻带来了两种有关联的社会关系:一是夫妻之间的关系;二是父母与孩子之间的亲子关系。费孝通从中国社会的伦理出发,认为夫妻关系与亲子关系不是分别独立的存在,二者相互关联,他指出"夫妇关系以亲子关系为前提,亲子关系也以夫妇关系为必要条件"[②]。费孝通还强调指出三角形因为有三边所以最稳定,家庭也是如此,三角形有一边短缺就不能形成稳固的家庭组合。当前乡村家庭的变化带来了三角的短缺,导致乡村文化逐渐没落,传统的种植饲养等乡土劳动越来越少,乡土劳动的减少直接就导致农村儿童参与成人活动形式的减少。由于成年人的缺位,农村儿童参与传统游戏的活动也逐渐减少和消失。农业文明的日渐式微,导致农村逐渐失去了传统的内涵。

前文我们已经梳理了"留守儿童"一词,该词最早出现于 20 世纪 90 年代,最初用于形容父母双方或者一方出国留学而被留在国内由爷爷奶奶或者亲戚朋友代为照顾的儿童,一般认为年纪在 17 岁以下,现在被用来形容特指农村留守儿童。对于留守儿童的界定与定义,目前国内尚无统一的标准。笔者对文献中有关留守儿童的定义进行归纳整理,比较宽松的定义:留守儿童是指年纪在 18 岁及以下的孩子,父母一方外出打工,被留在农村过着与父或母分离的生活,分离时间在半年及以上的孩子。留守儿童比较严格的定义:留守儿童是指年纪在 16 岁及以下的孩子,父母双方均外出打工,被留在农村过着与父母分离的生活,和父母分离一年及以上的孩子。

一、有关留守儿童新闻报道的研究

自从 20 世纪 90 年后,中国媒体开始逐渐关注留守儿童这一群体,相关媒体报道数量日渐增多,但是报道数量不能代表报道的质量,报道中还存在一些不尽人意的地方。

一是认为媒体关注不够,媒体社会责任有待加强。王爽[③]指出中国媒体要加强自身社会责任,呼吁对留守儿童能做更好的报道,以推动留守儿童问题的解决。傅海峰[④]从城乡资源分布不均的视角批判当下的中国媒体,认为中国的少儿电视节目存在严重的城市本位主义,节目仅仅成为城市孩子的舞台,农村孩子没有任何的话语表达机会。张桂林[⑤]认为中国当下的媒体对农村留守儿童报道存在视角单一、深度不够等

---

① 费孝通:《乡土中国生育制度》,北京大学出版社 1998 年版,第 159 页。

② 费孝通:《乡土中国生育制度》,北京大学出版社 1998 年版,第 159~162 页。

③ 王爽:《党报视野中的留守儿童报道——以〈人民日报〉留守儿童报道为例》,载《东南传播》2009 年第 5 期。

④ 傅海峰:《遗失的关爱——论农村少儿题材电视表现的缺失》,苏州大学 2010 年硕士毕业论文。

⑤ 张桂林:《农村"留守儿童"新闻报道的缺失和对策》,载《山东省农业管理干部学院学报》,2011 年第 09 期。

问题。李梦杰[①]也指出新闻媒体对留守儿童的采访、写作、编辑和评论各个环节都存在不尽人意之处,认为这是媒体缺失社会责任和媒体从业人员素养不够等原因造成的。孙莉[②]在毕业论文中探讨了中央级和地方报纸在报道留守儿童时存在的差异,指出中央级报纸和地方报纸因为各自定位和利益等问题,在报道时都存在一些不足。

二是留守儿童的报道存在模式化问题。中外媒体报道留守儿童时,无论是新媒体还是传统的纸质媒体,充斥眼前的留给大家最多的、印象最深刻的就是——他们形影孤单,头发凌乱,衣服破烂、脸蛋皱裂,眼泪汪汪之类的代表性形象。肖利珍[③]认为中国主流媒体在留守儿童报道中存在着明显的模式化痕迹,报道存在模式化。操圣宁[④]指出有关留守儿童的报道,尤其是市场类报纸存在模式化的报道现象。曾学红[⑤]发现报道呈现出模式化痕迹较为明显的特征。陶萄[⑥]指出在主流官方媒体上,留守儿童的形象比较固化,一般留守儿童被刻画成问题儿童、弱势群体和"沐恩的幸福群体"形象。曹钦[⑦]以《中国青年报》具体报道文本为研究对象,建立类目进行相关数据统计分析,发现《中国青年报》上留守儿童的形象主要以被关爱沐恩的弱势群体及问题儿童形象为主,辅之以励志向上的正面形象。谢茜[⑧]认为相关媒体报道存在固定的格调,报道存在片面、刻板印象。

三是留守儿童报道存在忽冷忽热、煽情严重等现象。樊拥军[⑨]批评媒体忽冷忽热地对留守儿童进行报道,认为有关留守儿童的报道不应该简单地追逐突发事件或热点事件报道,应该有长期的规划,有宏观方向性和持续长久性,不提倡一阵风报道。邰琪[⑩]对电视新闻中报道留守儿童的情况加以分析批评,认为电视媒体报道留守儿童存在过度煽情、报道数量失衡等问题。关颖[⑪]指出有些留守儿童新闻报道中存在弱化亲情、忽视父母责任的现象,认为这些报道有以社会关爱来替代父母和亲情的倾向。

① 李梦杰:《留守儿童新闻报道研究》,苏州大学 2013 年硕士毕业论文。

② 孙莉:《中国大陆报刊媒体留守儿童报道的框架分析》,上海外国语大学 2013 年硕士毕业论文。

③ 肖利珍:《〈光明日报〉与〈中国青年报〉留守儿童报道研究》。湖南大学 2010 年硕士毕业论文。

④ 操圣宁:《关于报纸媒体对留守儿童模式化报道的探究——以〈羊城晚报〉和〈重庆商报〉的报道为例》,载《新闻知识》2011 年第 11 期。

⑤ 曾学红:《留守儿童报道特征研究——以〈中国青年报〉为例》,西南大学 2013 年硕士毕业论文。

⑥ 陶萄:《〈人民日报〉留守儿童形象研究(2000—2011)》,南京师范大学 2013 年硕士毕业论文。

⑦ 曹钦:《留守儿童的媒介形象分析—以〈中国青年报为例〉》,载《东南传播》2013 第 1 期。

⑧ 谢茜:《关于留守儿童的新闻框架研究——以〈中国青年报〉为例》,载《传播与版权》2014 年第 02 期。

⑨ 樊拥军:《关爱留守儿童报道如何改进、提升》,载《中国记者》2012 年第 04 期。

⑩ 邰琪:《论电视媒介的农村留守现象报道——以中央电视台报道为例》,吉林大学 2014 年硕士毕业论文。

⑪ 关颖:《新闻报道中父母对孩子家庭责任的扭曲》,载《新闻记者》2014 年第 06 期。

更有甚者,笔者发现部分媒体为了提升收视率直接让留守儿童作为悲情元素进入真人秀节目中,表面打着关爱留守儿童的旗号,实质就是对留守儿童进行娱乐和消费,最终实现媒介利益的最大化。

二、有关留守儿童媒介呈现的研究

(一)数量少、视角固化

笔者对 10 多年来有关留守儿童媒介形象的研究进行检索统计发现,在知网和万方数据库上进行检索,截至 2015 年 12 月,发现相关论文总数在十余篇而已,其中研究留守儿童媒介形象的多属于硕士学位论文。除此之外,在新闻传播类一级期刊上有一两篇相关研究论文发表,相关研究数量确实不多。如陈世海、詹海玉、陈美君与文四海[1]以议程设置理论为理论指导,对留守儿童形象建构进行研究,指出当下媒体构建出"问题"印象的留守儿童,在社会上造成了很大的负面影响。

在为数不多的研究中,研究者研究的视角也比较单一固化。贾云[2]对留守儿童的形象呈现进行研究时,指出当前留守儿童相关的研究中存在这样一种定势的视角——过分强调的"问题现实或倾向",而对留守儿童可能存在的优势、可开发的资源和相关能力的培养这些方面比较忽视和缺乏。谭深[3]指出在研究留守儿童形象时,人们习惯于将留守儿童的困难和负面环境加以夸大,缺乏理性的全面的思考,出现留守儿童被"污名化"的倾向。在这样非理性的研究影响下形成一种特殊的情境,让留守儿童内心容易产生被别人怜悯甚至歧视的感知,这样容易导致留守儿童内心不稳定——容易产生敏感、消极和冲动等情绪。

以上研究都指出了留守儿童媒介呈现研究还比较缺乏,研究的视角比较固化,研究的立场比较单一。

(二)城市本位

笔者查阅不少研究留守儿童的文献,发现在为数不多的研究留守儿童形象呈现的文献中存在比较明显的城市本位的倾向。研究者以城市为中心,参照城市的标准来评价农村。反之,如果从理性中立的视角来看,真正健康的农村是完全平等于城市而又不同于城市的生活方式的地方,正如赵旭东所说,农村如同世外桃源般,与城市相对应存在,维持乡村自然的"野"和"朴"[4]。而当下一些研究文献中出现留守儿童的地方,经常是花很多笔墨描述留守儿童生活贫困,环境不够卫生,衣服不够漂亮等等细节。所站视角仍然是远观的旁观者的身份,文章的立场是以城市为本位,把城市的标准作

---

① 陈世海、詹海玉、陈美君、文四海:《留守儿童的社会建构:媒介形象的内容分析——兼论留守儿童的"问题命题"》,载《新闻与传播研究》2012 年第 2 期。

② 贾云:《从社会建构主义视角反思农村留守儿童研究》,载《理论界》2010 年第 10 期。

③ 谭深:《中国农村留守儿童研究述评》,载《中国社会科学》2011 年第 1 期。

④ 赵旭东:《乡村成为问题和成为问题的中国乡村研究》,载《社会科学》2008 年第 3 期。

为最完美的标准，并以此为参考标准来衡量农村的生活，比如描写留守儿童玩耍的场地时，从城市立场出发，说农村的运动场地不安全，没有城市的塑料运动场地。其实塑料运动场场地质量不过关对人体健康非常有害，而一些研究者把它当作一个高标准作为参考，似乎只有塑料跑道才是安全的，也没有考虑到农村的泥土地是天然的运动场，在很多方面胜过塑料跑道。这是当前很多研究留守儿童的文献中普遍存在的现象，就是以城市为本位，所思所想所言所行，都是以城市为标准，似乎不同于城市的就是落后的，没有真正从农村视角来研究留守儿童。

(三)易受伤害的留守女童

社会大众在大众媒介和新媒体的信息冲击，他们从无数信息海洋中重复接触到的最多就是关留守儿童可怜悲惨这类信息。近些年出现了越来越多令人担忧的新闻事件，留守儿童成为受伤害的重灾区。在易受伤害的形象中，留守女童的形象更加突出。笔者检索中国知网的文献，以留守女童为关键词，共有 41 条文献，包括硕士学位论文和一些期刊论文，这些论文研究的视角主要就是留守儿童容易被伤害，包括因重男轻女的封建思想造成的家庭伤害，还有比较多的视角就是留守女童被性侵的伤害。如段成荣与杨舸[①]发表论文指出农村的留守女童由于教育和卫生方面知识的缺乏，长期没有大人在身边，没有获取相关知识的机会，他们比较缺乏保护自己的常识。当这群留守儿童成长到青春期时，容易受到居心不良的人猥亵或者侵害，甚至会被他人引诱走上犯罪的道路。张永强与耿亮[②]发表《农村留守女童遭受性侵害问题及防范对策研究》一文，在文中首先就现在的女童遭受性侵的现状进行分析，当前女童被性侵呈现出"性侵女童低龄化、性侵主体熟人化、性侵地点集中化和性侵取证困难化特点"。所以他们认为当前农村留守女童如何保护自己、国家相关部门如何预防留守女童被性侵已是迫在眉睫的一件大事。

除了这些外，还有就是媒体对留守儿童的影响与伤害，国内外学者已经关注媒体对留守儿童的影响。郑素侠[③]在文中提出电视媒体在留守儿童成长过程中所起到的作用，如何利用媒介让留守儿童健康成长是当下一个比较重要的研究议题。相关研究文献还有 Jing Guo 等[④]研究电视媒体传播对留守儿童"显性和隐性认知"的影响。除了电视媒体外，现在网络媒体对留守儿童也产生了不小的影响。随着互联网在中国的普及，留守儿童上网的可能性大大提高，上网的时长越来越长。研究指出留守儿童因

---

① 段成荣、杨舸：《中国农村留守女童状况研究》，载《妇女研究论丛》2008 年第 89 期(6)。

② 张永强、耿亮：《农村留守女童遭受性侵害问题及防范对策研究》，载《预防青少年犯罪研究》2016 年第 3 期。

③ 郑素侠：《农村留守儿童的媒介素养教育：参与式行动的视角》，载《现代传播》2003 年第 4 期。

④ Jing Guo, Li Chen, Xiaohua Wang, Yan Liu, Chery Hiu Kwan Chui, Huan He, Zhiyong Qu & Donghua Tian, The relationship between Internet Addiction and Depression among Migrant Children and left-behind Children in China. *Cyberpsychology Behavior & Social Networking*, 2012, 15(11).

为缺少父母看管比非留守儿童更容易网络上瘾。

当前有关留守儿童媒介形象的研究已经取得一定的成果,但整体上来看,相关研究存在以下不足之处:一是研究的视角比较单一,存在模式化和同质化。二是研究的理论深度不够,没有深入地从社会建构主义视角挖掘留守儿童媒介形象呈现背后的权利利益关系。三是很多研究者本身就秉承消费主义、城市中心主义的观念,在研究中很难跳出自己原有的思维框架,研究的立场和角度上强烈地或者隐藏地代表着城市中产精英,很少有以农村留守儿童为本位的研究。

三、本书主要研究问题

基于以上的文献分析,儿童的形象并非一成不变,而是不同的历史时期的社会文化建构的产物,媒介在此建构过程中,扮演着重要角色。根据媒介框架理论和相关文献梳理,我们知道媒介构建的真实是不同于现实真实的,无论是何种媒体在报道中都有自己特定的框架。中国媒体对留守儿童进行了大量的报道,也构建了留守儿童媒介形象。笔者提出两个研究问题:(1)当前中国媒体有关留守儿童的媒介呈现具有什么样的特征;(2)如何解读留守儿童媒介形象呈现背后的话语权力和利益等问题?

为了解答上述第一个问题,笔者使用内容分析法对中国相关媒体的新闻报道展开研究。在构建维度时,考虑到前期的文献有关留守儿童媒介形象的呈现主要问题集中于新闻常规和性别形象这两个方面,为了能够真实全面地了解留守儿童媒介形象呈现的特征,笔者从两大维度出发,第一个是研究新闻报道中留守儿童媒介形象呈现的特征,以新闻常规的模式为具体的考察框架;第二个是了解留守儿童性别形象的呈现是否具有什么特征,所以从性别这一框架出发来进行设计研究。在新闻常规方面主要考虑报纸的类别、报道数量的分布、报道类型的构成、消息来源的组成等等,从而了解相关新闻媒体在报道留守儿童时所遵循的"常规框架"。有关性别形象呈现的研究,主要是研究留守男童和女童在新闻报道中以什么样的形象呈现,比如是积极健康,还是问题儿童等等。通过以上两个维度的开展,期望能够了解中国媒体在报道留守儿童时所呈现出来的常规框架和性别框架。基于此,本书提出以下具体研究问题:

RQ1:不同报纸在不同时期关于留守儿童的报道数量是否不同?

RQ2:不同报纸有关留守儿童的报道的消息来源是否不同?

RQ3:不同报纸有关留守儿童的报道主题呈现是否不同?

RQ4:不同报纸有关留守儿童的形象呈现是否不同?

RQ5:不同报纸对留守女童和留守男童的形象呈现是否不同?

RQ6:在"帮助关爱"留守儿童为主题的新闻报道中,不同报纸报道的帮助关爱的主体是否不同?

RQ7:在"因关爱留守儿童而获表彰奖励"为主题的新闻报道中,不同报纸报道的获表彰奖励的对象是否不同?

RQ8:在"帮助关爱"留守儿童为主题的新闻报道中,不同报纸报道的帮助关爱的方式是否不同?

RQ9:不同报纸关于儿童留守的原因的报道是否不同?

RQ10:不同报纸十年来呈现的留守儿童的形象的变化及趋势是否不同?

为了回答第二个大问题,了解留守儿童媒介呈现背后的话语权力和利益等问题,本书还要使用话语分析方法对一些典型的新闻报道进行深入分析,对留守儿童媒介呈现背后的媒介框架进行深层思考。

第六章

留守儿童媒介形象研究方法

本书使用内容分析方法与话语分析方法。量化和质化方法虽在本体论与认识论上存在分野,实现两者的整合是困难的。但从实用主义的观念出发,"与方法相比,问题才是最重要的,研究者要使用所有的方法以理解问题",美国学者约翰·W.克雷斯威尔指出实用主义认为"研究者在进行研究时,可以在定性研究和定量研究假设中自由选择,为了更好地研究问题,研究者会同时使用定量和定性的数据"[①]。所以,量化和质化两种方法可以共存于同一研究的不同阶段,彼此关照,对研究对象进行更深入的观察。具体而言,量化研究方法可以让研究者了解研究对象的宏观分布特征等,这可以引导研究者使用质化研究方法,有针对性地深入探究,更快捷地进入问题的核心层面。质化需要进行对典型事例的分析,但如何选择典型事例,如果有了量化的研究作为参考依据,那么质化可以在量化研究的基础上更便利地选择进而得到更具有代表性的案例进行分析[②]。本书首先使用量化方法研究方法,获得有关留守儿童媒介形象的宏观呈现情况;在此基础上,本书再去使用质化的研究方法,对新闻报道中呈现出来的特征进行深入分析。

具体来说,本书首先使用内容分析法对《光明日报》《四川日报》《南方都市报》十年相关新闻报道进行分析,得出留守儿童媒介形象呈现的特征。内容分析法能够对文本的现状和趋势进行描述,但不能做更复杂的深层意义的讨论,因此本书在内容分析方法之后,再使用话语分析方法对典型的新闻报道做话语分析,剖析新闻文本呈现的话语特征及其背后的文化、意识形态和权力关系。话语分析作为一种质化的方法,无法做宏观的趋势研究,刚好与内容分析法进行互补。同时,话语分析法弥补了内容分析法无法进行文本深层次的研究这一缺憾。

第一节　内容分析方法

Kerlinger 于 1986 年指出内容分析法被广泛地使用于文本分析,是一种非常灵活

[①]　[美]约翰·W.克雷斯威尔:《研究设计与写作指导:定性、定量与混合研究的路径》,崔岩强译,重庆大学出版社 2016 年版,第 9 页。

[②]　叶浩生:《量化研究与质化研究:对立及其超越》,载《自然辩证法研究》2008 年第 9 期。

的研究方法①,它常被使用于对大众传播内容的监控,以及对传播的特征进行描述分析和对比。本书试图通过内容分析法探究大众媒体上有关留守儿童的媒介呈现问题,以此来了解留守儿童媒介呈现的概貌。本书首先对"三报"近十年来有关留守儿童的报道进行内容分析,探知留守儿童媒介呈现的基本情况。笔者选择中国三份不同的报纸作为研究对象,以国家级党报、省级党报和都市报各一种为代表。中国国家级党报、省级党报和都市报在报纸定位、发行政策和面对读者群等等方面都存在不一样,所以"三报"有关留守儿童的媒介呈现是否一致,这是本书使用内容分析方法需要回答的一个问题。如果"三报"呈现的形象是一致的,呈现出的是什么特征的留守儿童媒介形象;如果三报之间是不一致的,各报之间存在什么样的差异。

一、抽样方法

(一)研究对象

中国报纸在性质上都是国有的,目前还没有私营报刊。各级党委机关报简称党报,党报既是所代表的政党的权威信息发布平台,同时也担负着宣传所属政党的主张以及引导社会舆论的重要职责②;除了党的机关报外,还有一些市场化的都市报。本书的研究目的是了解报纸上有关留守儿童形象呈现的情况,考虑到样本的代表性,拟选择国家级党报、省级党报(留守儿童人数较多的省份)和都市报这三类报纸加以分析。本书以澳门科技大学慧科新闻数据库为数据源,通过这个数据库获取中国三份代表性的报纸近十年的样本。

笔者最后选择《光明日报》、《四川日报》和《南方都市报》三份报纸作为代表,主要基于下列考虑:首先,报纸本身所具有的代表性。国家级党报主要有《人民日报》、《光明日报》、《经济日报》和《解放军报》等等;留守儿童人数较多的省份有四川、河南、安徽、湖南等等。《南方都市报》是一份比较有影响力的都市报,所以本书选择《南方都市报》作为全国性都市报的代表性。

第二,报纸在慧科新闻数据库的数据完整性。在进行国家级党报的选择时,笔者首先考虑选择的是《人民日报》,因为《人民日报》是国家级党报最佳代表。但在慧科新闻数据库中,《人民日报》十年的数据不完整,考虑到本书要对报纸十年的报道进行内容分析,数据不完整无法开展相关工作,故而舍弃《人民日报》。选择省级党的机关报也是如此,在四川、河南、安徽、湖南等省份选择一份报纸作为代表,结合慧科数据库十年的数据完整性来考虑,最后确定选择《四川日报》。在慧科新闻数据库中,《南方都市报》的十年数据十分的齐全,所以笔者最后也确定选择《南方都市报》为都市报的代表。

因为本书的主要任务是通过了解中国几份有代表性的报纸对留守儿童的报道进

---

① Kerlinger,F.N.,*Foundations of Behavioral Research*(3rd ed.).New York:Holt Rinehart Winston,1986,p.477.

② 操慧、肖玉圆:《我国党报构建亲和力的互动文本策略——以〈四川日报〉2009 年报网互动专版"网谈博客"为例》,载《西南民族大学学报(人文社科版)》2010 年第 12 期。

而得出留守儿童报道的现状,不同报纸之间是否具有可对比性并不是本书的研究重点。所以本书基于以上两个方面的考虑,最后确定《光明日报》作为国家级党报的代表,《四川日报》作为留守儿童地区较多的地方党报代表,《南方都市报》作为市场化都市报的代表。这三份报纸代表着中国不同层面的报纸,对它们进行研究,进而可以窥探大陆报纸有关留守儿童报道的现状。

1.《光明日报》

《光明日报》1949年6月16日创刊,开始是一份民主党派机关报。1994年8月,光明日报社被党中央正式批准为中共中央直属事业单位。发展至今,《光明日报》已成为中共中央机关报之一,由中宣部直接领导,是中国大型的全国性的官方新闻媒体之一[1],"作为中共中央主管主办的中央党报",是党中央指导意识形态工作的重要阵地[2],在本书中作为国家级党报的代表。

《光明日报》主要的读者是知识分子,有以下几个特征:一是学历较高,二是从事的工作岗位主要分布在政府机关、企事业单位、国办高校,其报纸定位是立足于知识界、面向全社会,该报作为一份权威性党报在中国共产党和知识分子之间担负着桥梁和纽带的作用[3]。《光明日报》2015年度、2016年度的总订阅量达80余万份[4]。发行方式主要是以邮局订阅为主,报刊亭销售为辅。作为国家级党报在邮局订阅政策上受到一定的行政保护,中华人民共和国国家新闻出版广电总局发文对中国邮政订阅政策进行了规定和引导,以2015年的中国邮政相关规定为例,主要是对公费和党费订阅报刊的行为进行了规约,规定指出对《光明日报》等重点党报党刊发行进行一定的行政保护,要求乡镇以上机关单位和领导干部用公费和党费订阅报刊,只能订阅《光明日报》等中央级党报党刊[5]。此外,《光明日报》还有网络版。

2.《四川日报》

《四川日报》1952年始发刊,是中共四川省委机关报,在四川地区能够代表主流意识形态、影响主流人群,是四川省党报的代表,是四川省最具权威性的综合性报纸,也是中国共产党省级"喉舌"之一。本书中将《四川日报》作为留守儿童较多的省份的报纸代表。《四川日报》是四川地区读者了解当地最新政策信息的省内最权威、最有影响力的主流媒体,主要面对的读者群是中青年群体和党政机关领导干部,读者工作单位

①　相关资料整理于《光明日报》网站介绍网络地址:http://www.gmw.cn/

②　曹建文:《从自身定位出发以融合为抓手——〈光明日报〉宣传践行社会主义核心价值观的实践经验》。载《传媒》2015年第5期,第19页。

③　相关资料整理于《光明日报》网站介绍网络地址:http://www.gmw.cn

④　相关信息数据源于光明网,整理2015年1月和2016年1月相关报导信息。《光明日报》2016年发行量保持80余万份。网络地址:http://www.gmw.cn。

⑤　相关信息参考中华人民共和国国家新闻出版广电总局2015年颁布的相关规定。《关于开展报刊发行秩序专项整治的通知》。网络地址:http://www.sapprft.gov.cn。

主要分布在政府机关和企事业单位[①]。进入 21 世纪,《四川日报》的定位发生了这样的变化——从"权威政经大报、出色主流新闻"转变为"保持政经强势的权威综合性主流大报",体现以"主流"求"主导"的使命担当[②]。

《四川日报》日均发行量 40 万份,发行量位于中国省级党报的中前行列。发行方式主要是邮局订阅,报刊亭销售为辅[③]。作为省级党委机关报在发行上也有一定的行政政策保护,也是以 2015 年的中国邮政相关规定为例,要求乡镇以上机关单位和领导干部用公费和党费订阅报刊,只能订阅一些中央级党报党刊和地方党委机关报刊以及对工作有指导意义的其他重点报刊[④]。可见,公费和党费订阅地方党委机关报刊也是在有关政策之中,对此进行了强制或弹性规定。

3.《南方都市报》

《南方都市报》正式创刊于 1997 年,属于南方报业传媒集团系列报之一,是一份覆盖大珠三角(含港澳)的主流城市日报。创刊后 8 年,即入选 2005 年年度《中国 500 最具价值品牌》;2006 年,又获全国晚报都市报类竞争力第一的排名;2011 年,《南方都市报》获 2011 年《亚洲品牌 500 强》第 176 位、亚洲传媒分榜单第 15 位、中国传媒品牌榜第 9 位[⑤]。本书中选择《南方都市报·全国版》为分析对象,作为中国都市报的代表。

《南方都市报》定位:服务精英群体,坚守典范阅读(南方都市报,2015)[⑥]。拥有现代都市中最具消费能力的读者群,以 25～44 岁、高等学历和社会精英阶层及白领为主,受过高等教育的占 53.7%,月收入 3000 元以上的读者占一半以上[⑦]。

2008 年 6 月,世界报业协会在瑞典歌德堡发布了"2008 年世界日报发行量前 100 名排行榜"[⑧]。当时拥有 140 万份发行量的《南方都市报》名列全球第 28 位,在中国位于第 6 位。2011 年《南方都市报》发行量世界排名第 18 位,中国排名第三,发行量为 191.0 万份(南方都市报,2012)[⑨]。2010 年学者张志安指出《南方都市报》行政级别属于处级,"相对来说,其政治资本是比较稀缺的"[⑩]。目前《南方都市报》是报社自己发行和报亭销售等方式,没有通过邮局订阅方式。发行方式市场化,没有行政保护政策。

---

① 相关资料整理于四川日报网站介绍网络地址:http://www.scdaily.cn.

② 罗晓岗、陈岚、向军:《"六个统一"的立业之道——〈四川日报〉60 年持续创新的思考》,载《中国记者》2012 年第 11 期。

③ 相关资料整理于四川日报网站介绍网络地址 http://www.scdaily.cn/

④ 相关信息参考中华人民共和国国家新闻出版广电总局 2015 年颁布的相关规定。《关于开展报刊发行秩序专项整治的通知》。网络地址:http://www.sapprft.gov.cn,2015 年 11 月 02 日。

⑤ 相关信息参考南方都市报发展大事记。《南方都市报》2015 年 12 月 15 日,AA24 版.

⑥ 相关信息参考南方都市报发展大事记。《南方都市报》2015 年 12 月 15 日,AA24 版.

⑦ 相关资料参考人民网《南方都市报》报纸介绍信息整理,2003 年 11 月 11 日.网络地址:http://www.people.com.cn.

⑧ 相关信息参考南方都市报发展大事记,《南方都市报》。2015 年 12 月 15 日,AA24 版.

⑨ 相关信息参考《南方都市报》,2012 年 11 月 19 日.网络地址:http://www.nfmedia.com.

⑩ 张志安:《新闻场域的历史建构及其生产惯习——以〈南方都市报〉为个案的研究》,载《新闻大学》2010 年第 4 期。

笔者根据前期资料收集了解到,2006 年之前报纸上有关留守儿童的报道数量比较少,所以本书选择 2006 年 1 月为起始点,选取 2006 年 1 月至 2015 年 12 月这十年间《光明日报》、《四川日报》和《南方都市报》相关的新闻报道进行研究。

二、分析单位

本书的内容分析有两个分析单位:新闻报道和报道中的留守儿童。

新闻报道是指新闻文字,具体指一整篇新闻报道,主要包括新闻、特写和评论三种类型进行分析。新闻指纯净新闻,又称客观新闻;特写是指特稿与特写:发掘新闻背后的故事,详细采访后对新闻事件进行生动富有感情色彩的报道,甚至还有更深入的研究、调查等;就其呈现方式而言,写手多以简单易懂、戏剧化、趣味化、贴近人性、生动活泼等方式呈现;评论是指报纸上刊登的针对留守儿童这一现象社会各界发表的意见、阐述观点、表明态度的新闻文本。

因为本书关注留守儿童的性别形象呈现问题,所以报道中的留守儿童也是一个分析单位,具体会分析留守儿童的中男童和留守女童在报道中各自的性别形象。

三、抽样过程

由前面有关"留守儿童"词语的溯源可以得知,"留守儿童"一词早期并没有被广泛使用,其他的类似表述很多,但在数量上都很少,新闻媒体对留守儿童做长期稳定的报道在 2006 年及以后才开始出现。考虑到本书使用慧科新闻数据库获取新闻报道作为样本分析,笔者选择从 2006 年开始进行样本的收集与研究。笔者抽取 2006 年 1 月至 2015 年 12 月之间三报有关留守儿童的新闻报道,主要选择客观新闻、特写和评论这三种类型的报道加以分析。在澳门科技大学图书馆慧科新闻数据库平台上,笔者通过关键词"留守"+"儿童"以及其他相似表达词语如"留守"+"孩子"、"留守"+"学生"对《光明日报》、《四川日报》和《南方都市报》这三报的相关新闻文本进行抓取,首先对重复的新闻进行删除,再次是对与本论文研究的新闻主题相关性不大的新闻进行删除,比如一些国家部门召开的有关义务教育的会议,其中只有一句"关爱留守儿童"的话,而无实际具体内容;还有一些是报纸转载国家相关的法律法规,其中含有留守儿童相关的字眼,也与本论文研究主题无紧密相关性,都进行了一一删除。经过删除后,其中《光明日报》共有 680 条新闻文本,《四川日报》共有 650 条新闻文本,《南方都市报》共有 898 条新闻文本,三报共计 2228 条新闻文本。

四、研究变量

本书的研究变量共有 10 个研究变量,包括报纸类别、报道数量、报道主题、主要消息来源、媒介形象、关爱方式、关爱主体、表彰对象、留守原因和留守儿童性别。

下文将逐一描述各个变量的操作定义:

变量一:报纸类别。报纸类别是根据不同级别和报纸不同定位进行分类,在本书中所选报纸都为中国的报纸,其中一份代表国家级党报,一份代表留守儿童数量比较多的省份的省委机关报,还有一份是代表侧重于市场化的都市报。区分为下面三个类别:一是中央一级的党报,中共中央主管主办,中央宣传部直接领导的中央党报;二是省一级的党报,省委机关报,是地方政府的喉舌;三是经营模式市场化的报纸,侧重于市场属性的都市类报纸。

变量二:报道数量。报道数量是指新闻报道的具体可计算的多少程度,以条为单位来计算。对三报近十年的相关报道进行统计。

变量三:报道主题。报道主题指新闻报道中呈现的主要内容,若一篇报道存在多个主题,根据篇幅长短决定谁是主要内容谁是次要内容,选择主要的内容作为主题归类。

可分以下主题:

(1)关爱类:指报道帮助关爱留守儿童的新闻。

(2)评价类:指对留守儿童的现象和问题进行的相关评议新闻。如某某人大代表发言认为留守儿童问题家庭要承担主要责任。

(3)表彰类:指个人或团体因帮助留守儿童受到的评奖、获奖、优秀称号等等新闻。

(4)性侵害留守儿童:新闻中出现留守儿童被性侵、猥亵、强奸,或是怀孕、生子等的报道。

(5)暴力伤害留守儿童:指留守儿童在家庭、学校或社会其他场合遭受暴力的新闻。专指殴打等常见的外在伤害,排除性侵、致死等暴力行为。

(6)留守儿童犯罪:指报道留守儿童实施了违背法律的并对社会或他人的利益造成损害的新闻。

(7)留守儿童非正常死亡:指留守儿童意外死亡,如溺水、服毒、他杀等意外死亡的新闻报道。

(8)留守儿童努力上进:指留守儿童自立顽强奋斗、向社会奉献帮助其他人等积极正面的新闻报道。

(9)父母艰辛:指报道留守儿童打工父母在城市的生活,比如反映工资低、工作累、工作忙等报道。

(10)留守儿童孤苦的生活:指描写留守儿童缺少父母看管,物质或精神上孤单或困苦的。

(11)其他:不能划分到以上主题的新闻报道,比如多个平行主题或除了以上之外的主题。

变量四:主要消息来源。消息来源指信息是由谁提供给媒介,媒介在此基础上经过选择加工生产制造出新闻。一篇报道中存在多个新闻消息来源时,以篇幅字数等来衡量何为主要消息来源何为次要消息来源,以主要消息来源作为消息来源进行统计。

根据信息来源是谁提供给媒介主要可以区分为以下几种:

(1)记者。(2)政府。(3)企业。(4)事业单位。(5)公益团体。(6)专家学者(指没有任何官职的学者或专家)。(7)政府领导、政协或人大代表。(8)农民工或留守儿童。(9)其他。

变量五:媒介形象。留守儿童媒介形象指新闻报道中通过建构知识、形成规范和塑造共识等手段达到对客观现实的再现,具体是通过使用有感情色彩的新闻话语对留守儿童这一群体的形象进行呈现。

具体是通过使用有感情色彩的新闻话语对留守儿童这一群体的形象进行呈现。根据新闻报道的具体话语来分(可多选):

(1)积极健康的形象:报道中对留守儿童描述的词语多是正面的、积极的,比如使用"自强自立、勤奋上进、勤俭节约、关心帮助他人"等等。

(2)可怜悲惨的形象:报道中对留守儿童描述的词语多是"贫穷、落后、缺少父母关爱、容易受到伤害"等等。

(3)被关爱沐恩的形象:报道中强调社会和国家、社会团体、个人给予留守儿童很多帮助关怀,留守儿童生活在社会的关爱中。

(4)问题儿童的形象:报道中对留守儿童描述的词语使用"不正常、问题儿童、注意力不集中、成绩差、不良习惯、容易犯罪、自闭"等等。

(5)其他。

变量六:关爱方式。关爱方式是指对社会各界在帮助关爱留守儿童的所使用的具体方式。对变量4报道主题中的第一类主题加以具体分析,据实际新闻报道中的具体细节分(可多选):

(1)一次性捐款捐物:指新闻中报道出的帮助行为是一次性的,不具有连续性和稳定性。

(2)顺路探访:指以组织旅游为主要目的,探访留守儿童只是其中一个项目。

(3)心理疏导:指进行非物质方面的帮助,主要对留守儿童的情绪、心情进行疏导,给予心理上积极健康的引导。

(4)硬件改造或建设。

(5)相关部门或领导人慰问。

(6)免费活动:免费消费、使用、学习等等,比如饭店免费吃饭、培训机构免费送兴趣班课程、游乐场免费开放、免费上舞台表演展示才艺等等。

(7)长期资助项目:比如设立奖学金、代理家长等长期稳定的帮助。

(8)其他。

变量七:关爱主体。关爱主体指的是根据新闻报道中关爱实际的发起者,根据不同的发起者主要可以分为:

(1)政府部门。(2)企业。(3)事业单位。(4)公益团体。(5)个人。(6)其他团体。(7)其他。

变量八:表彰对象。根据新闻报道中获得奖励的对象来分:

(1)政府部门。(2)企业。(3)事业单位。(4)公益团体。(5)个人。

变量九:留守原因。留守原因是指孩子为何不能和父母一起生活在城市,孩子为何必须留在农村与分明分离(可多选):

(1)无打工城市户籍难入公立学校。

(2)公立学校要赞助费、借读费和插班费等等。

(3)私立学校学费高。

(4)私立学校教学质量没保障。

（5）越来越多的小型私立学校被国家取消办学资格。

（6）生活费用太高无法承担。

（7）没精力照顾孩子。

（8）其他。

变量十：留守儿童性别。具体说明请见表 6-1。

表 6-1　留守儿童性别形象呈现维度的编码框

分析项目	变量	操作定义
分析报道主题中性侵害留守儿童新闻中留守儿童的性别	1.男 2.女 3.性别不明 4.男女都有	新闻有明确指出男或女，通过文字指出性别，比如使用"他"或"她"，"男孩"或"女孩"，"儿子"或"女儿"等等明确表示性别的。新闻中虽然没有使用文字表明男女，但有新闻图片，那么依据具体图片上出现的留守儿童判断性别；性别不明是指，没有报道个体的留守儿童性别，而是泛泛谈留守儿童，比如四川省留守儿童数量多，这里的留守儿童即为性别不明的表述；男女都有，是指一篇报道里面，出现了个体的留守男童和留守女童，男女性别都有表现的新闻报道。
分析报道主题中暴力伤害留守儿童新闻中留守儿童的性别	1.男 2.女 3.性别不明 4.男女都有	
分析报道主题中留守儿童犯罪新闻中留守儿童的性别	1.男 2.女 3.性别不明 4.男女都有	
分析留守儿童积极健康媒介形象中的性别	1.男 2.女 3.性别不明 4.男女都有	
分析留守儿童可怜悲惨媒介形象中的性别	1.男 2.女 3.性别不明 4.男女都有	
分析留守儿童被关爱沐恩媒介形象中的性别	1.男 2.女 3.性别不明 4.男女都有	
分析留守儿童问题儿童媒介形象中的性别	1.男 2.女 3.性别不明 4.男女都有	

五、编码员培训

本书请两位编码员是对研究样本进行编码，他们均是新闻传播学专业学生，个体具备成熟的心智，并且具有良好的工作态度，能够认真负责地完成编码工作。

对编码员的培训过程具体描述如下：

首先，研究者把制定好的编码框以及编码说明发给每一位编码员，对每个变量的操作定义以及编码规则进行解释说明，并通过典型案例进行解释说明。

接着，研究者选择其他媒体（不同于本书的研究媒体）上有关留守儿童媒介呈现的报道作为案例来培训编码员，根据本书的类目框架及编码规则进行试编码。两位编码员独立进行编码，同时研究者对以上案例也进行编码。然后研究者把自己所做的案例和编码员所做的进行比较，找出研究者和编码员之间有差异的地方，发现编码员们在哪些分类上存在模糊不清，或者发现编码框的说明是否存在不够清楚有误解之处。通过比较，发现编码员对以下几个问题存在分歧：

一是对留守儿童媒介形象呈现的判断存在模糊不清，可怜悲惨的留守儿童形象和问题儿童形象交织在一起,可怜悲惨的留守儿童形象和被关爱沐恩的留守儿童形象交织在一起。为了解决这一问题,主要从具体版面所占多少、新闻报道的主题和消息来源来宏观判断。如果一篇新闻报道中确实存在多种媒介形象交织呈现,那么可以选择多个形象选项,比如关爱帮助类主题的新闻,通过具体报道帮助关爱事件其目的就是凸显社会的关怀。如某某企业去穷苦山区做公益,看望资助当地的留守儿童,有报道这样写:为了体现自己的公益行为价值和意义,一般首先描写当地留守儿童物质上贫困等情况,然后又写到本企业捐款修建了校舍、建了图书馆、成立了奖学金资助,救助贫困留守儿童不让他们因为经济问题辍学,留守儿童和家庭都感到非常幸福。这里可以看到的是可怜悲惨的形象和被关爱沐恩的形象确实交织在一起。有些报道限于篇幅所限没有这样写:没有具体描写留守儿童贫困的状态,认为这是常识,只重点描写留守儿童接受帮助后,非常快乐幸福,那么就是选择一种被关爱沐恩的形象。如果是一些专家学者对留守儿童现象进行评论的新闻报道,对留守儿童的困境进行了非常严肃地分析,那么仅仅只有可怜悲惨的形象呈现;还有一些记者专访留守儿童,有很多是个性化的专访报道,呈现出的留守儿童形象有客观上的可怜悲惨也有个体主观上在困境中积极努力向上的精神呈现,那么就是可怜悲惨和积极向上的形象一起多选。

二是在试做编码阶段编码员对关爱方式归类存在疑惑,主要原因是编码框设计时并没有罗列出全部的关爱方式,例如编码员对"一对一结对子"的关爱方式如何进行编码归类存在疑惑。研究者和编码员共同讨论发现"一对一结对子"这样的关爱方式虽然有自己独特的名称,但是在关爱的实质上是一种长期关爱方式,所以根据实际关爱的特征编码过程中将"一对一结对子"归为长期的帮助关爱的方式,在编码框中就称为"长期资助项目"。

根据试编码过程中所出现的情况,研究者对编码准则也进行了修改,将原来单选的媒介形象呈现设置为多选,将原来单选的关爱方式设为多选。让编码员能够更准确地执行编码工作。

经过几次的反复练习与交流,每位编码员都能对编码工作达成良好的认知,对编码框的操作定义也都能很好地理解与执行。研究者安排两位编码员再独立对一些相关案例进行编码,发现两位编码员都能很好地贯彻编码框操作定义实施编码工作,彼此之间一致度也很高。

六、前测及编码员间信度

研究者安排编码员开始进行试编码,试编码样本是从总样本中随机抽取的 300 个样本。试编码之后,研究者开始检测编码员间的信度。

关于编码员间信度的检验,本书采用王石番 1996 年提出的相互同意度公式(请见公式 1)和编码员间信度公式(请见公式 2)进行计算[①]。

相互同意度公式为:$R = \dfrac{2M}{N1 + N2}$ (1)

[①] 王石番:《传播内容分析法:理论与实证》,幼狮文化事业股份有限公司 1996 年版。

（M 表示完全相同的数量，N1 代表第一位编码员应有的同意数量，N2 代表第二位编码员应有的同意数量）。

编码员间信度计算公式为：$CR = \dfrac{n \times 平均相互同意度}{1 + 【(n-1) \times 平均相互同意度】}$ （2）

（n 表示参与编码工作的人员数量）

根据公式（1）和公式（2）计算，可以得知研究变量的相互同意度和编码员间信度系数，如表 6-2 所示，每个分析的项目编码员间信度在 0.888~0.985 之间，总体信度在 0.929，故本书编码员相互同意度与信度达到了方法论要求，所得资料是可以被接受使用的。对于编码不一致的地方，研究者与两位编码员共同讨论协商，最后彼此达成一致。

表 6-2　三报有关留守儿童新闻报道的编码员间信度

分析项目	平均相互同意度	信度
报道主题	0.920	0.958
消息来源	0.853	0.920
关爱方式	0.807	0.893
关爱主体	0.860	0.925
表彰对象	0.953	0.975
留守原因	0.790	0.888
媒介形象		
积极健康	0.816	0.899
被关爱沐恩	0.846	0.917
可怜悲惨	0.900	0.947
问题儿童	0.807	0.893
性别形象		
女性	0.877	0.934
男性	0.830	0.907
性别不明	0.923	0.960
男女都有	0.970	0.985
总体信度	0.929	

七、编码过程

研究者利用 C♯ 语言编写了程序，解决编码过程中庞大的样本分类处理的不便问题，该程序具有几个操作特征：首先设置了分类选择不同类目的功能，方便编码员进行编码分类，做到样本和变量选项都在同一个界面，可以同时进行多个选项的勾选功能，方便编码员编码操作（如图 6-1 所示）。

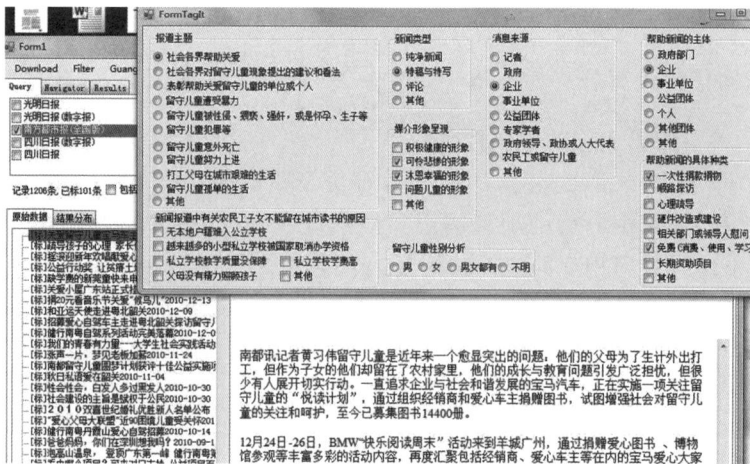

图 6-1　C♯编写编码功能的程序截图

其次,程序设置了已标注功能。编码员可以使用该功能对勾选出的样本进行标注,从而区别于那些没有被勾选的样本,同时,他们在操作错误的情况下,还可以使用"返回修改"功能,纠正错误。

第三,本程序设置了发现遗漏编码项的功能。若在编码过程中,编码员因为疏忽等原因未能对某些样本进行标注,该程序的快速查找功能可以帮助编码员迅速识别,并补加标注(如图 6-2)。

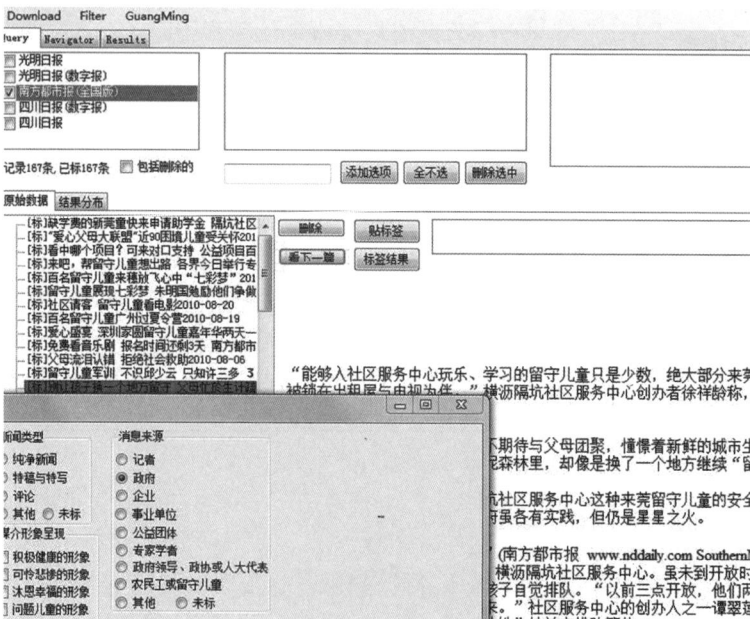

图 6-2　C♯编写统计功能的程序截图

第四,该程序具有基本统计功能。本书所需要的描述统计功能,该程序均能满足,因此无须使用 SPSS 等统计软件(如图 6-2)。

八、统计方法

最后,研究者对数据进行处理工作。本书使用 C♯ 编写统计功能的程序来进行统计分析,该程序可以完成本书需要的描述统计任务。在得到相关数据后,研究者利用 excel 软件进行相关制图表工作。

第二节 话语分析方法

本书为了回答第二个研究问题,使用凡·迪克的话语分析方法,从意识形态方阵、主题选择和局部语义分析这几个角度出发加以剖析。

一、凡·迪克话语分析方法

凡·迪克认为话语分析是"一门从语言学、文学理论、人类学、符号学、社会学、心理学以及言语传播学等人文科学和社会科学中发展起来的新的交叉学科"[①]。凡·迪克在《作为话语的新闻》一书中首次把话语研究和媒体研究相联系,尝试在新闻话语和认知之间建立某种联系,他认为有关新闻话语的认知理论是非常必要的,新闻话语如果没有认知理论的引领解读,人们就很难了解大众传播及其所扮演的角色。凡·迪克提出新闻图式的理论,就是报纸新闻的常规形式和常规范畴。凡·迪克从认知这一角度出发讨论新闻记者在新闻生产过程中使用的最新知识和信念来重新建构现实事实为新闻事件,他认为在这一构建过程中认知发挥了巨大作用。由霍尔等人的观点可知,新闻所传达的价值观和意识形态并不是纯粹的媒体产物,而代表着一个社会所承载的认知,所以研究新闻话语与认知之间的关系,会对社会认知这一领域有所扩展;同时,它也为微观社会学层面的新闻制作等实际工作提供了一个更为清晰的理论基础[②]。

凡·迪克主要关注的是报纸上的新闻[③],报纸作为一种大众媒体,自诞生之日起就对不确定的数量众多的社会大众产生影响,也是一种历史较悠久的媒体。网络新媒体出现后,有人曾预言报纸要灭亡,但直至今天,报纸这一媒体仍然是重要的信息传播载体。所以,今天我们借鉴使用凡·迪克研究报纸的理论和方法仍然是一件有意义和有价值的事情。

---

① [荷]凡·迪克:《媒介中的意见与意识形态》,徐桂权译,中国人民大学出版社 2015 年版,第18 页。

② [荷]托伊恩·A. 梵·迪克:《作为话语的新闻》,曾庆香译,华夏出版社 2003 年版,第 2 页。

③ [荷]托伊恩·A. 梵·迪克:《作为话语的新闻》,曾庆香译,华夏出版社 2003 年版,中译本序。

凡·迪克的话语分析架构基本上是由"论述（话语）—认知—社会"的三角互动所构成的。倪炎元指出在这个架构中，凡·迪克将"论述"界定为一种社会互动中语言应用的特殊形式[①]。凡·迪克指出在经验上，"可观察"的口语、文字表述、社会互动、言说行为以及在理解与生产这个论述（话语）的时候所融入的认知再现与策略（the cognitive representations and strategies）都包含在话语之中。凡·迪克提出不深究社会情境中有哪些因素会影响话语的生产与理解，而是重点研究在社会向度中如何进行主观的诠释与建构[②]。凡·迪克认为，心理模式的结构不是任意的，也非一成不变的，而是根据某种思维中的"轮廓"（schema）所组成的，根据脉络模型的操作，将社会、文化的普遍知识与个人结合，使得社会情境与话语得以勾连[③]。

二、意识形态分析

凡·迪克认为意识形态是"一种信念体系，体现的不单是一个群体的（可能带有偏见的、被误导的）知识，而且还有根据其基本的共同体运用于自身活动及其参照群体活动的规范和价值的共同评价"[④]。凡·迪克在其著作中将意识形态研究作为一项重要的研究，具体表现在研究文本中意识形态的具体表达[⑤]。凡·迪克指出因为新闻话语的生产过程杂糅着新闻传播者及其所在媒介机构的社会和政治态度，所以意识形态的话语也能通过新闻话语这一渠道体现。按照 van Dijk 的观点，话语若是作为一种结果，那么"批判话语分析"就是从这个结果逆推回去，将所有参与生产这个话语的语言学类目加以拆解，逐一解读，追问其背后的局部与整体意义，进而发掘隐藏在其中的意识形态[⑥]。

（一）意识形态方阵

凡·迪克认为在不同群体之间，特别是"涉及他者群体话语呈现时，通常都是带有偏见（biased）的，通常是以两极化的形式呈现的"[⑦]。为了解读这种"两极化策略"，凡·迪克从意识形态视角出发，提出"意识形态方阵"图式来进行分析，意识形态方阵

---

① 倪炎元：《从语言中搜寻意识形态：van Dijk 的分析策略及其在传播研究上的定位》，载《新闻学研究》2013 年第 114 期。

② van Dijk，T. A.，The discourse-knowledge Interface. In G. Weiss & R. Wodak (Eds)，*Critical discourse analysis：Theory and Interdisciplinarity* ，New York，NY：Palgrave Macmillan，2003，p.95.

③ van Dijk，T. A.，*Discourse and Power*，NY：Palgrave Macmillan.2008，pp.99-101.

④ ［荷］图恩·梵·迪克：《话语研究多学科导论（Discourse Studies：A Multidisciplinary Introduction)》，周翔译，重庆大学出版社 2015 年版，第 350 页。

⑤ van Dijk，T. A. Opinions and Ideologies in the press. In A. Bell & P. Garrett (Eds.)，Approaches to media discourse. Ox ford，UK：Blackwell，1998.

⑥ 倪炎元：《从语言中搜寻意识形态：van Dijk 的分析策略及其在传播研究上的定位》，载《新闻学研究》2013 年第 114 期。

⑦ van Dijk，T. A. Opinions and Ideologies in the press，In A. Bell & P. Garrett (Eds.)，Approaches to media discourse. Ox ford，UK：Blackwell，1998，p.25.

包括四个维度："一是着重强调我们正面的属性(properties)或行为(actions)。二是着重强调他们负面的属性(properties)或行为(actions)。三是尽量淡化我们负面的属性(properties)或行为(actions)。四是尽量淡化他们正面的属性(properties)或行为(actions)"①。意识形态方阵主要就是针对"我方"与"他方"在信息传播时所采取的不同策略加以概括归纳,这个方阵能有效地将"我方"与"他方"加以区分,在群体之间形成看不见的壁垒——赞扬我群(in-group),贬低异己群(out-group),进而在群体之间形成鲜明的形象差异或对立关系②。

意识形态方阵虽然非常适合用来分析"我方"和"他方"在媒体话语中不同的表现,但是这其中有很强的"敌我"对立关系,对有些群体报道的分析不大适合。所以凡·迪克③对此进行了进一步的研究,在《意识形态:一个跨学科的途径》一书中进一步将这种原本只针对"我群"与"他者"加以归类的意识形态方阵扩张到所有信息的传递上,主要从以下四个维度加以扩大:"一是表达或强调有利我们的正面信息。二是表达或强调不利他们的负面信息。三是压制或淡化有利他们的正面信息。四是压制或淡化不利我们的负面信息"①。

本书在话语分析中要使用凡·迪克这种意识形态方阵的扩张版,从这四个维度出发剖析中国媒体上有关留守儿童的新闻报道中意识形态呈现的综合策略。

(二)主题选择

在凡·迪克的架构中,"主题的选择"(topic selection)即是他所谓的总体语意学,有时也被称为语意总体结构,所处理的是"文本整体所述说的究竟是什么"的问题,即是所谓的主题为何的问题。凡·迪克的主题选择研究包括两个方面:一是分析如何从文本中使用删除、化约、普遍化与重组等手段,让主题结构得以凸显;二是研究主题结构是按照什么样的比例配置从而能够体现主题。凡·迪克从这两方面进行主题结构的生产与理解的研究⑤。

在主导文本中主题结构如何得以浮现? 主题在文本中按照什么样的比例配置? 凡·迪克认为这些都是遵循一系列意识形态和社会文化等等因素的规约完成的。以新闻话语为例,凡·迪克在《作为话语的新闻》中译本序提出这样的认知:认为其中的主题结构就是标题、导言与各段落的起始句,它们根据主题焦点的轻重缓急、时间顺序

①　van Dijk, T. A. Opinions and Ideologies in the press, In A. Bell & P. Garrett (Eds.), Approaches to media discourse. Ox ford, UK: Blackwell,1998,p.33.

②　van Dijk, T. A. Opinions and Ideologies in the press. In A. Bell & P. Garrett (Eds.), Approaches to media discourse. Ox ford, UK: Blackwell,1998,p.33.

③　van Dijk,T.A.: Ideology, *A Multidisciplinary Approach*, London, UK: Sage,1998.

④　van Dijk, T. A.: Ideology, *A Multidisciplinary Approach*, London, UK: Sage,1998. p.297.

⑤　倪炎元:《从语言中搜寻意识形态:van Dijk 的分析策略及其在传播研究上的定位》,载《新闻学研究》2013 年第 114 期。

的远近先后,由上而下的线型方式配置在新闻文本中①。

本书将对留守儿童新闻报道的主题进行宏观分析,但限于操作和篇幅等问题,主题选择不单独进行分析,散见于其他分析内容之中。

(三)局部语意分析

倪炎元指出"局部语意分析"(local semantic analysis)是指以话语中的个别命题为主要分析单元,主要是将文本中构成话语的一组命题,区分为事实型命题与评价型命题,前者反映所动员的知识,后者则反映所表达的意见,不论是何者,都是通过语言学的特征所赋予的②。

局部语意分析主要通过个别命题的形式展示出来,从凡·迪克多篇针对种族主义的个案研究中不难发现,凡·迪克通常会将他认为有意识形态意涵的句子挑出来进行分析。为了发掘隐藏在个别命题中的意识形态,在分析策略上,他主要是检视个别词汇与语句的策略性意义、功能以及语句间的关联,同时也检视其意义背后相关修辞与风格的操作③。

本书中,笔者主要借鉴使用的是凡·迪克个别命题中的分析策略,对有关媒体上留守儿童的新闻报道进行局部分析,挑选新闻报道中典型的句子,阐释个别句子所承载的意识形态,分析个别词汇与语句为何出现及其所赋予的意义,从而更加清楚地解读出新闻话语中所蕴含的意识形态。

---

① [荷]托伊恩·A.梵·迪克:《作为话语的新闻》,曾庆香译,华夏出版社2003年版,中译本序。

② 倪炎元:《从语言中搜寻意识形态:van Dijk的分析策略及其在传播研究上的定位》,载《新闻学研究》2013年第114期。

③ 倪炎元:《从语言中搜寻意识形态:van Dijk的分析策略及其在传播研究上的定位》,载《新闻学研究》2013年第114期。

第七章

内容分析法结果及讨论

第一节　内容分析法研究结果

本章将通过逐一回答研究问题的方式来呈现研究结果。

RQ1:不同报纸在不同时期关于留守儿童的报道数量是否不同?

首先对三报十年报道总量进行卡方检验,发现三报十年报道总量的分布呈现明显的差异($X^2=49.339$,df$=2$,p<0.001)。如表 7-1 所示,《南方都市报》的报道数量最多,其次为《光明日报》,最后为《四川日报》。

表 7-1　三报十年报道量分布

报纸类别	《光明日报》	《四川日报》	《南方都市报》
十年报道总量频次	680	650	898
百分比	30.52	29.17	40.31

再从三报十年中不同年份样本的频率分布情况来分析,《光明日报》十年中每一年的样本数量呈现明显的差异($X^2=409.794$,df$=8$,p<0.001)。如表 7 所示,2012 年和 2015 年样本分布达最高频次,占 16.3%;2006 年、2008 年和 2009 年样本分布很少;2007 年、2010 年、2011 年分布有所提高;2013 年和 2014 年分布进一步提高。

表 7-2　《光明日报》十年报道数道数量频率

年份	频率	百分比(%)
2006	14	2.1
2007	63	9.3
2008	33	4.9
2009	23	3.4
2010	62	9.1

续表

年份	频率	百分比（%）
2011	72	10.6
2012	111	16.3
2013	94	13.8
2014	97	14.3
2015	111	16.3
合计	680	100.0

研究发现，《四川日报》十年中每一年的样本数量分布呈现明显的差异（$X^2 = 248.338, df = 9, p < 0.001$）。如表 7-3 所示，2014 年样本分布达最高频次，占 19.4%；其次是 2013 年和 2015 年，所占比例为 18.3% 和 17.5%；2009 年样本出现频率最低，只有 15，所占比例是 2.3%；2010 年、2008 年和 2006 年样本出现的频率也比较低。

表 7-3　《四川日报》十年报道数道数量频率分析

年份	频率	百分比（%）
2006	32	4.9
2007	70	10.8
2008	28	4.3
2009	15	2.3
2010	25	3.8
2011	45	6.9
2012	76	11.7
2013	119	18.3
2014	126	19.4
2015	114	17.5
合计	650	100.0

《南方都市报》十年中每一年的样本数量分布呈现明显的差异（$X^2 = 487.499, df = 8, p < 0.001$）。如表 7-4 所示，2011 年样本分布达最高频次，占 26.20%；其次是 2010 年所占比例为 25.30%；2006 年样本出现频率最低，只有 13，所占比例是 1.40%；2014 年、2015 年、2012 年和 2007 年样本出现的频率也比较低。

表 7-4 《南方都市报》十年报道数量频率分析

年份	频率	百分比(%)
2006	13	1.40
2007	54	6.00
2008	77	8.60
2009	71	7.90
2010	227	25.30
2011	235	26.20
2012	53	5.90
2013	68	7.60
2014	50	5.55
2015	50	5.55
合计	898	100.0

由以上分析可以得知,不同报纸十年中样本数量的分布存在明显的差异。再从三份报纸十年中不同月份样本的出现的频次来分析。

研究发现,《光明日报》十年中有关报道的数量在十二个月份中呈现明显差异($X^2 = 83.041, df = 8, p < 0.001$)。如表 10 所示,《光明日报》十年中八月的报道数量最多,占整体报道数量的 13.09%;十月报道数量最少,占总报道量的 5.74%。数量连续较多的月份是十二、一月、七月、八月和九月,数量都在 60 篇及以上。

通过频率分析发现,《四川日报》十年中有关报道的数量在十二个月份中呈现明显差异($X^2 = 93.889, df = 11, p < 0.001$)。如表 8 所示,《四川日报》十年中六月、七月和八月三月的报道数量遥遥领先,分别是 80 篇、89 篇和 84 篇,占报道总量的 12.31%、13.69% 和 12.92%;最少的报道数量的月份是十一月,数量仅有 20 篇,占报道总量的 3.08%。数量连续较多的月份是十二月、六月、七月和八月,数量都在 60 篇及以上。

通过频率分析发现,《南方都市报》十年中有关报道的数量在十二个月份中呈现明显差异($X^2 = 505.174, df = 10, p < 0.001$)。如表 7-5 所示,《南方都市报》十年中六月、七月和八月三月的报道数量远远多于其他月份,分别是 92 篇、192 篇和 207 篇,所占整体样本比例是 10.24%、21.38% 和 23.05%;报道量最少的月份是十月,报道数量仅有 25 篇,所占比例为 2.78%。数量连续较多的月份是一月、五月、六月、七月、八月和九月,数量都在 50 篇以上,其中六、七、八三个月数量呈现突飞猛进的增长势头。

表 7-5　三报十年每月报道数量频率分析

	光明频次	光明百分比	四川频次	四川百分比	南都频次	南都百分比
1 月	64	9.41	34	5.23	53	5.90
2 月	46	6.76	53	8.15	49	5.46
3 月	52	7.65	57	8.77	41	4.57
4 月	43	6.32	39	6.00	36	4.00
5 月	53	7.79	43	6.61	59	6.57
6 月	52	7.65	80	12.31	92	10.24
7 月	60	8.82	89	13.69	192	21.38
8 月	89	13.09	84	12.92	207	23.05
9 月	60	8.82	54	8.31	59	6.57
10 月	39	5.74	36	5.53	25	2.78
11 月	46	6.76	20	3.08	46	5.12
12 月	76	11.18	61	9.38	39	4.34

说明:其中《光明日报》简称光明,《四川日报》简称四川,《南方都市报》简称南都。

　　《光明日报》、《四川日报》和《南方都市报》报道数量在月份分布上有着共同的分布趋势,就是暑假期间报道量增幅最多,寒假月份的报道也会有所增加,但增加的幅度没有暑假那么明显,非寒暑假月份报道量明显降低,特别是十月和十一月多是报道量倒数的月份。

　　根据以上数据,我们得出三报十年报道量分布趋势。《光明日报》有关留守儿童的相关报道,如图 7-1 所示,从 2006 年逐步呈上升 2007 年达到一个小高峰,然后开始下滑在 2009 年跌到最低点,然后开始稳步上升,2012 年达到最高峰,2013 年有小幅回落,但随后又开始上升,一直到 2015 年都是呈上升趋势。所以 2006 年至 2015 年这十年时间段,《光明日报》有关留守儿童的报道数量呈现的趋势总体上是稳中缓升的。

　　《四川日报》有关留守儿童的报道数量,如图 4 所示,在 2007 年首先出现了一个小高峰,2008 至 2009 年跌到最低点,从 2009 年开始报道数量开始逐年稳步增多呈上升趋势,在 2014 年达到最高峰,2015 年有细微下降。整体看,《四川日报》作为留守儿童数量较多的省份机关报,其报道的数量这十年时间段出现了两个小高峰,近些年报道数量是稳步增长。

　　《南方都市报》十年报道数量的分布趋势,如图 5 所示,自 2006 年开始一直稳步上升,从 2010 年开始突然出现急速的上升,这种大幅度的上升状态持续到 2012 年,随后开始大幅下跌,2012 年以后报道量回落到 2009 年的水平,一直到 2015 年都是处于非常稳定的状态,没有再出现大起大落。在这十年的时间段,《南方都市报》相关报道数量呈现的是剧增到剧减的一个抛物线的样式。

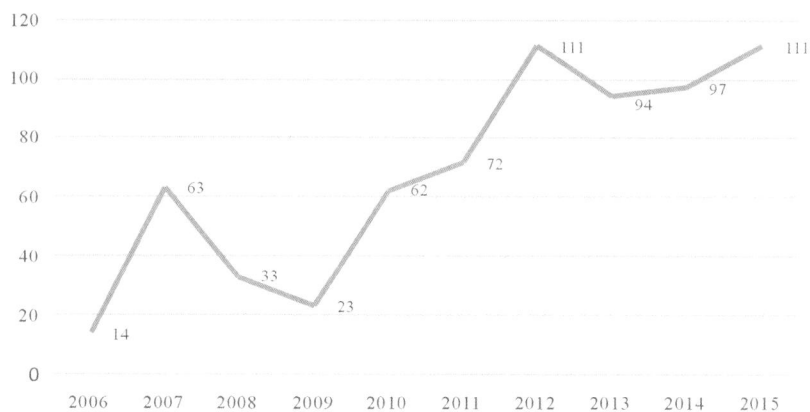

图 7-1 《光明日报》十年报道趋势

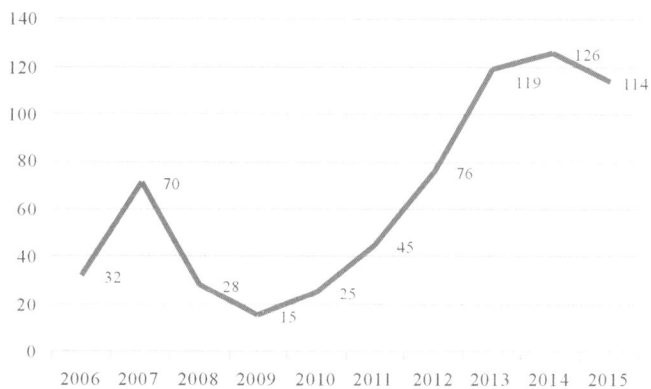

图 7-2 《四川日报》十年报道趋势

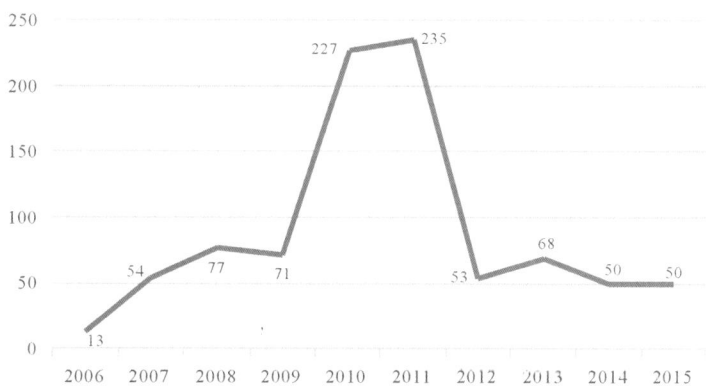

图 7-3 《南方都市报》十年报道趋势

RQ2:不同报纸有关留守儿童的报道的消息来源是否不同?

研究发现消息来源中记者这一类别在三报中呈现明显的差异($X^2 = 256.000$, $df = 4$, $p < 0.001$)。如表11所示,《南方都市报》记者的消息来源最多,其次是《光明日报》,最后是《四川日报》。

研究发现消息来源中政府这一类别在三报中呈现明显的差异($X^2 = 1472.000$, $df = 4$, $p < 0.001$)。如表11所示,《光明日报》所占比例为40.29%,《四川日报》所占比例为45.38%,《南方都市报》所占比例为18.59%。

研究发现,消息来源中企业这一类别在三报中呈现明显的差异($X^2 = 406.000$, $df = 4$, $p < 0.001$)。如表11所示,《光明日报》所占比例为19.70%,《四川日报》所占比例为18.23%,《南方都市报》所占比例为62.07%。

研究发现,消息来源中事业单位这一类别在三报中呈现明显的差异($X^2 = 836.000$, $df = 4$, $p < 0.001$)。如表11所示,《光明日报》所占比例为26.08%,《四川日报》所占比例为35.17%,《南方都市报》所占比例为38.75%。

研究发现,消息来源中公益团体这一类别在三报中呈现明显的差异($X^2 = 282.000$, $df = 4$, $p < 0.001$)。如表11所示,《光明日报》所占比例为21.99%,《四川日报》所占比例为36.17%,《南方都市报》所占比例为41.84%。

研究发现,消息来源中专家学者这一类别在三报中呈现明显的差异($X^2 = 338.000$, $df = 4$, $p < 0.001$)。如表11所示,《光明日报》所占比例为28.40%,《四川日报》所占比例为9.47%,《南方都市报》所占比例为62.13%。

研究发现,消息来源中政府领导、政协或人大代表这一类别在三报中呈现明显的差异($X^2 = 212.000$, $df = 4$, $p < 0.001$)。如表11所示,《光明日报》所占比例为56.60%,《四川日报》所占比例为19.81%,《南方都市报》所占比例为23.59%。

研究发现,消息来源中农民工或留守儿童这一类别在三报中呈现明显的差异($X^2 = 410.000$, $df = 4$, $p < 0.001$)。如表11所示,《光明日报》所占比例为5.85%,《四川日报》所占比例为13.17%,《南方都市报》所占比例为80.98%。

研究发现,消息来源中其他这一类别在三报中呈现明显的差异($X^2 = 244.000$, $df = 4$, $p < 0.001$)。如表11所示,《光明日报》所占比例为45.08%,《四川日报》所占比例为26.23%,《南方都市报》所占比例为28.69%。

表7-6　三报十年不同消息来源呈现频次

	《光明日报》	《南方都市报》	《四川日报》
记者	51	53	24
政府	274	167	295
企业	40	126	37
事业单位	109	162	147
公益团体	31	59	51

续表

	《光明日报》	《南方都市报》	《四川日报》
专家学者	48	105	16
政府领导、政协或人大代表	60	25	21
农民工或留守儿童	12	166	27
其他	55	35	32
合计	680	898	650

由以上卡方检验可知,不同报纸之间消息来源存在明显的差异。再对每份报纸十年中报道的消息来源进行卡方检验,发现《光明日报》消息来源呈现明显的差异($X^2=659.306, df=8, p<0.001$)。如表 7-7 所示,政府是消息来源出现频率最高的一项,所占比例为 40.3%;其次频率较多的消息来源是事业单位,所占比例是 16.0%;《光明日报》十年消息来源中最少出现的是农民工或留守儿童这一项,比例为 1.8%。《光明日报》的消息来源分布根据频率由高及低的顺序排列前三位的是政府、事业单位和政府领导、政协或人大代表,消息来源呈现出明显的不平衡特征。

表 7-7　《光明日报》十年主要消息来源

《光明日报》消息来源	频率	百分比
农民工或留守儿童	12	1.8
公益团体	31	4.6
企业	40	5.9
专家学者	48	7.1
记者	51	7.5
其他	55	8.1
政府领导、政协或人大代表	60	8.8
事业单位	109	16.0
政府	274	40.3
合计	680	100.0

对三报十年中报道的消息来源进行卡方检验,发现《四川日报》消息来源呈现明显的差异($X^2=951.031, df=8, p<0.001$)。如表 13 所示,政府是消息来源出现频率最高的一项,所占比例为 45.4%;其次频率较多的消息来源是事业单位,所占比例是 22.6%;《四川日报》十年消息来源中最少出现的是专家学者这一项,比例为 2.5%;农民工或留守儿童、记者、政府领导、政协或人大代表这几项出现的频率都很低,频率都在 20～30 之间,所占比例在 4.2%～3.2% 之间。由以上数据分析可知,《四川日报》比《光明日报》更加依赖政府提供信息,消息来源呈现出更加明显的不平衡的特征,报

纸主要消息来源是以政府提供为主。

表7-8 《四川日报》十年主要消息来源

《四川日报》消息来源	频率	百分比
政府	295	45.4
事业单位	147	22.6
公益团体	51	7.8
企业	37	5.7
其他	32	4.9
农民工或留守儿童	27	4.2
记者	24	3.7
政府领导、政协或人大代表	21	3.2
专家学者	16	2.5
合计	650	100.0

对三报十年中报道的消息来源进行卡方检验,发现《南方都市报》消息来源呈现明显的差异($X^2 = 271.900, df = 8, p < 0.001$)。如表7-9所示,政府是消息来源出现频率最高的一项,所占比例为 18.6%;其次频率较多的消息来源是农民工或留守儿童,所占比例是 18.5%;接着是事业单位出现的频率比较高,所占比例为 18.0%。《南方都市报》十年消息来源频率在 100 以上的由多到少的排列顺序是政府、农民工或留守儿童、事业单位、企业、专家学者这几项,所占比例都在 10% 以上;《南方都市报》十年消息来源中最低出现频率的是政府领导、政协或人大代表这一项,所占比例是 2.8%。

表7-9 《南方都市报》十年主要消息来源

《南方都市报》消息来源	频率	百分比
政府	167	18.6
农民工或留守儿童	166	18.5
事业单位	162	18.0
企业	126	14.0
专家学者	105	11.7
公益团体	59	6.6
记者	53	5.9
其他	35	3.9
政府领导、政协或人大代表	25	2.8
合计	898	100.0

由以上数据分析可知,《南方都市报》与《四川日报》和《光明日报》两份报纸呈现出非常不一样的特征:政府这一项虽然仍然位居第一的位置,但与其他项的差距不是很突出;其次农民工或留守儿童这一项跃居第二多的位置,这是三报中唯一出现的情况。可见,《南方都市报》的消息来源主要有好几项,不是仅仅依赖政府的消息来源,除了政府、事业单位外,民工或留守儿童、企业和庄家学者这几项都是构成消息来源的重要组成部分。

RQ3:不同报纸有关留守儿童的报道主题呈现是否不同?

首先利用卡方检验每个报道主题在不同报纸上呈现情况。经检验关爱类报道主题在不同报纸上呈现显著的差异($X^2 = 2674.000, df = 4, p < 0.001$)。如表 15 所示,《光明日报》上关爱类主题频次为 378,《四川日报》上关爱类主题频次为 477,《南方都市报》上关爱类主题频次为 482。

评价类报道主题在不同报纸上呈现显著的差异($X^2 = 610.000, df = 4, p < 0.001$)。如表 7-10 所示,《光明日报》上评价类主题频次为 131,《四川日报》上评价类主题频次为 46,《南方都市报》上评价类主题频次为 128。

表彰类报道主题在不同报纸上呈现显著的差异($X^2 = 560.000, df = 4, p < 0.001$)。如表 7-10 所示,《光明日报》上表彰类主题频次为 135,《四川日报》上表彰类主题频次为 101,《南方都市报》上表彰类主题频次为 44。

研究发现,性侵害留守儿童类报道主题在不同报纸上呈现显著的差异($X^2 = 60.000, df = 4, p < 0.001$)。如表 7-10 所示,《光明日报》上性侵害类主题频次为 3,《四川日报》上性侵害类主题频次为 2,《南方都市报》上性侵害类主题频次为 25。

研究发现,暴力伤害留守儿童类报道主题在不同报纸上呈现不存在显著的差异($X^2 = 15.000, df = 1, p > 0.05$)。如表 7-10 所示,《光明日报》上暴力伤害留守儿童类主题频次为 1,《四川日报》上暴力伤害留守儿童类主题频次为 0,《南方都市报》上暴力伤害留守儿童类主题频次为 14。

研究发现,留守儿童犯罪类报道主题在不同报纸上呈现显著的差异($X^2 = 24.000, df = 2, p < 0.001$)。如表 7-10 所示,《光明日报》上留守儿童犯罪类主题频次为 3,《四川日报》上留守儿童犯罪类主题频次为 3,《南方都市报》上留守儿童犯罪类主题频次为 18。

研究发现,留守儿童非正常死亡类报道主题在不同报纸上呈现显著的差异($X^2 = 142.000, df = 4, p < 0.001$)。如表 7-10 所示,《光明日报》上留守儿童非正常死亡类主题频次为 3,《四川日报》上留守儿童非正常死亡类主题频次为 66,《南方都市报》上留守儿童非正常死亡类主题频次为 2。

研究发现,留守儿童努力上进类报道主题在不同报纸上呈现显著的差异($X^2 = 88.000, df = 4, p < 0.001$)。如表 7 10 所示,《光明日报》上留守儿童努力上进类主题频次为 13,《四川日报》上留守儿童努力上进类主题频次为 8,《南方都市报》上留守儿童努力上进类主题频次为 23。

研究发现,留守儿童打工父母艰辛的生活类报道主题在不同报纸上呈现显著的差异（$X^2=18.000$,$df=2$,p<0.001）。如表 7-10 所示,《光明日报》上留守儿童父母艰辛的生活类主题频次为 1,《四川日报》上留守儿童父母艰辛的生活类主题频次为 1,《南方都市报》上留守儿童父母艰辛的生活类主题频次为 16。

研究发现,留守儿童孤苦的生活类报道主题在不同报纸上呈现显著的差异（$X^2=196.000$,$df=4$,p<0.001）。如表 7-10 所示,《光明日报》上留守儿童孤苦的生活类主题频次为 9,《四川日报》上留守儿童孤苦的生活类主题频次为 8,《南方都市报》上留守儿童孤苦的生活类主题频次为 81。

表 7-10　三报十年报道主题频次比较

	《光明日报》	《南方都市报》	《四川日报》
关爱类	378	482	477
评价类	131	128	46
表彰类	135	44	101
性侵害留守儿童	3	25	2
暴力伤害儿童	1	14	0
留守儿童犯罪	3	18	3
留守儿童非正常死亡	3	66	2
留守儿童努力上进	13	23	8
打工父母艰辛	1	16	1
留守儿童孤苦的生活	9	81	8
其他	3	1	2
合计	680	898	650

由以上卡方检验可以知道,各类报道主题在三种报纸上几乎都呈显著的差异,除了留守儿童遭受暴力的主题,因为《四川日报》出现的频次为 0,《光明日报》频次为 1,无法正常检验经过 Fisher 的精确检验后,发现不存在显著差异。

再来看每份报纸上报道主题之间的呈现情况。《光明日报》十年中相关报道主题之间呈现明显的差异（$X^2=1159.229$,$df=6$,p<0.001）。如表 7-11 所示,关爱类报道主题频率最高,占 55.6%;表彰类报道主题频率分布位居第二,占 19.9%;各界对留守儿童现象的评价类主题出现频率位居第三,占 19.3%。《光明日报》十年中相关报道出现频率最少的是暴力伤害儿童主题和打工父母在城市艰辛的生活主题,这两个主题十年出现的频率仅为 1,所占比例都是 0.15%;性侵害留守儿童、留守儿童犯罪、留守儿童非正常死亡等主题出现的频率也很低,十年中出现频率仅为 3,所占比例都是 0.45%;留守儿童孤苦的生活和留守儿童努力上进的主题出现频率也很低,十年中出现频率分别是 9 和 13,所占比例分别是 1.3% 和 1.9%。由此可见,《光明日报》十年内的主题呈现以关爱类为主,关爱类主题占一半以上比例,以表彰类和评价类主题为辅,两者共占 39.2%。

表 7-11　《光明日报》十年报道主题频率分析

报道主题	频率	百分比
暴力伤害儿童	1	0.15
打工父母艰辛	1	0.15
性侵害留守儿童	3	0.45
留守儿童犯罪	3	0.45
留守儿童非正常死亡	3	0.45
其他	3	0.45
留守儿童孤苦的生活	9	1.3
留守儿童努力上进	13	1.9
评价类	131	19.3
表彰类	135	19.9
关爱类	378	55.6
合计	680	100

《四川日报》十年中相关报道主题之间呈现明显的差异（$X^2 = 1936.209$, $df = 6$, $p < 0.001$）。如表 7-12 所示，关爱类报道主题频率最高，占 73.4%；表彰类报道主题频率分布位居第二，占 15.5%；各界对留守儿童现象的评价类主题出现频率位居第三，占 7.1%。《四川日报》十年中相关报道出现频率最少的主题是暴力伤害留守儿童，频率为 0，其次是打工父母在城市艰辛的生活主题，这个主题十年出现的频率仅为 1，所占比例为 0.2%；性侵害留守儿童和留守儿童非正常死亡主题出现的频率也很低，十年中出现频率仅为 2，所占比例都是 0.3%；留守儿童犯罪这个主题出现的频率也很低，十年中仅为 3，所占比例为 0.5%；留守儿童孤苦的生活和留守儿童努力上进的主题出现频率也较低，十年中出现频率都是 8，所占是 1.25%。由此可见，《四川日报》十年内的主题呈现分布更加不平衡，关爱类主题占所有主题的比例高达 70% 以上，表彰类和评价类主题二者共占 22.6%。

表 7-12　《四川日报》十年报道主题频率分析

报道主题	频率	百分比
暴力伤害留守儿童	0	0
打工父母艰辛生活	1	0.2
其他	2	0.3
留守儿童非正常死亡	2	0.3
性侵害留守儿童	2	0.3
留守儿童犯罪	3	0.5

续表

报道主题	频率	百分比
留守儿童孤苦的生活	8	1.25
留守儿童努力上进	8	1.25
评价类	46	7.1
表彰类	101	15.5
关爱类	477	73.4
合计	650	100

研究发现，《南方都市报》十年中相关报道主题之间呈现明显的差异（$X^2 = 2329.630, df = 10, p < 0.001$）。如表7-13所示，关爱类报道主题频率最高，所占比例为53.7%；评价类报道主题频率分布位居第二，所占比例为14.3%；留守儿童孤苦的生活这一主题出现频率位居第三，所占比例为9.0%。《南方都市报》十年中相关报道出现频率最少的主题除了其他之外，是暴力伤害留守儿童这一主题，所占比例为1.6%；其次是打工父母在城市艰辛的生活主题，所占比例为1.8%；留守儿童犯罪这一主题所占比例为2.0%；留守儿童努力上进这一主题所占比例为2.6%；性侵害留守儿童十年中所占比例是2.8%。表彰类和留守儿童非正常死亡类主题处于中等水平，所占比例分别为4.9%和7.3%。

由此可见，《南方都市报》十年内的主题呈现与《光明日报》和《四川日报》具有一些相同点，但更多的是差异。相同之处在于关爱类主题在《南方都市报》中仍然是占据第一，所占比例在50%以上；不同之处在于，表彰类主题在《南方都市报》中所占比例比较低，留守儿童孤苦的生活这一主题出现频率处于第三；《南方都市报》中有关暴力伤害留守儿童、留守儿童努力上进、留守儿童犯罪、打工父母生活艰辛和性侵害留守儿童的新闻主题出现频率比《光明日报》和《四川日报》高出很多，所占比例远远高于两份当的机关报。

表7-13　《南方都市报》十年报道主题频率分析

报道主题	频率	百分比
其他	1	.1
暴力伤害留守儿童	14	1.6
打工父母艰辛生活	16	1.8
留守儿童犯罪	18	2.0
留守儿童努力上进	23	2.6
性侵害留守儿童	25	2.8
表彰类	44	4.9
留守儿童非正常死亡	66	7.3

续表

报道主题	频率	百分比
留守儿童孤苦的生活	81	9.0
评价类	128	14.3
关爱类	482	53.7
合计	898	100.0

由以上数据分析可知,《光明日报》《四川日报》和《南方都市报》十年的报道主题分布存在一些共同的特征,比如三报报道主题位居第一的都是关爱类主题;《光明日报》和《四川日报》位居前几位的报道主题几乎排序是完全一样的,都是关爱类、表彰类、评价类和留守儿童努力上进这几个主题。《光明日报》《四川日报》和《南方都市报》十年的报道主题分布存在一些不同的地方,主要就是《南方都市报》与《光明日报》和《四川日报》之间的不同,《南方都市报》位居前几位的报道主题是关爱类、评价类、留守儿童孤苦的生活和留守儿童非正常死亡这几个主题。

RQ4:不同报纸有关留守儿童的形象呈现是否不同?

首先对三报十年呈现的积极健康的媒介形象进行检验,发现三报呈现明显的差异($X^2 = 386.000, df = 4, p < 0.001$)。如表 7-14 所示,《光明日报》中积极健康的形象出现的频率为 66,《四川日报》中出现的频率是 52,《南方都市报》中出现的频率是 75。

再对三报十年呈现的被关爱沐恩的媒介形象进行检验,发现三报呈现明显的差异($X^2 = 2898.000, df = 4, p < 0.001$)。如表 7-14 所示,《光明日报》中被关爱沐恩的形象出现的频率为 496,《四川日报》中出现的频率是 479,《南方都市报》中出现的频率是 474。

再对三报十年呈现的可怜悲惨的媒介形象进行检验,发现三报呈现明显的差异($X^2 = 1880.000, df = 4, p < 0.001$)。如表 7-14 所示,《光明日报》中可怜悲惨的形象出现的频率为 252,《四川日报》中出现的频率是 248,《南方都市报》中出现的频率是 440。

最后再对三报十年呈现的可怜悲惨的媒介形象进行检验,发现三报呈现明显的差异($X^2 = 378.000, df = 4, p < 0.001$)。如表 7-14 所示,《光明日报》中问题儿童的形象出现的频率为 60,《四川日报》中出现的频率是 35,《南方都市报》中出现的频率是 94。

由以上数据检验可知,四种留守儿童媒介形象在三种报纸上呈现存在明显的差异。再来看每份报纸上不同留守儿童媒介形象的呈现之间存在何种关系。研究发现,《光明日报》十年中有关留守儿童的媒介形象呈现存在明显的差异($X^2 = 578.979$,$df = 3, p < 0.001$)。如表 7-14 所示,《光明日报》留守儿童的媒介形象呈现以被关爱的形象为主,被关爱的形象占整体 56.8%;其次是可怜悲惨的形象占整体的比例为28.8%;留守儿童积极健康的形象和问题儿童的形象呈现比较少,二者出现的频次相差不多,所占比例分别为 7.6% 和 6.9%。

研究发现,《四川日报》十年中有关留守儿童的媒介形象呈现存在明显的差异(X^2=635.012,df=3,p<0.001)。如表 7-14 所示,《四川日报》留守儿童的媒介形象呈现也是以被关爱沐恩的形象为主,被关爱沐恩的形象占整体58.8%;其次是可怜悲惨的形象占整体的比例为30.5%;留守儿童积极健康的形象和问题儿童的形象呈现比较少,二者出现的频次相差不多,分别所占比例为 6.4% 和 4.3%。

《南方都市报》十年中有关留守儿童的媒介形象呈现存在明显的差异(X^2=515.290,df=3,p<0.001)。如表 7-14 所示,《南方都市报》留守儿童的媒介形象呈现也是以被关爱沐恩的形象为主,被关爱沐恩的形象占整体43.8%;其次是可怜悲惨的形象占整体的比例为40.6%;留守儿童问题儿童的形象和积极健康的形象呈现比较少,二者出现的频次相差不多,分别所占比例为 8.7% 和 6.9%。

表 7-14　三报呈现的四类留守儿童媒介形象频次及百分比

媒介形象	光明频次	光明百分比	四川频次	四川百分比	南都频次	南都百分比
被关爱沐恩	496	56.8	479	58.8	474	43.8
可怜悲惨	252	28.8	248	30.5	440	40.6
问题儿童	60	6.9	35	4.3	94	8.7
积极健康	66	7.6	52	6.4	75	6.9
合计	874	100.0	814	100.0	1083	100.0

说明:其中《光明日报》简称光明,《四川日报》简称四川,《南方都市报》简称南都。

由以上数据分析可以看出,《南方都市报》十年中呈现出来的留守儿童的媒介形象是以被关爱沐恩和可怜悲惨的形象为主,二者相差不多,这与《光明日报》和《四川日报》有关留守儿童的媒介形象呈现有所差异。

RQ5:不同报纸对留守女童和留守男童呈现的形象是否不同?

首先使用卡方交叉表检验三报十年中有关留守儿童的不同性别出现的频次是否存在明显的差异,发现明确标注性别为男的留守儿童在三报中的出现的频次呈现明显的差异(X^2=512,df=4,p<0.001)。如表 7-15、表 7-16、表7-17所示,《光明日报》中男童出现的频率为 54,《四川日报》中出现的频率是 39,《南方都市报》中出现的频率是 163。

使用卡方交叉表检验三报十年中有关留守儿童的不同性别出现的频次存在明显的差异,发现明确标注性别为女的留守儿童在三报中的出现频次呈现明显的差异(X^2=668,df=4,p<0.001)。如表 7-15、表 7-16、表7-17所示,《光明日报》中女童出现的频率为98,《四川日报》中出现的频率是 60,《南方都市报》中出现的频率是 176。

使用卡方交叉表检验三报十年中有关留守儿童的不同性别出现的频次存在明显

的差异,发现明确标注性别有男有女的留守儿童同时出现在三报中的频次呈现明显的差异($X^2=1010,df=4$,p<0.001)。如表 7-15、表 7-16、表 7-17 所示,《光明日报》中男女童同时出现的频率为 86,《四川日报》中出现的频率是 76,《南方都市报》中出现的频率是 343。

使用卡方交叉表检验三报十年中有关留守儿童的不同性别出现的频次存在明显的差异,发现明确标注性别为女的留守儿童在三报中的出现频次呈现明显的差异($X^2=3766,df=4$,p<0.001)。如表 7-15、表 7-16、表 7-17 所示,《光明日报》中性别不明的留守儿童出现的频率为 662,《四川日报》中出现的频率是 667,《南方都市报》中出现的频率是 554。

对留守儿童性别整体出现的频次统计后,研究者再对每份报纸具体的性别形象加以分析,对遭受性侵害的留守儿童、遭受暴力伤害的留守儿童和犯罪的留守儿童这三类新闻主题中的男女性别加以统计分析,再对报纸呈现出来的留守儿童四种形象中统计留守儿童的性别,加以分析留守儿童的性别形象。经卡方检验发现,《光明日报》中男女留守儿童在性侵害类新闻中呈现不具有明显的差异($X^2=1.000,df=1$,p=0.371,p>0.05),如表 7-15 所示,男性留守儿童出现频次是 1,女性留守儿童出现频次是 3;《光明日报》中男女留守儿童在遭受暴力伤害新闻中出现的频次一样都是 1,不具有差异;《光明日报》中男女留守儿童在犯罪新闻中出现的频次一样都是 1,不具有差异;《光明日报》中男女留守儿童在积极健康的媒介形象呈现中不具有明显的差异($X^2=0.891,df=1$,p=0.3345,p>0.05),如表 7-15 所示,男性留守儿童出现频次是 24,女性留守儿童出现频次是 31;《光明日报》中男女留守儿童在可怜悲惨的媒介形象呈现中不具有明显的差异($X^2=2.419,df=1$,p=0.120,p>0.05),如表 7-15 所示,男性留守儿童出现频次是 39,女性留守儿童出现频次是 54;《光明日报》中男女留守儿童在问题儿童的媒介形象呈现中具有不明显的差异($X^2=0.143,df=1$,p=0.705,p>0.05),如表 7-15 所示,男性留守儿童出现频次是 15,女性留守儿童出现频次是 13;《光明日报》中男女留守儿童在被关爱沐恩的媒介形象呈现中具有明显的差异($X^2=4.966,df=1$,p=0.026,p<0.05),如表 7-15 所示,男性留守儿童出现频次是 46,女性留守儿童出现频次是 70。

从《光明日报》上留守儿童呈现的性别形象数据检验可见,《光明日报》上涉及典型性别形象的报道比较少,如性侵害报道只出现 4 次,暴力伤害留守儿童的新闻只出现 2 次,留守儿童犯罪的新闻也只有出现 3 次。通过卡方检验发现,留守儿童男或女这一性别形象呈现出来不具有明显的差异,只在被关爱沐恩的媒介形象呈现中具有明显的差异。所以,从《光明日报》来看,留守儿童性别形象不具有明显的差异。如表 7-15 所示,在性别所占比例中,男童整体出现的频次是 127 次,所占比例为 13.20%;女童整体出现的频次是 173 次,所占比例为 17.98%;而性别不明的留守儿童出现的频次是 662 次,所占比例为 68.82%。经卡方检验性别男、女和性别不明之间呈现显著的差异($X^2=548.297,df=2$,p<0.001)。可见,《光明日报》上留守儿童性别形象呈现多数是不分性别的群体形象。

表 7-15 《光明日报》留守儿童性别出现频次一览表

《光明日报》	男	女	性别不明
《光明日报》	男	女	性别不明
遭受性侵害的留守儿童性别	1	3	0
遭受暴力伤害的留守儿童性别	1	1	0
新闻中犯罪的留守儿童性别	1	1	1
新闻中积极健康的形象的性别	24	31	24
新闻中可怜悲惨的形象的性别	39	54	185
新闻中被关爱沐恩的形象的性别	46	70	410
新闻中问题儿童的形象的性别	15	13	41
合计	127	173	662
百分比	13.20%	17.98%	68.82%

《四川日报》中男女留守儿童在积极健康的媒介形象呈现中不具有明显的差异（$X^2=0.758$, $df=1$, $p=0.384$, $p>0.05$），如表 7-16 所示，男性留守儿童出现频次是 19，女性留守儿童出现频次是 14；《四川日报》中男女留守儿童在可怜悲惨的媒介形象呈现中不具有明显的差异（$X^2=1.532$, $df=1$, $p=0.216$, $p>0.05$），如表 7-16 所示，男性留守儿童出现频次是 34，女性留守儿童出现频次是 45；《四川日报》中男女留守儿童在被关爱沐恩的媒介形象呈现中不具有明显的差异（$X^2=2.228$, $df=1$, $p=0.136$, $p>0.05$），如表 7-16 所示，男性留守儿童出现频次是 43，女性留守儿童出现频次是 58；《四川日报》中男女留守儿童在问题儿童的媒介形象呈现中具有不明显的差异（$X^2=0.529$, $df=1$, $p=0.467$, $p>0.05$），如表 7-16 所示，男性留守儿童出现频次是 10，女性留守儿童出现频次是 7。《四川日报》中男女留守儿童在性侵害类新闻中女童出现频次为 2，男童是 0，无法进行卡方检验；《四川日报》中男女留守儿童在遭受暴力伤害新闻中出现的频次一样都是 0；《四川日报》中男女留守儿童在犯罪新闻中出现的频次一样都是 2，不具有差异。

研究发现，《四川日报》中有关留守儿童性别形象呈现都不具有明显的差异。值得关注的是《四川日报》没有暴力伤害留守儿童的报道。如表 7-16 所示，在性别所占比例中，男童整体出现的频次是 115 次，所占比例为 12.53%；女童整体出现的频次是 136 次，所占比例为 14.81%；而性别不明的留守儿童出现的频次是 667 次，所占比例为 72.66%。经卡方检验性别男、女和性别不明之间呈现显著的差异（$X^2=639.549$, $df=2$, $p<0.001$）。可见，《四川日报》上留守儿童性别形象呈现多数是不分性别的群体形象。

表 7-16 《四川日报》留守儿童性别出现频次一览表

《四川日报》	男	女	性别不明
新闻中性侵害的留守儿童性别	0	2	0
新闻中暴力伤害的留守儿童性别	0	0	0
新闻中犯罪的留守儿童性别	2	2	1
新闻中积极健康的形象的性别	19	14	28
新闻中可怜悲惨的形象的性别	34	45	202
新闻中被关爱沐恩的形象的性别	43	58	410
新闻中问题儿童的形象的性别	10	7	26
总计	115	136	667
百分比	12.53	14.81	72.66

研究发现,《南方都市报》中男女留守儿童在遭受暴力伤害新闻中出现的呈现不具有明显的差异($X^2=1.000,df=1,p=0.317,p>0.05$),如表7-17所示,男性留守儿童出现频次是6,女性留守儿童出现频次是10;《南方都市报》中男女留守儿童在犯罪新闻中出现的频次呈现明显的差异($X^2=5.000,df=1,p=0.025,p<0.05$),如表 7-17所示,男性留守儿童出现频次是15,女性留守儿童出现频次是5;《南方都市报》中男女留守儿童在积极健康的媒介形象呈现中不具有明显的差异($X^2=0.891,df=1,p=0.3345,p>0.05$),如表 7-17 所示,男性留守儿童出现频次是43,女性留守儿童出现频次是49;《南方都市报》中男女留守儿童在可怜悲惨的媒介形象呈现中不具有明显的差异($X^2=1.632,df=1,p=0.201,p>0.05$),如表 7-17 所示,男性留守儿童出现频次是179,女性留守儿童出现频次是204;《南方都市报》中男女留守儿童在被关爱沐恩的媒介形象呈现中不具有明显的差异($X^2=0.078,df=1,p=0.780,p>0.05$),如表 7-17 所示,男性留守儿童出现频次是158,女性留守儿童出现频次是163;《南方都市报》中男女留守儿童在问题儿童的媒介形象呈现中具有明显的差异($X^2=11.897,df=1,p<0.005$),如表 7-17 所示,男性留守儿童出现频次是47,女性留守儿童出现频次是19。《南方都市报》中男女留守儿童在性侵害类新闻中女性留守儿童出现 25 次,而男性留守儿童出现0 次,无法进行卡方检验。

《南方都市报》中留守儿童性别呈现,特别是个性化的呈现比《光明日报》和《四川日报》更丰富。在性侵害的新闻报道中女童的形象尤为突出,出现 25 次,而男童没有出现一次;《南方都市报》中男女留守儿童在犯罪新闻中出现的频次呈现明显的差异,男性留守儿童出现 15 次,女性留守儿童只有 5 次;《南方都市报》中男女留守儿童在问题儿童的媒介形象呈现中具有明显的差异,男性留守儿童出现频次是 47,女性留守儿童出现频次是 19。除此之外,其他几个方面《南方都市报》中男女留守儿童的性别形象呈现不具有明显的差异。综合以上数据分析可知,《南方都市报》关于留守女童被性侵的新闻报道比较多,远远高于《光明日报》和《四川日报》,而且所报道的都是留守女

童的个案,让留守女童与性侵的形象深入人心;留守男童主要出现在问题儿童的形象
和犯罪的新闻中,留守男童的个性形象也有一定的表现。如表 7-17 所示,在性别所占
比例中,男童整体出现的频次是 448 次,所占比例为 30.33%;女童整体出现的频次是
475 次,所占比例为 32.16%;性别不明的留守儿童出现的频次是 554 次,所占比例为
37.51%,经卡方检验性别男、女和性别不明之间呈现明显的差异($X^2=12.326, df=
2, p<0.005$)。可见,《南方都市报》上留守儿童性别形象呈现中虽然留守儿童被标出
的男女性别出现频次远高于《光明日报》和《四川日报》,但性别不明出现的频次仍然是
最多的,在统计学上依然显示出明显的不同,《南方都市报》依然是以性别不明这一群
体形象呈现留守儿童的性别形象,只是差异度没有《光明日报》和《四川日报》大。

表 7-17　《南方都市报》留守儿童性别出现频次一览表

《南方都市报》	男	女	性别不明
新闻中性侵害的留守儿童性别	0	25	0
新闻中暴力伤害的留守儿童性别	6	10	0
新闻中犯罪的留守儿童性别	15	5	0
新闻中积极健康的形象的性别	43	49	18
新闻中可怜悲惨的形象的性别	179	204	184
新闻中被关爱沐恩的形象的性别	158	163	302
新闻中问题儿童的形象的性别	47	19	38
总计	448	475	554
百分比	30.33	32.16	37.51

RQ6:在"帮助关爱"留守儿童为主题的新闻报道中,不同报纸报道的帮助关爱的主体是否不同?

对三报帮助关爱主体与报纸类别进行卡方检验,研究发现政府部门这一主体类别
在不同报纸的呈现中具有明显的差异($X^2=1036.000, df=4, p<0.001$)。如表7-18、
表 7-19、表 7-20 所示,《光明日报》中出现的频次是 195,《四川日报》中出现的频次是
221,《南方都市报》中出现的频次是 102。

研究发现企业这一主体在不同报纸的呈现中具有明显的差异($X^2=430.000,
df=4, p<0.001$)。如表 7-18、表 7-19、表 7-20 所示,《光明日报》中出现的频次是 35,
《四川日报》中出现的频次是 37,《南方都市报》中出现的频次是 143。

研究发现事业单位这一主体在不同报纸的呈现中具有明显的差异($X^2=
730.000, df=4, p<0.001$)。如表 7-18、表 7-19、表 7-20 所示,《光明日报》中出现的
频次是 97,《四川日报》中出现的频次是 127,《南方都市报》中出现的频次是 141。

研究发现公益团体这一主体在不同报纸的呈现中具有明显的差异($X^2=
214.000, df=4, p<0.001$)。如表 7-18、表 7-19、表 7-20 所示,《光明日报》中出现的

频次是 21,《四川日报》中出现的频次是 42,《南方都市报》中出现的频次是 44。

研究发现个人这一主体在不同报纸的呈现中具有明显的差异($X^2 = 154.000$, $df = 4$,p<0.001)。如表 7-18、表 7-19、表 7-20 所示,《光明日报》中出现的频次是 10,《四川日报》中出现的频次是 34,《南方都市报》中出现的频次是 33。

研究发现其他团体这一主体在不同报纸的呈现中具有明显的差异($X^2 = 78.000$, $df = 4$,p<0.001)。如表 7-18、表 7-19、表 7-20 所示,《光明日报》中出现的频次是 16,《四川日报》中出现的频次是 14,《南方都市报》中出现的频次是 9。

研究发现其他这一主体在不同报纸的呈现中具有明显的差异($X^2 = 58.000$, $df = 4$,p<0.001)。如表 7-18、表 7-19、表 7-20 所示,《光明日报》中出现的频次是 19,《四川日报》中出现的频次是 1,《南方都市报》中出现的频次是 9。

由以上卡方数据统计可以得知,不同帮助关爱主体在不同的报纸上呈现存在明显的差异。再对同一份报纸的不同主体进行频次分析,首先来看《光明日报》,研究发现《光明日报》帮助关爱主体之间呈现明显的差异($X^2 = 494.326$,$df = 6$,p<0.001)。如表 7-18 所示,《光明日报》帮助关爱的主体频次最多的是政府部门,占 49.6%;其次是事业单位这一主体,占 24.7%;出现最少的帮助关爱主体是个人,仅出现 10 次,比例为 2.5%。

表 7-18　《光明日报》帮助关爱主体的频次分布

主体	频率	百分比
个人	10	2.5
其他团体	16	4.1
其他	19	4.8
公益团体	21	5.3
企业	35	8.9
事业单位	97	24.7
政府部门	195	49.6
合计	393	100.0

再来看《四川日报》,卡方检验发现《四川日报》帮助关爱主体之间呈现明显的差异($X^2 = 545.412$,$df = 6$,p<0.001)。如表 7-19 所示,《四川日报》帮助关爱的主体频次最多的是政府部门,占 46.4%;其次是事业单位这一主体,占 26.7%;出现最少的帮助关爱主体除了其他就是其他团体,其他是 1 次,其他团体是 14 次,分别所占比例为 0.2%和 2.9%。

表 7-19　《四川日报》帮助关爱主体的频次分布

主体	频率	百分比
其他	1	.2
其他团体	14	2.9
个人	34	7.1
企业	37	7.8
公益团体	42	8.8
事业单位	127	26.7
政府部门	221	46.4
合计	476	100.0

最后再看《南方都市报》，卡方检验发现《南方都市报》帮助关爱主体之间呈现明显的差异（$X^2 = 193.632, df = 5, p < 0.001$）。如表 7-20 所示，《南方都市报》帮助关爱的主体频次最多的是企业，占 29.7％；其次是事业单位这一主体，占 29.3％；出现最少的帮助关爱主体是其他和其他团体，出现频次都是 9 次，所占比例为各为 1.85％。

表 7-20　《南方都市报》帮助关爱主体的频次分布

主体	频率	百分比
其他	9	1.85
其他团体	9	1.85
个人	33	6.9
公益团体	44	9.1
政府部门	102	21.2
事业单位	141	29.3
企业	143	29.7
合计	481	100.0

RQ7：在"因关爱留守儿童而获表彰奖励"为主题的新闻报道中，不同报纸报道的获表彰奖励的对象是否不同？

首先利用卡方检验同样的奖励对象在不同的报纸上呈现出什么样的关系。研究发现在三报中政府部门这一获奖励对象呈现明显的差异（$X^2 = 62.000, df = 4, p < 0.001$）。如表 7-21、表 7-22、表 7-23 所示，《光明日报》中出现的频次是 12，《四川日报》中出现的频次是 18，《南方都市报》中出现的频次是 1。

研究发现在三报中企业这一奖励对象呈现明显的差异（$X^2 = 24.000, df = 4, p < 0.001$）。如表 7-21、表 7-22、表 7-23 所示，《光明日报》中出现的频次是 4，《四川日报》中出现的频次是 2，《南方都市报》中出现的频次是 6。

研究发现在三报中事业单位这一奖励对象呈现明显的差异($X^2 = 86.000$，$df = 4$，p＜0.001）。如表 7-21、表 7-22、表 7-23 所示，《光明日报》中出现的频次是 14，《四川日报》中出现的频次是 19，《南方都市报》中出现的频次是 10。

研究发现在三报中公益团体这一奖励对象呈现明显的差异($X^2 = 40.000$，$df = 4$，p＜0.001）。如表 7-21、表 7-22、表 7-23 所示，《光明日报》中出现的频次是 11，《四川日报》中出现的频次是 6，《南方都市报》中出现的频次是 3。

研究发现在三报中个人这一奖励对象呈现明显的差异($X^2 = 346.000$，$df = 4$，p＜0.001）。如表 7-21、表 7-22、表 7-23 所示，《光明日报》中出现的频次是 94，《四川日报》中出现的频次是 56，《南方都市报》中出现的频次是 23。

由以上数据分析可知，获奖励对象在不同报纸上呈现出明显的差异。笔者再对每一份报纸进行卡方检验分析，发现《光明日报》获表彰奖励的对象之间存在明显的差异($X^2 = 209.926$，$df = 4$，p＜0.001）。如 7-23 所示，《光明日报》获表彰奖励的对象出现的频次最多的是个人，占 69.6%；其次是事业单位，占 10.4%；最少出现的是企业，所占比例为 3.0%。

表 7-21　《光明日报》获表彰奖励对象的频次分布

奖励对象	频率	百分比
企业	4	3.0
公益团体	11	8.1
政府部门	12	8.9
事业单位	14	10.4
个人	94	69.6
合计	135	100.0

笔者发现《四川日报》获表彰奖励的对象之间存在明显的差异($X^2 = 90.139$，$df = 4$，p＜0.001）。如表 7-22 所示，《四川日报》获表彰奖励的对象出现的频次最多的是个人，占 55.4%；其次是事业单位，占 18.8%；最少出现的是企业，所占比例为 2.0%。

表 7-22　《四川日报》获表彰奖励对象的频次分布

奖励对象	频率	百分比
企业	2	2.0
公益团体	6	5.9
政府部门	18	17.8
事业单位	19	18.8
个人	56	55.4
合计	101	100.0

笔者发现《南方都市报》获表彰奖励的对象之间存在明显的差异($X^2=35.488$,$df=4$,$p<0.001$)。如表7-23所示,《南方都市报》获表彰奖励的对象出现的频次最多的是个人,占53.5%;其次是事业单位,占23.3%;最少出现的是政府部门,频次为1,所占比例为2.3%。

表7-23 《南方都市报》获表彰奖励对象的频次分布

奖励对象	频率	百分比
政府部门	1	2.3
公益团体	3	7.0
企业	6	14.0
事业单位	10	23.3
个人	23	53.5
合计	43	100.0

RQ8:在"帮助关爱"留守儿童为主题的新闻报道中,不同报纸报道的帮助关爱的方式是否不同?

关爱方式可以看出社会各界对留守儿童帮助和关爱具体的做法,也可以看出社会其他群体对留守儿童这一群体的了解和认识程度。

研究发现免费活动在三报中出现的频次具有显著的差异($X^2=1582.000$,$df=4$,$p<0.001$)。如表7-24、表7-25、表7-26所示,《光明日报》中出现的频次是220,《四川日报》中出现的频次是274,《南方都市报》中出现的频次是297。

研究发现一次性捐款捐物在三报中出现的频次具有显著的差异($X^2=714.000$,$df=4$,$p<0.001$)。如表7-24、表7-25、表7-26所示,《光明日报》中出现的频次是78,《四川日报》中出现的频次是135,《南方都市报》中出现的频次是144。

研究发现长期资助项目在三报中出现的频次具有显著的差异($X^2=498.000$,$df=4$,$p<0.001$)。如表7-24、表7-25、表7-26所示,《光明日报》中出现的频次是70,《四川日报》中出现的频次是127,《南方都市报》中出现的频次是52。

研究发现硬件改造或建设在三报中出现的频次具有显著的差异($X^2=482.000$,$df=4$,$p<0.001$)。如表7-24、表7-25、表7-26所示,《光明日报》中出现的频次是93,《四川日报》中出现的频次是120,《南方都市报》中出现的频次是28。

研究发现心理疏导项目在三报中出现的频次具有显著的差异($X^2=402.000$,$df=4$,$p<0.001$)。如表7-24、表7-25、表7-26所示,《光明日报》中出现的频次是88,《四川日报》中出现的频次是79,《南方都市报》中出现的频次是34。

研究发现顺路探访在三报中出现的频次具有显著的差异($X^2=102.000$,$df=4$,$p<0.001$)。如表7-24、表7-25、表7-26所示,《光明日报》中出现的频次是4,《四川日报》中出现的频次是16,《南方都市报》中出现的频次是31。

研究发现有关部门或领导人慰问在三报中出现的频次具有显著的差异($X^2=$

$146.000, df=4, p<0.001$)。如表 7-24、表 7-25、表 7-26 所示,《光明日报》中出现的频次是 26,《四川日报》中出现的频次是 32,《南方都市报》中出现的频次是 15。

由以上卡方检验可知,帮助关爱的方式在各报上呈现明显的差异。再对每份报纸上帮助关爱方式的分布进行卡方检验,《光明日报》十年中帮助关爱的方式存在明显的差异($X^2=436.597, df=7, p<0.001$)。如表 7-24 所示,免费活动这一帮助关爱的方式位居《光明日报》第一,占 37.0%;位居第二的是硬件改造或建设,所占比例是15.6%;最少的关爱方式是顺路探访,所占比例为 0.7%。

表 7-24 《光明日报》十年帮助关爱方式的频率分析

关爱方式	频率	百分比
顺路探访	4	.7
其他	16	2.7
有关部门或领导人慰问	26	4.4
长期资助项目	70	11.8
一次性捐款捐物	78	13.1
心理疏导	88	14.4
硬件改造或建设	93	15.6
免费活动	220	37.0
合计	595	100.0

研究发现,《四川日报》十年中帮助关爱的方式存在明显的差异($X^2=500.827, df=7, p<0.001$)。如表 7-25 所示,免费活动这一帮助关爱的方式位居《四川日报》第一,占 34.0%;位居第二的是一次性捐款捐物,所占比例是 16.7%;位居第三的是长期资助项目,所占比例是 15.7%;最少的关爱方式是顺路探访,所占比例为 2.0%。

表 7-25 《四川日报》十年帮助关爱方式的频率分析

关爱方式	频率	百分比
顺路探访	16	2.0
其他	24	3.0
相关部门或领导人慰问	32	4.0
心理疏导	79	9.8
硬件改造或建设	120	14.9
长期资助项目	127	15.7
一次性捐款捐物	135	16.7
免费活动	274	34.0
合计	807	100.0

研究发现,《南方都市报》十年中帮助关爱的方式存在明显的差异($X^2=893.092$, $df=7$, p<0.001)。如表 7-26 所示,免费活动这一帮助关爱的方式位居《南方都市报》第一,占 48.6%;位居第二的是一次性捐款捐物,所占比例是 23.6%;位居第三的是长期资助项目,所占比例是 8.5%;最少的关爱方式除了其他,就是相关部门或领导人慰问,所占比例为 2.5%。

表 7-26 《南方都市报》十年帮助关爱方式的频率分析

关爱方式	频率	百分比
其他	10	1.6
相关部门或领导人慰问	15	2.5
硬件改造或建设	28	4.6
顺路探访	31	5.1
心理疏导	34	5.6
长期资助项目	52	8.5
一次性捐款捐物	144	23.6
免费活动	297	48.6
合计	611	100.0

由以上数据分析可知,《光明日报》《四川日报》和《南方都市报》上位居第一的关爱方式都是免费活动。《四川日报》和《南方都市报》中位居第二的都是一次性捐款捐物。《南方都市报》中顺路探访出现频次是 31 次,所占比例为 5.1%,远高于《光明日报》和《四川日报》。《南方都市报》中相关部门或领导人慰问出现频次比较少,仅 15 次,所占比例为 2.5%,远低于《光明日报》和《四川日报》。

RQ9:不同报纸有关儿童留守的原因在新闻报道中呈现是否不同?

首先对留守原因与报纸类别这两个变量进行分析,以了解在不同的报纸上每一种留守原因所呈现的情况是相同还是不同。研究发现,在不同报纸上有关越来越多的小型私立学校被取消这一原因存在显著的差异($X^2=22.000$, $df=4$, p<0.001)。如表 7-27、表 7-28、表 7-29 所示,《光明日报》上出现 6 次,《南方都市报》出现 4 次,《四川日报》上出现 1 次。

研究发现,在不同报纸上私立学校质量没保障这一原因存在显著的差异($X^2=21.627$, $df=1$, p<0.001)。如表 7-27、表 7-28、表 7-29 所示,《光明日报》上出现 20 次,《南方都市报》出现 4 次,《四川日报》上出现 0 次。

研究发现,在不同报纸上私立学校学费高这一原因存在显著的差异($X^2=42$, $df=4$, p<0.001)。如表 7-27、表 7-28、表 7-29 所示,《光明日报》上出现 15 次,《南方都市报》出现 4 次,《四川日报》上出现 2 次。

　　研究发现,在不同报纸上打工父母没有精力照顾孩子这一原因存在显著的差异($X^2=106.000,df=4,p<0.001$)。如表7-27、表7-28、表7-29所示,《光明日报》上出现47次,《南方都市报》出现4次,《四川日报》上出现2次。

　　研究发现,在不同报纸上城市生活费用高父母无法承担这一原因存在差异($X^2=9.082,df=1,p=0.029,p<0.05$),其中,《光明日报》上出现0次,《南方都市报》出现34次,《四川日报》上出现1次。

　　研究发现,在不同报纸上公立学校昂贵的赞助费、插班费这一原因存在差异($X^2=8.477,df=1,p=0.038,p<0.05$)。如表7-27、表7-28、表7-29所示,《光明日报》上出现1次,《南方都市报》出现25次,《四川日报》上出现0次。

　　研究发现,在不同报纸上无本地户籍难入公立学校这一原因存在显著的差异($X^2=110.000,df=4,p<0.001$)。如表7-27、表7-28、表7-29所示,《光明日报》上出现18次,《南方都市报》出现34次,《四川日报》上出现3次。

　　由以上检验可知,留守原因在各报呈现明显的差异。再来看具体每一份报纸上各种原因分布的情况。通过卡方检验,发现《光明日报》有关留守儿童留守的原因呈现存在显著的差异($X^2=78.712,df=6,p<0.001$)。如表7-27所示,《光明日报》共出现留守原因118次,有关留守儿童留守的原因出现频次最多的是父母没有精力照顾孩子,所占比例为39.8%;其次是私立学校质量没有保障,所占比例为16.9%;再次是无本地户籍难入公立学校,所占比例为15.3%;出现最少的频次是公立学校昂贵的赞助费、插班费,所占比例仅为0.8%。

表 7-27　《光明日报》留守原因频次分析

留守原因	频率	百分比
公立学校昂贵的赞助费、插班费	1	0.8
越来越多的小型私立学校被取消	6	5.1
其他	11	9.3
私立学校学费贵	15	12.7
无本地户籍难入公立学校	18	15.3
私立学校质量没保障	20	16.9
打工父母没有精力照顾孩子	47	39.8
合计	118	100.0

　　研究发现,《四川日报》有关留守儿童留守的原因呈现不存在显著的差异($X^2=2.364,df=2,p=0.307,p>0.05$)。如表7-28所示,《四川日报》有关留守儿童留守的原因涉及很少,共出现留守原因11次,出现频次最多的是无本地户籍难入公立学校所占比例为27.28%;其次是私立学校学费贵、打工父母没有精力照顾孩子和其他所占比例为18.18%;再次是越来越多的小型私立学校被取消和城市生活费用高父母无法承担,频次都仅为1,所占比例为9.09%。

表 7-28 《四川日报》留守原因频次分析

留守原因	频率	百分比
越来越多的小型私立学校被取消	1	9.09
城市生活费用高父母无法承担	1	9.09
私立学校学费贵	2	18.18
打工父母没有精力照顾孩子	2	18.18
其他	2	18.18
无本地户籍难入公立学校	3	27.28
合计	11	100.0

研究发现,《南方都市报》有关留守儿童留守的原因呈现存在显著的差异($X^2 =$ 84.929,$df=3$,p<0.001)。如表 7-29 所示,《南方都市报》共出现留守原因 112 次,《南方都市报》有关留守儿童留守的原因出现频次最多的是城市生活费用高、父母无法承担和无本地户籍难入公立学校所占比例为 30.35%;其次是公立学校昂贵的赞助费、插班费所占比例为 22.32%;再次是越来越多的小型私立学校被取消、私立学校质量没保障、私立学校学费贵和打工父母没有精力照顾孩子所占比例为 3.57%。

表 7-29 《南方都市报》留守原因频次分析

留守原因	频率	百分比
其他	3	2.7
越来越多的小型私立学校被取消	4	3.57
私立学校质量没保障	4	3.57
私立学校学费贵	4	3.57
打工父母没有精力照顾孩子	4	3.57
公立学校昂贵的赞助费、插班费	25	22.32
无本地户籍难入公立学校	34	30.35
城市生活费用高父母无法承担	34	30.35
合计	112	100

由以上数据分析可知,有关留守原因的报道《四川日报》涉及比较少,《光明日报》涉及数量最多,其次是《南方都市报》。《光明日报》和《南方都市报》上留守原因呈现显著的差异,《四川日报》上不存在显著差异。

RQ10:不同报纸十年来有关留守儿童媒介形象呈现的变化及趋势是否存在不同?

由前文 RQ4 已得出,不同报纸上留守儿童的媒介形象呈现存在显著差异,在其基础上我们来了解不同报纸十年来有关留守儿童媒介形象呈现的变化及趋势。如图 7-4 所示,三报十年有关留守儿童积极健康形象的趋势。整体上看,《四川日报》有关留守儿童的积极健康形象的呈现频次越来越多,呈上升趋势;《南方都市报》和《光明日报》都经历了高峰报道后呈下降平缓趋势。

　　具体来看,《光明日报》在 2007 年相关形象呈现频次是三报之首,2009 年低落最低,2012 年又上升到最高点,2013 年开始有所回落,到 2015 年呈缓慢下降趋势。

　　《四川日报》在 2007 年之前相关形象呈现频次比《南方都市报》多,2008 年到 2013 年相关形象呈现频次比《光明日报》和《南方都市报》都少,但 2013 年后,《四川日报》相关形象呈现频次却一路高升,截至 2015 年,一路都呈明显的上升趋势。

　　2008 年之前,《南方都市报》相关形象呈现频次明显少于《光明日报》和《四川日报》,2008 年之后《南方都市报》相关形象呈现频次比《光明日报》和《四川都市报》有大幅增长,2009 年后相关形象呈现频次激增,但到 2012 年后《南方都市报》相关形象呈现频次开始锐减,到 2015 年一直呈缓慢下降趋势。

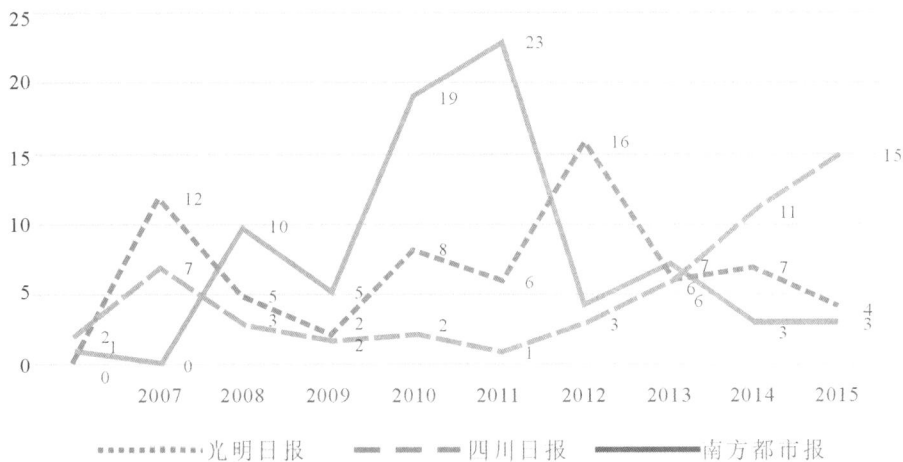

图 7-4　三报留守儿童积极健康形象十年趋势的呈现

　　三份报纸十年时段有关留守儿童被关爱沐恩的形象呈现趋势,如图 7-5 所示,从整体上看《光明日报》有关留守儿童被关爱沐恩的形象呈现的频次越来越多,呈上升趋势;《南方都市报》和《四川日报》都经历了高峰后呈下降平缓趋势。

　　具体来看,《光明日报》有关被关爱沐恩的形象呈现的频次在 2007 年达到一个小高峰,2009 年回落至最低点随后呈上升趋势至 2012 年到最高点,然后开始缓慢回落 2014 年又开始呈缓慢上升趋势。

　　《四川日报》也是在 2007 年有个小高峰,2009 年回落至最低点,随后呈上升趋势,2013 年到 2015 年呈缓慢下降趋势。

　　2008 年之前《南方都市报》被关爱沐恩的形象呈现的频次少于《光明日报》和《四川日报》,2008 年到 2012 年,《南方都市报》相关形象呈现的频次激增,2011 年达到最高峰。2012 年后,《南方都市报》有关被关爱沐恩的形象呈现的频次远远低于《光明日报》和《四川日报》,而且呈下降趋势。

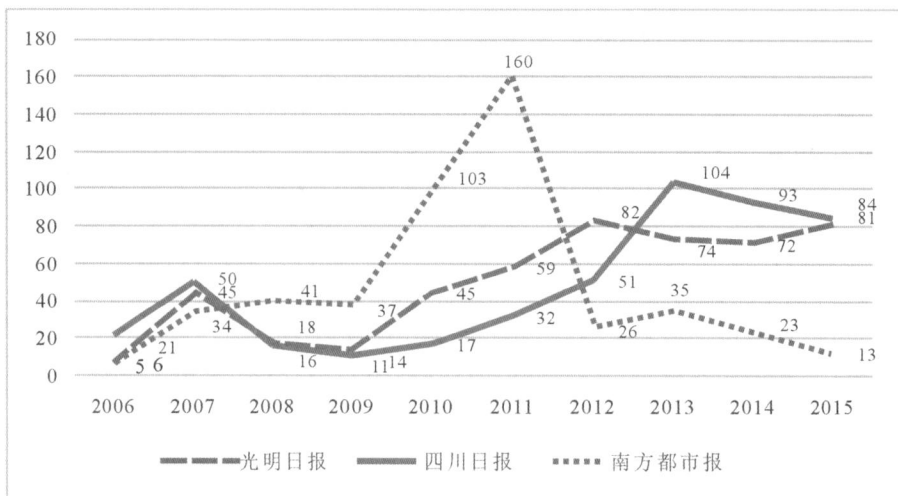

图 7-5　三报留守儿童被关爱沐恩形象十年趋势呈现

　　三份报纸十年时段有关留守可怜悲惨的形象呈现趋势,如图 7-6 所示,《南方都市报》经历了大起大落的变化过程,从 2012 年后急速降落到一个平稳的水平,2014 年到 2015 年有回升的趋势但不是很明显。《四川日报》是由 2006 年低 2007 年突增一个小高峰,然后回落直到 2012 年、2014 年又回到 2007 年的水平,2014 年到 2015 年是下降的趋势。《光明日报》有关留守儿童可怜悲惨的形象呈现的频次一直都比较稳定,起伏不大。

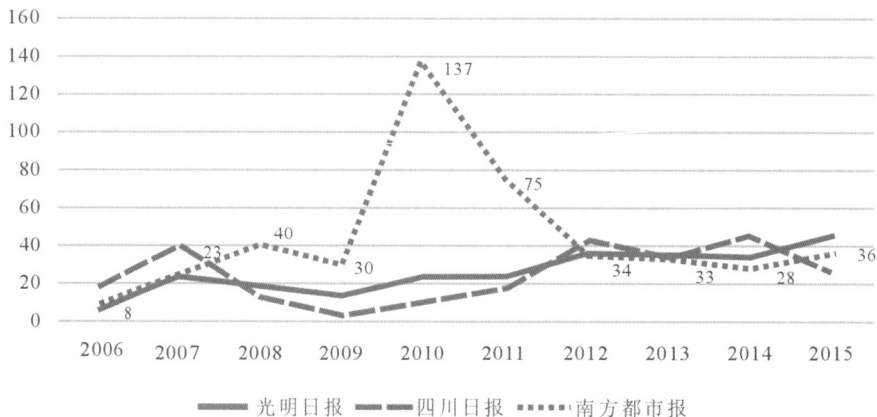

图 7-6　三报留守儿童可怜悲惨形象十年趋势呈现

　　三份报纸十年时段有关问题儿童的形象呈现趋势,如图 7-7 所示,从整体上看《南方都市报》经历了大起大落的变化过程,从 2008 年开始相关形象呈现的频次一路增多到 2010 年达到高峰,然后渐渐回落到 2012 年开始大幅下降到 2008 年前的水平,2014年有小幅上升,2015 年小幅下降;《光明日报》和《四川日报》相关形象呈现的频次整体上变化比较接近,2014 到 2015 年都是呈上升的趋势,可以看出在 2008 年之前《四川日报》和《光明日报》有关问题儿童的形象呈现的频次比《南方都市报》多,2008 年后两份党的机关报有关形象呈现的频次就比《南方都市报》少很多,直到 2012 年后三报基本上呈现的频次相差不大。2014 到 2015 年《光明日报》和《四川日报》相关形象呈现的频次是呈上升趋势,与《南方都市报》不同。

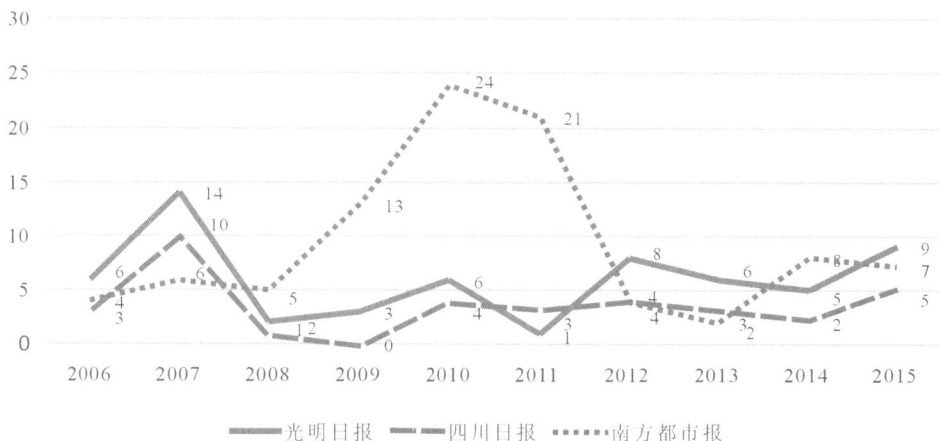

图 7-7　三报留守儿童问题儿童形象十年趋势呈现

再分析每一份报纸每一年的媒介形象呈现是变化情况,在此基础上再发现每份报纸上留守儿童媒介形象呈现的趋势。

研究发现,《光明日报》十年中积极健康的留守儿童形象呈现存在显著的差异 ($X^2 = 76.573, df = 7$, p < 0.001)。如图 7-8 所示,《光明日报》十年中积极健康的留守儿童形象 2012 年出现的频次最多,所占比例为 24.2%;其次是 2007 年,所占比例为 18.2%;较少出现的是 2009 年,所占比例为 3.0%;而 2006 年出现频次为 0。

研究发现,《光明日报》十年中被关爱沐恩的留守儿童形象呈现存在显著的差异 ($X^2 = 467.208, df = 8$, p < 0.001)。如图 7-8 所示,《光明日报》十年中被关爱沐恩的留守儿童形象 2012 年出现的频次最多,所占比例为 16.5%;其次是 2015 年,所占比例为 16.3%;频次较少出现的是 2009 年和 2008 年,所占比例各为 2.8% 和 3.6%;最少的是 2006 年出现频次为 6,所占比例为 1.2%。

研究发现,《光明日报》十年中可怜悲惨的留守儿童形象呈现存在显著的差异 ($X^2 = 328.581, df = 8$, p < 0.001)。如图 7-9 所示,《光明日报》十年中可怜悲惨的留守儿童形象 2015 年出现的频次最多,所占比例为 17.9%;其次是 2012 年,所占比例为 13.9%;再其次是 2013 年,所占比例为 13.5%;最少的是 2006 年出现频次为 5,所占比例为 2.0%。

研究发现,《光明日报》十年中问题儿童的留守儿童形象呈现存在显著的差异 ($X^2 = 33.857, df = 7$, p < 0.001)。如图 7-8 所示,《光明日报》十年中问题儿童的留守儿童形象 2007 年出现的频次最多,所占比例为 23.3%;其次是 2015 年,所占比例为

15.0%；再其次是 2012 年，所占比例为 13.3%；较少的出现的年份是 2008 年、2009 年和 2014 年，所占比例分别为 3.3%、5.0% 和 8.3%；最少出现的是 2011 年，频次为 1，所占比例为 1.7%。

由以上数据分析可知，《光明日报》十年中有关留守儿童的媒介呈现存在显著的差异。在此基础上，我们进一步对《光明日报》十年中有关留守儿童的媒介形象呈现的趋势进行了解。如图 7-8 所示，《光明日报》从 2006 年后，被关爱沐恩的形象呈现频次一直遥遥领先于其他形象；2008、2009 年被关爱沐恩的形象和可怜悲惨的形象呈现频次持平，2009 年后被关爱沐恩的形象呈现频次开始大幅增多，截至 2015 年都呈上升趋势。其次是可怜悲惨的形象呈现频次，从图上可直观看出，可怜悲惨的形象呈现也是呈上升的趋势；问题儿童形象和积极健康的形象相互交错，都处于频次比较低的水平，整体平稳，没有多大变化。

图 7-8　《光明日报》十年有关留守儿童形象的呈现趋势

再来分析《四川日报》，研究发现《四川日报》十年中积极健康的留守儿童形象呈现存在显著的差异（$X^2 = 38.360, df = 5, p < 0.001$）。如图 7-9 所示，《四川日报》十年中积极健康的留守儿童形象 2015 年出现的频次最多，所占比例为 28.83%；其次是 2014 年，所占比例为 21.2%；较少出现的是 2006 年、2009 年和 2010 年，频次仅为 2，所占比例为 3.85%；而最少频次出现在 2011 年，频次为 1，所占比例为 1.9%。

研究发现，《四川日报》十年中被关爱沐恩的留守儿童形象呈现存在显著的差异（$X^2 = 425.285, df = 9, p < 0.001$）。如图 7-9 所示，《四川日报》十年中被关爱沐恩的留守儿童形象 2013 年出现的频次最多，所占比例为 21.7%；其次是 2014 年，所占比例为 19.4%；较少出现的是 2008 年和 2010 年，所占比例分别为 3.3% 和 3.5%；而最少频次出现在 2009 年，所占比例为 2.3%。研究发现《四川日报》十年中可怜悲惨的留守儿童形象呈现存在显著的差异（$X^2 = 272.486, df = 9, p < 0.001$）。如图 7-9 所示，《四川日报》十年中可怜悲惨的留守儿童形象 2014 年出现的频次最多，所占比例为

17.7%；其次是2012年，所占比例为16.9%；再其次是2007年，所占比例为16.1%；最少频次出现在2009年，所占比例为1.6%。

研究发现，《四川日报》十年中问题儿童的留守儿童形象呈现存在明显差异（$X^2 = 19.333, df = 6, p < 0.005$）。如图7-9所示，《四川日报》十年中问题儿童的留守儿童形象2007年出现的频次最多，所占比例为28.57%；其次是2015年，所占比例为14.29%；再其次是2010年和2012年，所占比例都是为11.43%；最少频次出现在2008年，频次仅为1，所占比例为2.86%。

通过卡方检验可知，《四川日报》十年中有关留守儿童的媒介呈现存在显著的差异。在此基础上，我们进一步对《四川日报》十年中有关留守儿童的媒介形象呈现的趋势进行了解。如图7-9所示，《四川日报》被关爱沐恩的形象出现的频次一直遥遥领先于其他形象，2013年数量达到最高点，随后有个缓慢的下降趋势，但绝对出现频次仍远远高于其他形象；可怜悲惨的形象在2007年、2012年、2014年都分别有小高峰，2009年处于最低谷，到2015年开始出现比较明显的下降趋势；积极健康的儿童形象出现的频次一直处于很低的水平，但从2013年开始逐年提升，在2015年已接近可怜悲惨的儿童形象，呈一个上升的趋势；问题儿童形象出现频次比较少，处于最低的水平位置，在2014到2015年有一个缓慢的上升趋势。

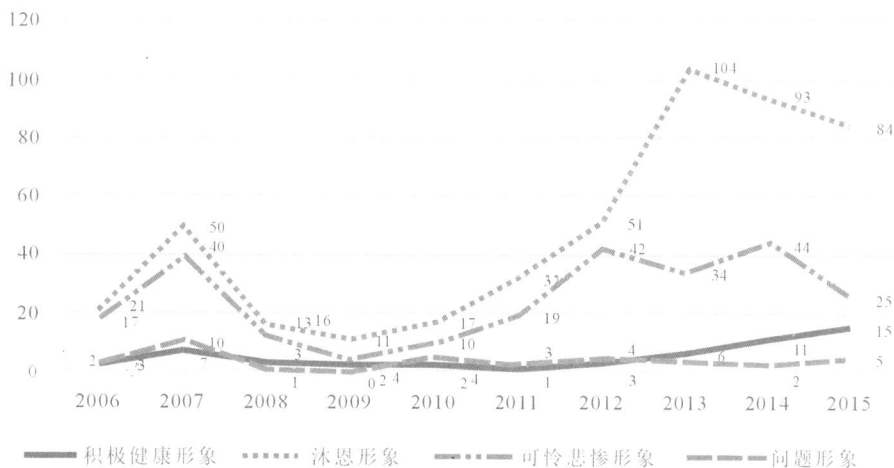

图7-9 《四川日报》十年有关留守儿童形象的呈现趋势

再对《南方都市报》进行分析。研究发现《南方都市报》十年中积极健康的留守儿童形象呈现存在显著的差异（$X^2 = 44.147, df = 7, p < 0.001$）。如图7-10所示，《南方都市报》十年中积极健康的留守儿童形象2011年出现的频次最多，所占比例为30.7%；其次是2010年，所占比例为25.3%；再其次是2008年，所占比例为13.3%；较少频次出现在2006年，频次仅为1，所占比例为1.3%；最少的是2007年，频次为0。

研究发现，《南方都市报》十年中被关爱沐恩的留守儿童形象呈现存在显著的差异（$X^2 = 425.285, df = 9, p < 0.001$）。如图7-10所示，《南方都市报》十年中被关爱沐恩

的留守儿童形象 2011 年出现的频次最多，所占比例为 33.5%；其次是 2010 年，所占比例为 21.6%；再其次是 2008 年，所占比例为 8.6%；较少频次出现在 2015 年，所占比例为 2.7%；最少的是 2006 年，所占比例为 1.0%。

研究发现，《南方都市报》十年中可怜悲惨的留守儿童形象呈现存在显著的差异（$X^2 = 272.486$, $df = 9$, $p < 0.001$）。如图 7-10 所示，《南方都市报》十年中可怜悲惨的留守儿童形象 2010 年出现的频次最多，所占比例为 30.9%；其次是 2011 年，所占比例为 16.9%；再其次是 2008 年，所占比例为 9.0%；较少频次出现在 2007 年，所占比例为 5.2%；最少的是 2006 年，所占比例为 1.8%。

研究发现，《南方都市报》十年中可怜悲惨的留守儿童形象呈现存在明显差异（$X^2 = 27.600$, $df = 8$, $p < 0.005$）。如图 7-10 所示，《南方都市报》十年中问题儿童的留守儿童形象 2010 年出现的频次最多，所占比例为 25.5%；其次是 2011 年，所占比例为 22.3%；再其次是 2009 年，所占比例为 13.8%；较少频次出现在 2006 年和 2012 年，所占比例都为 4.25%；最少的是 2013 年，频次为 2，所占比例为 2.1%。

研究发现，《南方都市报》十年中有关留守儿童的媒介呈现存在显著的差异。在此基础上，我们进一步对《南方都市报》十年中有关留守儿童的媒介形象呈现的趋势进行了解。如图 7-10 所示，《南方都市报》十年中有关被关爱沐恩的形象和可怜悲惨的形象呈现的频次非常接近。从 2006 年最低点出发，一路上涨，到 2009 年有小幅回落，然后二者都开始急剧增加，可怜悲惨的儿童形象出现的频次在 2010 年达到最高峰，被关爱沐恩的儿童形象出现的频次在 2011 年达到最高峰，随后都在 2012 年开始急剧下跌。积极健康的留守儿童形象和问题儿童形象出现的频次非常接近，都处于比较低的水平。从整体看，《南方都市报》中被关爱沐恩的形象和可怜悲惨的形象呈现趋势存在着明显的拐点，出现顶峰，大起大落。而积极健康的留守儿童和问题儿童的形象则一直处于比较平稳的状态，变化幅度不大。

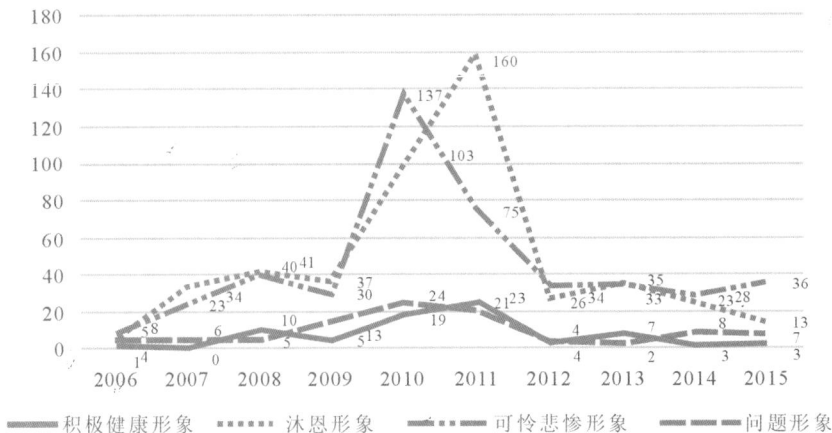

图 7-10 《南方都市报》十年有关留守儿童形象的呈现趋势

第二节　留守儿童形象内容分析法结果讨论

一、三报留守儿童报道的特点

(一)报道数量不稳定

从《光明日报》、《四川日报》和《南方都市报》报道量出现的频次分布来看,在月份分布上,样本存在明显的分布不均特征。每年的 7—9 月和 1—3 月,报道数量明显高于其他月份。这与每年的寒暑假是留守儿童家庭大举流动有关,一般在暑假期间,留守儿童开始流动到城市与父母团聚;而在寒假期间,刚好有中国传统的最重要的春节,父母回农村过年看望留守儿童或者留守儿童去城市过年与父母团聚;还有一些是寒暑假期间,留守儿童更加容易出现安全问题,意外事件导致有关留守儿童的突发新闻也比较多。除此之外,各级政府部门都会在节假日对留守儿童进行关注,发布很多相关信息。所以,导致这几个月有关留守儿童的新闻大增。

另外从《光明日报》、《四川日报》和《南方都市报》十年总报道量的变化来看,《光明日报》和《四川日报》的报道量都逐年增加。《南方都市报》从统计数据中可以看出,有关留守儿童的报道量从 2009 年开始出现井喷式增长,这与《南方都市报》从 2009 年开始一直在暑期开展"留守儿童圆梦行动"有紧密关系。到了 2011 年,《南方都市报》专门创办了《南都公益周刊》,专门用来传播报道公益活动,所以从数据统计中也就可以明显看出一个剧增到剧减的现象,就是《南方都市报》的报道在 2009 年到 2012 年之间出现了激增到剧减的报道现象,从 2012 年开始,相关留守儿童的报道量急剧下降。

留守儿童是近些年来中国社会的一个焦点问题,从报纸报道量的变化来看,报纸的关注度并不是很稳定。报纸对留守儿童的报道不是一个稳定的持续的过程,而是受到很多外在因素的干扰,比如六一儿童节快到了,各级政府和领导开始慰问留守儿童,媒体就报道一下有关留守儿童的新闻;比如寒暑假到了,留守儿童开始流动,相关部门做出了关心帮助的活动,媒体就开始报道一下相关帮助活动,其中涉及留守儿童。而在其他的时间,除非发生了意外突发大事件,没有太多关注留守儿童的新闻。所以说,媒体对留守儿童的报道存在节日性、季节性、事件性和政策性的特征。

(二)关爱主题的呈现位居第一

《光明日报》、《四川日报》和《南方都市报》报道主题都是关爱类报道位居第一,其中《光明日报》和《南方都市报》关爱类报道在百分之五十以上,《四川日报》关爱类报道高达百分之七十以上。可见,不管是党的机关报还是市场化都市报,都在营造一种关爱留守儿童为主旋律的媒介呈现。

《光明日报》和《四川日报》十年中相关报道出现频率最少的是暴力伤害儿童主题和打工父母在城市艰辛的生活主题。《南方都市报》留守儿童孤苦的生活这一主题出现频率由多到少的顺序是位居第三,《南方都市报》中有关暴力伤害留守儿童、留守儿童努力上进、留守儿童犯罪、打工父母生活艰辛和性侵害留守儿童的新闻主题出现频率和所占比例远远高于《光明日报》和《四川日报》。

由此可以看出,《光明日报》和《四川日报》侧重于宣传报道,而非揭露留守儿童的艰辛和困苦,也不太关注留守儿童受暴力伤害、被性侵等等新闻,进而也可以了解《光明日报》和《四川日报》作为党的机关报所遵行的媒介框架的特征;与之相反,《南方都市报》报道风格呈现明显的不同,多是从留守儿童的个体出发挖掘留守儿童的困苦生活,留守儿童遭受伤害等等新闻。可见,《南方都市报》所秉承的是都市化的报道框架,以个案以情感来感染读者。

(三)关爱主体政府部门和企业各居第一

《光明日报》和《四川日报》帮助关爱的主体频次最多的是政府部门;《南方都市报》帮助关爱的主体频次最多的是企业。这一分布特征也代表了党的机关报和都市报之间的差异。

《光明日报》帮助关爱的主体频次最多的是政府部门,其次是事业单位,第三是企业,其中政府部门出现的频次远远高于其他;出现最少的帮助关爱主体是个人。《四川日报》帮助关爱的主体频次最多的是政府部门,其次是事业单位,第三是公益团体,其中政府部门和事业单位出现的频次高于其他模拟较多;出现最少的帮助关爱主体除了其他就是其他团体。从《光明日报》和《四川日报》这两份当的机关报上关爱主体呈现,可以看出政府部门是最多呈现的关爱主体。

可见,党的机关报在信息发布选择时以政府部门的关爱活动为主,主要刊登的是政府部门帮助关爱留守儿童的新闻活动,其次就是事业单位帮助关爱留守儿童的新闻活动。其他关爱主体可能也进行了相关活动,但很难在党的机关报上进行报道。在《光明日报》和《四川日报》上,呈现出来主要的媒介事实就是国家政府大力关心帮助留守儿童;在此基础上,《光明日报》和《四川日报》同时也呈现出国家事业单位也在积极帮助关爱留守儿童这一媒介事实。这就是《光明日报》和《四川日报》所体现出来的党报的媒介框架。

《南方都市报》帮助关爱的主体频次最多的是企业,其次是事业单位,第三是政府部门,在具体出现频次上,企业帮助稍高于其事业单位,仅多了 2 个出现频次,政府部门比事业单位少了 30 几个频次;出现最少的帮助关爱主体是其他和其他团体。《南方都市报》自 2009 年开始至今,每年的暑假举办留守儿童圆梦行动,在珠三角地区企业分布很密集,企业的竞争方式也是多元化的。从广告到公共关系,企业为了提升自身的知名度,非常乐于参与《南方都市报》留守儿童圆梦行动,一方面给留守儿童关爱帮助,另一方面通过《南方都市报》这一平台传播了自己企业的公益形象,提升了美誉度。所以,在《南方都市报》关爱主体中,位居首位的是企业而不是政府部门也不足以为奇;在编码过程中,统一规定将《南方都市报》报社作为事业单位,所以由《南方都市报》发起的留守儿童圆梦活动,都归为事业单位的关爱,这可能导致《南方都市报》的事业单位相关比例比较大。

《南方都市报》自身的定位和党的机关报有很大不同,作为一份都市报,《南方都市报》需要公平地面对市场的竞争,没有任何的国家行政政策帮助报纸发行,所以报道要考虑到市场的需求,为了兼顾市场竞争和发挥政府舆论责任,报纸形成了一种兼顾市场和政府的特定的媒介框架。

(四)获表彰对象"个人"位居第一

《光明日报》、《四川日报》和《南方都市报》三报上在表彰对象呈现中个人获表彰频次都位居第一。

《光明日报》个人获表彰频次位居第一,其次是事业单位,第三是政府部门,企业最少。《四川日报》个人获表彰频次位居第一,其次是事业单位,第三是政府部门,企业最少。《南方都市报》个人获表彰频次位居第一,其次是事业单位,第三是企业,政府部门最少。

在实施关爱主体中,《光明日报》和《四川日报》关爱主体出现频次最多的是政府部门;《南方都市报》关爱主体出现频次最多的是企业。在三报中,个人作为关爱主体出现的频次都不高。但是非常有趣的是,三报上表彰对象出现频次最多的都是个人。笔者认为,只有两种可能:一是很多个体实施了帮助关爱行为,但是没有被报纸刊登出来,所以造成了在关爱主体分布上个人这一主体呈现很少;二是很多单位实施的帮助关爱行为,最后把表彰划分到个体的身上。第一种可能说明了媒体报道时没有呈现事实存在的全部;第二种可能说明了单位或集体喜欢通过表彰个人的行为来刺激更多人积极表现或者通过这样的表彰来认可个人的付出,有时也包含了一些功利的情结,很多体制内的工作人员需要通过获得表彰来实现职位的升迁。

(五)"免费活动"的关爱方式位居第一

《光明日报》、《四川日报》和《南方都市报》三报上呈现出的关爱方式最多的是免费活动,也就是让留守儿童免费使用或者免费消费的一种关爱方式。

《光明日报》上呈现出的关爱方式最多的是免费活动,其次是硬件改造或建设,接着是心理疏导和一次性捐款捐物。《四川日报》上呈现出的关爱方式最多的是免费活动占,长期资助项目,一次性捐款捐物,硬件改造或建设。《四川日报》和《光明日报》在关爱方式上呈现比较类似,只有长期资助项目这一项相对比较突出一点。《南方都市报》在关爱方式上,位居第一的是免费活动,所占比例高于《光明日报》和《四川日报》的比例;其次是一次性捐款捐物的关爱方式,也高于《光明日报》和《四川日报》的比例;而长期资助项目、硬件改造或建设、相关部门或领导人慰问都比《光明日报》和《四川日报》低。

三报关爱方式中频次出现最多的都是免费活动,而且该关爱方式出现的频次远远高于其他方式。这一点可以说明,在具体对留守儿童实施帮助时,关爱主体特别喜欢选择将自己拥有的资源进行免费使用这一方式。那么这种资源是否对留守儿童是有益的,很多的时候没有做认真考虑。比如游乐场免费给留守儿童玩一天,餐馆免费给留守儿童吃一顿,剧院免费给留守儿童看一出剧,培训班免费给留守儿童上兴趣班……形式上都是关爱,但是意义和效果却不一样,有的关爱帮助行为和施舍类似。在《南方都市报》以企业为主的关爱报道中,还有一类现象比较特别——就是存在顺道探访留守儿童这种关爱方式。这类报道在《光明日报》和《四川日报》中是极少看到的。顺路探访很多的时候与自驾游结合在一起开展,这样的活动比较符合当前都市白领周末休闲娱乐活动的安排,所以《南方都市报》上多次刊登某品牌汽车俱乐部组织车主自驾游,途中去探访当地的留守儿童,具体案例将在话语分析那章进行详细阐释说明。

(六)消息来源偏向

媒介框架理论认为消息来源是新闻在生产阶段一个重要的环节,消息来源的不同可以体现不同报纸的立场和理念。在新闻生产过程中,偏向是一种和客观相对的概念,包括不平衡和扭曲现实两个方面[①]。

新闻报道中消息来源的选择对新闻偏向与否有很大影响,十年中有关留守儿童的报道消息来源的分布呈现出怎样的情况?《光明日报》、《四川日报》和《南方都市报》消息来源最多的都是政府部门这一选项。三报虽然消息来源位居第一的都是政府部门,但具体比例有很大差异。

《光明日报》位居第二的消息来源是事业单位,位居第三的是政府领导、政协或人大代表,消息来源出现最少的是农民工或留守儿童。由消息来源分布情况来看,《光明日报》消息来源存在一种不平衡——以政府消息来源为主,对留守儿童及其家庭的相关信源选择太少。

《四川日报》消息来源最多的是政府,其次是事业单位,这两个消息来源出现的频次远远高于其他类型的消息来源。专家学者,政府领导、政协或人大代表和农民工或留守儿童这些消息来源都处于较少的水平。《四川日报》作为四川省委机关报,担负着宣传一省的重要职责,在消息来源上,有着严格的框架约束机制。从消息来源的分布上来看,《四川日报》比《光明日报》更加的不平衡,存在很严重的偏向——消息来源严重依赖政府部门和事业单位,其他来源非常的稀少。

《南方都市报》消息来源最多的是政府,其次是农民工或留守儿童这一项,第三是事业单位,第四是企业;消息来源最少的一项是政府领导、政协或人大代表。与《光明日报》和《四川日报》相比,《南方都市报》消息来源的不平衡性不是很明显,每一项来源之间相差不是很明显。

《南方都市报》这个数据的呈现有几个情况需要说明,第一是自 2009 年开始,《南方都市报》开始每年暑假举行留守儿童圆梦行动活动,在 2009 至 2011 年期间,大量的有关留守儿童的新闻报道就是围绕这个活动进行的。2009—2011 年留守儿童报道的数量出现激增的情况,所以导致《南方都市报》在十年内的消息来源出现了留守儿童或农民工消息来源频次很多的现象。第二,随着留守儿童相关活动趋于常态化,2012 年南方都市报创办《南都公益周刊》专门报道公益活动,《南方都市报》有关留守儿童的报道量也出现剧减的明显趋势。

---

① 罗文辉:《新闻记者选择消息来源的偏向》,载《新闻学研究》1995 年第 50 期。

《南方都市报》呈现出来的特征与党的机关报有一些明显的不同之处,这一点与其作为都市报定位密不可分。作为一份参与市场竞争、发行没有任何行政政策保护的都市报,让读者喜欢报纸并且购买报纸,提高报纸的发行量,这是报纸生存的根本方法。所以,都市报办报方针以市场为导向,以贴近读者为准则,新闻报道追求生动活泼,有较强吸引力,能感动人。《南方都市报》在报道留守儿童新闻时,多是个案访谈,比较少用严肃的方式来报道留守儿童。同时,比较多报道打工父母在城市辛苦悲惨的生活和留守儿童在农村可怜悲惨的生活,这些报道容易让读者产生感情共鸣。从媒介使用与满足的理论来看,这是报纸对自己的读者进行满足的一种方法与策略,同时也是报纸特有的框架体现。《南方都市报》作为市场化的都市报,兼顾国家舆论导向需要,以市场和读者为中心,在消息来源上以政府、留守儿童、事业单位和企业为主要消息来源,能够代表市场化的都市报当下所实行的媒介框架的特征——兼顾市场与国家舆论双重要求,消息来源呈现出双偏向双重点的特征——兼顾政府与留守儿童,兼顾事业单位与企业。

(七)留守原因呈现稀少

留守原因是分析留守儿童为何和父母分离,很多社会学者对此问题进行了深入思考。这也是关注和解决留守儿童问题最根本的问题。如果找出留守的根本的原因对其进行一一疏导,那么就有可能从根本上解决留守儿童的问题。在中国媒体上留守原因是如何呈现的呢?留守儿童为何留守?新闻报道中并不是都有提到和涉及,只有偶尔在专家评论留守儿童现象时笼统提一下,还有就是在留守儿童整个家庭作为个案进行采访报道时,有时记者会提问打工父母,为何不带孩子一起来城市,打工父母给出了各自的原因。从绝对数量上来说,《光明日报》呈现的频次最多,《南方都市报》其次,最少的是《四川日报》。

《光明日报》作为国家级党报,立场和角度比地方省级党报站得高,《光明日报》上涉及的留守原因报道比《四川日报》又多很多。但与《南方都市报》相比,《光明日报》上涉及的留守原因报道一般不是留守儿童家庭直接表达出来了,而是来自外界的推测。《南方都市报》因为有比较多的采访留守儿童父母的报道,所以获得了很多第一手的留守家庭对留守原因的答案。《四川日报》作为省级党报,比较少的讨论与涉及留守原因的报道。由三报涉及的留守原因呈现情况来看,媒体比较少关注留守原因,即使涉及一点也只是皮毛,很少有进行深入分析与思考的。

首先来看《光明日报》呈现最多的留守原因是私立学校教学质量没保障,其次是私立学校学费昂贵,第三是无打工城市户籍难入公立学校,第四是生活费用太高无法承担。

《四川日报》在留守原因的呈现上整体数量特别少,没有产生一定的规模效果,仅有的几篇报道中提到留守原因,最多的是无打工城市户籍难入公立学校,第二是私立学校教学质量无法保障,第三是公立学校需要交赞助费、借读费和插班费等。

《南方都市报》呈现的留守原因最多的是无打工城市户籍难入公立学校和打工父母没精力照顾孩子,紧随其后的是生活费用太高无法承担,然后是越来越多的小型私立学校被国家取消办学资格,第四是公立学校要赞助费、借读费和插班费。

从仅有报道的留守原因来看,"三报"有关留守原因呈现存在差异。《光明日报》呈现最多的是因为私立学校教学质量没保障,《四川日报》是无打工城市户籍难入公立学校,《南方都市报》是无打工城市户籍难入公立学校和打工父母没精力照顾孩子。从前期文献中我们了解到社会大众对留守儿童为何留守也有很多看法,比较多的认为是城乡户籍隔离下的义务教育无法普及造成,不少人士呼吁改革城乡户籍管理制度,让留守儿童也可以在城市享受义务教育。本书研究发现,其实除了户籍制度这一限制外,打工父母生活忙碌精力不够也是原因之一,还有不少家庭是因为城市生活费用过高,无法承担,所以让孩子留守在农村。还有不少打工父母是因为孩子在城市原来所在的费用合理的私立学校被国家关闭,又不能免费上公立学校,无法承担高昂的学费,只好让小孩回农村读书。境外一些媒体还曾指出,中国的留守儿童的出现是经济发展的代价。这个观点认为,中国经济快速发展是建立在成千上万的进城打工者廉价的劳动力基础上。很多企业都没有给打工者恰当的报酬,比如与家人分离是否应该有精神补偿费?而在一些企业中会对中高层管理者提供这些人道主义的补偿。

由此可见,儿童留守的原因很复杂,涉及国家宏观层面的政策,也涉及个体的具体的不同境况。但中国媒体对留守原因的呈现如此稀少,而以呈现留守儿童被关爱沐恩的报道为主要报道视角,似乎有些本末倒置。因为解决留守儿童问题的正确方式,应该是发现留守的原因,找出留守现象出现的根源,对此进行解决,而呼吁全社会关爱留守儿童绝不是解决问题的根本。

二、留守儿童媒介形象呈现

(一)被关爱沐恩的留守儿童形象位居第一

《光明日报》、《四川日报》和《南方都市报》十年中留守儿童媒介形象呈现最多的都是被关爱沐恩的形象。

《光明日报》留守儿童的媒介形象呈现以被关爱沐恩的形象为主,其次是可怜悲惨的形象。留守儿童积极健康的形象和问题儿童的形象呈现比较少。

《四川日报》留守儿童的媒介形象呈现也是以被关爱沐恩的形象为主,其次是可怜悲惨的形象,留守儿童积极健康的形象比问题儿童的形象呈现要多一些,但整体数量上都比较少。

《南方都市报》留守儿童的媒介形象呈现也是以被关爱沐恩为主,不同的是可怜悲惨的形象紧随其后,二者相差不多。其次是问题儿童的形象呈现比积极健康的形象呈现要多一些,这与《光明日报》和《四川日报》不同,问题儿童的形象和积极健康的形象整体出现频次都较少。

在留守儿童媒介形象呈现方面,三报出现比较统一的现象,都是以沐恩形象为主。这说明,《光明日报》、《四川日报》和《南方都市报》这几种不同类型的报纸再对留守儿童形象进行定位时主要强调社会各界对其关爱,展示社会有爱的媒介事实。稍微有点不同的是,《南方都市报》作为都市报,报道留守儿童的个案比较多,在塑造留守儿童被关爱沐恩的形象同时，又构建出可怜悲惨的留守儿童形象。

由前文文献综述可知，历史上有关儿童形象的呈现都是在特定的价值观和社会文化背景等因素影响下建构而成。留守儿童作为一种特殊的群体，当下媒体对其群体形象的呈现以被关爱沐恩形象为主，也是由特定的社会文化价值观影响。在特定的社会文化价值观影响下，媒体形成自己特定的媒介框架，在这一框架下构建出留守儿童的媒介形象。

(二)留守儿童媒介形象变化趋势

由前面数据分析可知，《光明日报》和《四川日报》十年中被关爱沐恩的形象一直遥遥领先于其他形象。截至 2015 年，《光明日报》被关爱沐恩的形象一直呈上升趋势；《四川日报》呈下降的趋势。而在 2008—2009 年，《光明日报》和《四川日报》有关留守儿童出现的频次都有所下降，笔者认为和 2008 年全球金融危机的冲击和影响有关。

《南方都市报》十年中关被关爱沐恩的形象和可怜悲惨的形象呈现彼此相依相随，非常接近。在 2009—2010 年之间，可怜悲惨的形象呈现频次一度超过被关爱沐恩的形象，可怜悲惨的留守儿童形象在 2010 年达到最高峰，被关爱沐恩的留守儿童形象在 2011 年达到最高峰，随后都在 2012 年开始急剧下跌，出现如此的大涨大跌原因，主要就是《南方都市报》自 2009 年开始至今每年的暑假都举办留守儿童圆梦行动，自此有关留守儿童的新闻报道出现频次大幅剧增；2012 年《南方都市报》专门创办《南都公益周刊》负责报道公益活动，有关留守儿童的公益活动报道出现了分流，所以《南方都市报》上有关留守儿童的报道呈现的频次大幅下降。2012—2015 年可怜悲惨呈缓慢上升趋势，被关爱沐恩的形象呈下降的趋势。

从十年的时间段中看，《光明日报》和《四川日报》呈现出的留守儿童被关爱沐恩的形象远远高于其他形象，这是党的机关报在各自的媒介框架影响下所形成的形象构建。《南方都市报》呈现出被关爱沐恩的留守儿童和可怜悲惨的留守儿童，这也是在其媒介框架指导下所形成的形象构建。变化趋势存在一些不同的是，截至 2015 年 12 月，《光明日报》被关爱沐恩的形象呈上升趋势，可怜悲惨的留守儿童形象和问题儿童形象都呈缓慢上升趋势；《四川日报》被关爱沐恩的形象和可怜悲惨的留守儿童形象呈下降的趋势，积极健康和问题儿童的留守儿童形象呈缓慢上升趋势；《南方都市报》被关爱沐恩的形象呈下降的趋势，可怜悲惨的留守儿童形象呈缓慢上升趋势。这些变化趋势，可能代表着未来不同报纸对留守儿童报道的侧重点有所改变。

(三)党的机关报上留守儿童性别形象无差异

从整体呈现的频次来看，《光明日报》和《四川日报》中男童女童出现的频率，远远低于性别不明的留守儿童出现的频率。《南方都市报》中性别不明的留守儿童出现的频次也是最高，但与男童女童出现的频次差距不是非常大。可见，在整体上，三报留守儿童性别形象呈现出来的是不分性别的群体形象。

《光明日报》中男女留守儿童在性侵害类新闻中、在遭受暴力伤害新闻中、在犯罪新闻中、在可怜悲惨的媒介形象呈现中、在积极健康的媒介形象呈现中不具有明显的差异和在问题儿童的媒介形象呈现中都不具有明显的差异;《光明日报》中男女留守儿童在被关爱沐恩的媒介形象呈现中具有明显的差异,女性明显多于男性。

《四川日报》中男女留守儿童在犯罪新闻中、在积极健康的媒介形象呈现中、在可怜悲惨的媒介形象呈现中、在被关爱沐恩的媒介形象呈现中和在问题儿童的媒介形象呈现中都不具有明显的差异。

《南方都市报》中男女留守儿童在遭受暴力伤害新闻中、在积极健康的媒介形象呈现中、在可怜悲惨的媒介形象呈现中和在被关爱沐恩的媒介形象呈现中都不具有明显的差异;《南方都市报》中男女留守儿童在犯罪新闻中出现的频次呈现明显的差异(男性明显多于女性)、男女留守儿童在问题儿童的媒介形象呈现中具有明显的差异(男性明显多于女性)和男女留守儿童在性侵害类新闻中呈现明显的差异(女性明显多于男性)。《南方都市报》有关性别呈现比《光明日报》和《四川日报》要丰富,首先是呈现出男性留守儿童犯罪的频次明显高于女性留守儿童;其次是呈现男性留守儿童被冠名问题儿童的频次明显高于女性留守儿童;最后呈现出女性留守儿童是性侵害的主要对象,女性留守儿童出现的频次远高于男性。

从《南方都市报》有关留守儿童的性别形象呈现来看比较吻合前文文献的认知,在前文文献中认为当前社会对留守女童被性侵和留守男童容易犯罪已是一种普遍的社会认同,也就是《南方都市报》塑造出了留守男童容易犯罪、留守女童容易被性侵这一性别差异的形象。而《光明日报》和《四川日报》并没有像前文文献中所认知的那样呈现出留守女童被性侵和留守男童容易犯罪这一媒介事实。

以上是内容分析法所得出的结果。本书发现当的机关报和都市报都呈现出以被关爱沐恩为主的留守儿童媒介形象,这一点和前期相关文献有一点不同,前期文献研究得出主流媒体塑造的留守儿童形象是以问题儿童形象为主,辅之以沐恩幸福的形象。本书发现党的机关报主体最多的是政府部门,都市报是企业;党的机关报很少呈现留守儿童性别形象差异,都市报呈现出男女留守儿童性别形象存在显著差异;党的机关报在新闻消息来源上存在明显的不平衡偏向,前期文献未曾有研究;都市报上关爱方式比党的机关报更具有明显的物质化倾向,这一点前期研究文献也没有涉及;地方级党的机关报对留守原因涉及很少,媒体不重视留守现象造成的原因,而是一味进行关爱活动的报道,从留守儿童视角来看,这是一种本末倒置的现象;党的机关报报道因帮助关爱留守儿童而获表彰的新闻远远多于都市报,且获表彰对象以"个人"为主,这一点相关前期文献没有涉及研究。本书在内容分析法的基础上,再进行文本的话语分析,这样的研究视角前期相关文献亦没有涉及。

留守儿童报道的话语分析

前文使用内容分析法对《光明日报》、《四川日报》和《南方都市报》十年中有关留守儿童的报道进行了分析，得出以下结论：三报报道主题以关爱报道为主；关爱主体党报上呈现最多的是政府部门，都市报上呈现最多的是企业；三报关爱留守儿童最多的方式都是免费活动；三报获表彰对象都是"个人"位居第一；三报上留守原因呈现相对较少；三报在消息来源方面存在不平衡性偏向；三报上呈现出的留守儿童媒介形象都是以被关爱沐恩形象为主；党报上留守儿童性别形象差异不显著，都市报上塑造出女童易被性侵、男童容易犯罪这一性别差异。为了能够进一步了解中国有关媒体对留守儿童报道时所遵循的媒介框架及其框架背后的意识形态等等问题，笔者准备使用凡·迪克话语分析方法对相关报道文本进行分析和阐释。

笔者首先使用凡·迪克意识形态方阵分析模式对留守儿童新闻报道中呈现出来的意识形态进行宏观层面的分析；然后，再使用凡·迪克局部语意分析的方法，对新闻报道进行微观层面的话语分析，找出新闻报道中存在的意识形态或价值观倾向。

第一节 留守儿童报道的意识形态方阵分析

在本书中，笔者认为在中国媒体报道留守儿童时，不存在截然对立的"异己群体"和"我群"这样的划分事实。但是媒体上大量呈现的新闻文本中确实又塑造出一个特殊的群体——"留守儿童"，如何去分析留守儿童这一特殊的群体？笔者在此选择使用凡·迪克意识形态方阵扩大化后的分析框架①，凡·迪克将原来只用来形容表述对立群体的意识形态方阵这一分析方法进行了扩大化。笔者发现媒体报道中存在着这样一对并不互相对立而是互相依存的关系：关爱方和被关爱方，留守儿童作为被关爱方存在。不论是党的机关报，还是都市报，媒体报道中都是以关爱报道主题为主，塑造出一种从上到下，从政府到企业到个人都是关爱者的角色，留守儿童及其家庭则是接受关爱的被关爱者身份。下文就从凡·迪克意识形态方阵修改版的四个维度加以一一梳理留守儿童报道中存在的意识形态情况。

---

① van Dijk，T. A.，*Ideology：A Multidisciplinary Approach*. London，UK：Sage，1998，p. 297.

一、媒体大力报道关爱方帮助留守儿童

内容分析结果发现,《光明日报》、《四川日报》和《南方都市报》三份报纸报道主题最多的就是关爱帮助类主题。由此可以得出,不管是党的机关报还是都市报,其报道的立场都是以关爱方为主,三报通过大量的报道展现留守儿童被关爱沐恩的媒介景观。其中《光明日报》关爱类报道主题占一半以上,主要报道的是政府、事业单位等对留守儿童的积极帮助与关爱;《四川日报》关爱类报道主题占70%以上,主要报道的是政府、事业单位等关爱方对留守儿童的积极帮助与关爱;《南方都市报》关爱类报道主题占50%以上,主要报道企业、事业单位和政府部门对留守儿童的积极帮助。可以说,在这一点上比较符合凡·迪克意识形态方阵第一维度所说的表达或强调关爱方的正面信息。这样的报道在三报上非常的多,限于篇幅,只选择一篇报道作为代表加以分析。

留守儿童家里安上电话①

正文:

"爸爸,我今天心里特别高兴,家瑞安装电话了,我想你们的时候就可以随时给你们打。今天有很多叔叔、阿姨来看我们,还给我们带来了很多礼物。"犍为县清溪小学的留守儿童廖举红,在乐山市、犍为县妇联的协助和安利青年志愿者的资助下,在安装电话后兴高采烈的给她的父亲打电话。

近日,乐山市妇联工作人员和安利青年志愿者,一同来到犍为县清溪小学,给该校的留守儿童设立了爱心书屋。青年志愿者们还带来了文具和运动器材,并为十位家庭条件差、学习成绩优异的留守儿童家里送去了米和油,并安装了电话。

该县常年在外务工人员达17万人,留守儿童有12000余名。今年,该县把关爱留守儿童列入"十大惠民"行动之一,常年开展"关爱留守学生爱心行动",建立详细的农村留守儿童数据库,共发放关爱行动慰问金8.9万元。

在《四川日报》这篇报道中,首先新闻标题就强调了留守儿童被关爱沐恩的事实,即家里装电话了。在正文中,更是通过留守儿童的口说出这一帮助给留守儿童带来的种种好处,实现了强调有利于关爱方的正面信息。随后,开始具体报道关爱的详情,设立了爱心书屋,捐款捐物等等。最后,还指出这个县把关爱留守儿童作为十大惠民活动之一进行常年的关爱,把关爱从点上升到面的层次,从一次个案扩展到长期的关爱,更加突出与强调了关爱方所做的努力工作。

从主题选择角度来说,这一篇报道通过选择一件关爱的小事作为开端,然后进行主题的提炼与升华,关爱对象从个体扩大到该县整体的留守儿童层面,这是主题"普遍化"的过程。关爱的对象有很多,为何选择这个小女孩作为代表来写?这就体现了主题选择时操作的技巧,删除一些不是很有代表的案例,选择能代表、有亮点的案例。在要求方式上,开始使用个案以获得关爱的小女孩口吻表达激动与幸福的话语,这是情感要求;接着,使用了具体的数据,进行理性的要求,表达出某县政府对留守儿童的积

---

① 《留守儿童家里安上电话》,载《四川日报》http://www.newssc.org/,2007年6月12日。

极关爱。在这两种要求方式下，整个报道的主题就能得到很好的展现。以上这个报道充分体现了主题选择中的系列技巧。

二、媒体呈现留守儿童的困境

《光明日报》、《四川日报》和《南方都市报》三份报纸中或具体或简洁地对留守儿童这一群体所处的困境加以描述。《南方都市报》通过很多个案专访报道呈现出了留守儿童孤单悲惨可怜的一面，具体包括留守儿童物质方面的贫困，比如缺少生活和学习用品以及玩具；其次是容易被伤害，留守儿童容易被性侵、家暴和校园暴力等等；再次就是意外死亡，因为家里条件不好，监护人年老体衰或者无监护人，留守儿童出现不少意外死亡的个案；还有指出留守儿童缺少交流，性格内向；另外还有指出留守儿童学习成绩不好，存在逃学厌学等不良习惯；最后就是心理上有问题，留守儿童特别是男童比较多出现在犯罪的报道中。与《南方都市报》相比，《光明日报》和《四川日报》有关留守儿童的个案报道比较少，涉及的留守儿童困境的问题一般都是宏观的整体呈现，一般包括物质贫困、心理有问题和学习成绩差等问题。

(一)物质方面匮乏

以 2010 年 6 月 30 日《南方都市报》报道的一则题为《河源龙川黎咀镇魏洞村留守儿童约 70 人》为例，具体内容见附录 2。

《河源龙川黎咀镇魏洞村留守儿童约 70 人》节选

魏洞小学三年级学生谢鸿燕的家，房子是最常见的样式，砖头砌成，内外墙都不加粉刷和装饰，看起来粗糙、灰暗……

谢鸿燕揭开了大锅盖，里面放着她刚做好的清炒空心菜。她麻利地把菜端上饭桌，再盛了一碗饭，低着头，一个劲地扒饭。这就是她的晚餐。这是一个羞涩、内向的小女孩，眼睛水灵，但身体瘦弱。小小的年纪已经担起了家里所有的家务活。邻居说，她时常两三个月没有吃过一块肉。……

漏雨的屋："是我的水帘洞"

9 岁的小男孩谢杭经常梦到爸爸、妈妈带着他一起出去玩，醒来后却只能在被窝里流眼泪。……我们来到谢杭家里，有 40 年历史的老房子，屋顶瓦片坏了半边，雨后还往厅堂里滴水。地上摆满了大大小小的水桶和脸盆，都是漏水时用的。"实在没有钱修这屋子！"爷爷谢东明说，谢杭出生不到一年，父母就去佛山的铝合金厂和制衣厂做工，至今八年，但每个月 1000 元左右的工资仅够他们自己生活，一年往家里寄的钱还不到 3000 元。

谢杭肯定还不知道钱的意义。虎头虎脑的他在漏水的屋顶下窜来窜去，说，"这是我的水帘洞"。……

(《南方都市报》2010 年 6 月 30 日)

这篇报道主要以魏洞小学三年级女生谢鸿燕和一年级男生谢杭为两个典型的个

案进行采访报道,突出留守儿童的居住环境很差,比如报道中使用了"房子是最常见的样式,砖头砌成,内外墙都不加粉刷和装饰,看起来粗糙、灰暗"、"除了一张饭桌,一张旧沙发,一台老电视,厅堂里面有些空荡"和"有 40 年历史的老房子,屋顶瓦片坏了半边,雨后还往厅堂里滴水。地上摆满了大大小小的水桶和脸盆,都是漏水时用的"这些句子。

从主题选择的技巧来看,在选择个案时,首先保证了男女性别的平衡,选择一男一女。然后选择的女生家庭是父亲刚病亡,母亲也不在身边,家里没有任何收入。男生家庭是父母外出打工,但收入很微薄。通过这两个典型的留守儿童家庭情况的报道,报纸给读者呈现出留守儿童家庭非常贫困的现状。记者通过非常多的细节,将贫困的度加以具体刻画,让读者能够萌生一种怜悯与同情。

除了具体的细节描写,记者通过采访他人获得直接的话语来表现留守儿童生活困苦。比如为了表达女生谢鸿燕生活困苦的程度,以邻居的口说出"她时常两三个月没有吃过一块肉"。为了表达小男孩谢杭家境,通过其爷爷的嘴告诉读者,谢杭的爸爸妈妈在外地打工每个月工资只有 1000 元,每年只能给家里汇 3000 元,所以他们家很穷,屋顶漏雨都没钱修理。

这篇报道通过记者所看所听获取到的信息将留守儿童贫困的物质生活表达得非常清楚。这篇报道虽然没有直接呼吁各级政府和社会人士予以帮助,但是字里行间流露出的感情能够深深感到读者,起到很好的感化效果。

(二)心理存在问题

《南方都市报》描写留守儿童因为与父母长期分离由此可能给留守儿童造成心灵的创伤。与《光明日报》不同的是,《南方都市报》擅长以感情打动读者,在报道留守儿童处于困境的时候,以个案描写为主,非常细致地刻画留守儿童的悲惨。以《南方都市报》2007 年一则标题为"妈妈在电话里的心酸"报道为例,具体内容见附录 2。

《妈妈在电话里的心酸》节选

一位出外打工的母亲,大年三十晚上,只能跑到电话亭跟年仅周岁的儿子煲了一个小时的"电话粥"。当离别已久的母亲回到了家,儿子竟不认识妈妈了,母亲问:"你妈妈在哪?"儿子天真地说:"妈妈在电话里。"……

（《南方都市报》2007 年 4 月 15 日）

从主题选择上来说,标题"妈妈在电话里的心酸"具有很强的感染力,容易引起读者的同情与怜悯。首先选择一个案进行生动的描写,年轻的妈妈不能回家过年只能给年幼的孩子打电话。再通过一个尚不懂事小孩子当面不认识妈妈,而说出"妈妈在电话"这句话,让人感到很心酸。报道对留守幼童因长期与父母分离带来的心理创伤表达出一种深深的担忧。

留守儿童长期与父母分离带来的心灵孤寂与创伤很难通过外界的干预恢复,正因为如此,媒体又报道出很多留守儿童存在心理问题。以《光明日报》2014 年 10 月 19

日一则报道为例,标题是"每 4 个留守儿童中就有 1 个存在心理孤独问题"①,具体内容见附录 2。

《每 4 个留守儿童中就有 1 个存在心理孤独问题》节选

调查显示,目前我国留守儿童心理孤独平均指数为 40.44,26.9％的留守儿童的心理孤独指数大于等于 46,每 4 个留守儿童中就有 1 个存在心理孤独问题。中国妇女发展基金会副理事长甄砚表示,留守儿童心理孤独指数的研究使企业的捐赠更趋于理性和针对性,彰显了企业回报社会造福群众的使命感和责任感。

(《光明日报》2014 年 10 月 19 日)

此外,报纸还报道留守儿童因为长期存在心理孤独等问题,有的走上了犯罪的道路,比如有留守儿童向同学投毒、向家人投毒;有的从事抢劫偷盗等活动;有的从事卖淫等活动。

(三)易受伤害

除了物质贫困、心理不健康等困境外,媒体还报道留守儿童处于易受伤害这一困境中。其中《南方都市报》有关留守儿童受到伤害的报道最多,《光明日报》其次。先以《光明日报》一则新闻报道为例,《儿童安全教育问题出在哪?》,具体内容见附录 2。

《儿童安全教育问题出在哪?》节选

近日,接二连三的侵害儿童案件被报道出来:10 月 3 日,江苏扬州 7 岁女孩遭性侵后被害;10 月 6 日,河南平舆多个小孩当街被砍;10 月 8 日,杭州萧山 12 岁男孩被杀;10 月 12 日,北京一老师带 12 岁女学生 3 个月开房 9 次被公开报道。……

近年来,一些统计数据显示,乡村,尤其是留守儿童多的空心化地域是性侵的高发地。"华中师范大学教育学院教授范先佐说。同时,中华社会救助基金会儿童安全基金女童保护项目发布的《2013—2014 年儿童安全教育及相关性侵案件情况报告》显示,乡村地区是性侵儿童案件的重灾区。过去一年曝光的 192 起性侵儿童案件中,至少有 106 起发生在乡镇、农村地区,占总量的 55.21％。而江苏淮阴检察院的官方数据显示,该院近 3 年共办理猥亵、性侵未成年人案件 14 件 17人,而猥亵、性侵对象是农村留守女童的就占到了 10 件 13 人。

家庭教育不能缺位

"父母在身边时更容易发现问题,有更多机会进行安全教育,而留守儿童没有这个条件,这让部分孩子在面临侵犯时甚至都不自知。"范先佐补充道,"城镇地区的人口流动率高、密集度高,也使社会治安比以往更难维持。学校和家长的监护存在漏洞,更容易被坏人利用,对孩子造成侵害。"

据了解,美国有一些州规定孩子幼年阶段不能在无人陪伴的情况下独自停留在一个场所,一经发现,家长会被起诉甚至剥夺监护权利。……

---

① 王海磬:《每 4 个留守儿童中就有 1 个存在心理孤独问题》,载《光明日报》2014 年 10 月 19日 04 版。

该报道通过研究学者的口指出"留守儿童多的地区是性侵高发地",再以"中华社会救助基金会儿童安全基金女童保护项目"所做的研究报告来理智地告诉读者——乡村地区是性侵儿童案件的重灾区,报告以江苏淮阴检察院的官方一组数据来说明,指出该院近3年共办理猥亵、性侵未成年人案件14件,其中侵害人是农村留守女童的就占到了10件。最后报道指出出现这种情况主要的原因主要是因为"家庭教育"的缺位,新闻报道整体传达的意义有积极作用,提醒家庭要注意保护和预防女童的安全。但笔者认为仅靠一个地方的检察院一组数据不能代表全国的情况,只能说是一种提醒作用,而不能用此数据推断出留守儿童被性侵的概率就一定很高。而且对于留守儿童来说,父母本来就不在身边,如何让父母去保护预防?报道还谈到"美国有一些州规定孩子幼年阶段不能在无人陪伴的情况下独自停留在一个场所,一经发现,家长会被起诉甚至剥夺监护权利。"

《南方都市报》上刊登了不少遭受伤害的留守儿童个案,与《光明日报》相比,《南方都市报》的报道以个案细致描述案情为特征。《南方都市报》2015年8月9日刊登的《安徽潜山县连续三年留守女童遭遇极端事件伤害留守农村的"花蕾"为何频频凋谢?》,具体报道见附录2。

《安徽潜山县连续三年留守女童遭遇极端事件
伤害留守农村的"花蕾"为何频频凋谢?》节选

连续三年,安徽潜山县都因为留守女童的相关事件引起广泛关注。

2013年,网曝安徽潜山一小学校长12年中先后对9名女童进行性侵犯,最小的年仅6岁;2014年,网曝潜山县一名12岁留守女孩被强奸杀害抛尸;今年6月,潜山县一名11岁的留守女孩,喝农药自杀……这些含苞待放的"花蕾",为何频频遭遇极端事件的伤害?成长的路上缺失了父母的陪伴,到底给她们的生活带去了怎样的缺痕?正值暑期,留守的孩子离开了学校,更加缺少监护,她们到底过得怎么样?

年龄有多大,留守时间就有多长刘思圆,11岁,潜山县天柱山镇河西村人。对于这个腼腆的女孩而言,年龄多大,留守的时间就有多长。

8个月大时,刘思圆的父母就外出打工;十多年来,只有逢年过节才能回乡陪她。长年的留守经历,让她说话的时候几乎都低着头,"有时一些心里话,不想和别人说,就只能自己写在纸上"。……

(《南方都市报》2015年8月9日)

该报道细致地介绍了几位留守女童遭受伤害的情况,将处于青春发育期的留守女童因为没有父母的指导那种惊慌无措的状况非常生动地刻画出来。除了性侵伤害,《南方都市报》还报道了留守女童遭受家庭暴力等伤害。《南方都市报》2009年9月18日报道《女童之死折射"留守儿童"之困》,详细内容见附录2。

《女童之死折射"留守儿童"之困》节选

黄小丹走了,倒在亲生父亲的棒头下,这一典型人伦惨剧经本报报导后引发热议。而父母来深打工,孩子留在农村家中——像黄小丹这样的"留守儿童"因与父母缺少沟通,为此引发的案件层出不穷。对此,社会各界人士纷纷呼吁关注像黄小丹一样的"留守儿童"们。

五岁女童黄小丹遭生父暴打不治身亡。昨日,光明警方东周派出所有关办案民警称,女童或因遭殴打致皮下大面积出血致死,但最终死因要等尸检结果决定。有律师称,假如死者父亲黄春经常对孩子施虐,最高可判死刑。

"孩子最明显的是两大腿上端的淤伤。"办案民警说,黄小丹两大腿被打淤肿,面积不小,双上肢及背部也有伤但不太明显,两脚踝处有陈旧性勒痕。较外伤出血而言,皮下出血不易被发现,但若大面积皮下出血,致人死亡的危险性更大,容易造成失血性休克死亡。不过女童死因最终要由尸检结果决定。

对此人伦惨剧,广东国晖律师事务所律师李军表示,即便黄小丹是黄春的亲生女儿,其出发点是为教育孩子,如果经常性殴打孩子,同样构成虐待家庭成员罪,如严重伤害孩子致死,也将会从重惩处。情节严重的话,将被判处3年以上有期徒刑,甚至是死刑。

但李军也表示,考虑到黄春是家里的顶梁柱,被判刑后其家庭将受到严重影响,而且其老婆怀有身孕,家中还有老人及大女儿要抚养,量刑上如果考虑这些因素,可能会判3年以上15年以下有期徒刑……

(《南方都市报》2009年9月18日)

这个报道详细地描述了一名留守女童被亲身父亲暴力殴打致死的悲剧。关于家庭暴力事件,只有《南方都市报》多次涉及,而且被家暴的对象常常是女童,这一点值得关注。《四川日报》几乎没有提到。这也可以看出,两报所关注的主题存在差异。

(四)媒体报道解决困境的方式

留守儿童处于很多种困境中,那么如何解决这些困境? 在不同报纸上,有关困境解决的方式呈现的也不一样。

有的报道没有提出如何解决困境,比如上文提到的2010年6月30日《南方都市报》报道的一则题为《河源龙川黎咀镇魏洞村留守儿童约70人》这一篇报道,只是尽力将留守儿童的贫困生活展示出来,但没有提出解决困境的方式。《南方都市报》2007年报道的标题为"妈妈在电话里的心酸",该报道使用情感要求的方式,把留守儿童家庭的辛酸与无奈、可怜与悲惨非常生动地表达出来。随后,报道又通过数据理智地告诉读者,留守儿童越来越多,如何让孩子在幼年能够正常地成长,如何让父母和孩子不分离,提出一个希望就是各地政府能够联合起来,一起帮助打工父母让他们能够带着孩子打工。本报道主题通过悲惨的个案和留守儿童整体的数据进行组合得出一个结论——留守儿童很悲惨。但本书的主题不限于此,在这一主题上进行了升华——认为解决的能力和方法在政府手里,所以该报道呼吁各地政府进行行动。

再来看党的机关报如何提出解决困境的方式?

《四川日报》一则的报道。标题:"团圆有多远"①,正文见附录2。

---

① 刘杰:《团圆有多远》,载《四川日报》2011年12月22日。

《团圆有多远》节选

随着农村进城务工人口的增多,农村留守儿童面临一个新的问题:学校有了,父母"没了";知识近了,亲情远了;收入多了,快乐少了。这是亟待关注和解决的问题。

但大部分农民工无力供养子女在城市生活、学习,不得不选择"一家两地"的生活。……2.3亿农民工和5800万留守少年占到了我国总人口的五分之一,这些家庭的健康和幸福应当是全社会的责任。

(《四川日报》2011年12月22日)

这则报道标题运用疑问语气,强调表达出对留守儿童和父母"团圆"的遥遥无期的一种无奈之感,标题就已经表达出了报道的主题。正文第一段开始使用"有了""没了","近了""远了","多了""少了"几组反义词描绘出留守儿童的当下的生活处境,对父母外出打工的"得"与"失"进行了准确的解读。第二段开始介绍农民外出打工的时代背景,以及留守儿童和父母分离的原因是"大部分农民工无力供养子女在城市生活和学习",使用了"不得不"这样的词汇表达留守儿童处境的无奈与很难改变的状态。最后使用数据说话,使用"2.3亿"、"5800万"和"占我国总人口的五分之一"这些数据令人触目惊心,达到很好的要求效果。报道通过使用对比修辞的手法,通过数据要求,把留守儿童塑造成亟须社会各界关爱的被关爱者。本篇报道没有告诉我们如何解决这个问题,通篇表达出来的都是一种"无奈",一种"可怜",需要社会帮助,但如何解决问题,没有任何的指明,只是笼统地说是"全社会"的责任,最后一句话,将报道的主题进行了转移,要求全社会对留守儿童进行负责,也就是要求全社会进行关爱留守儿童,主题从留守儿童处于困境向全社会都要帮助关爱留守儿童进行了不动声色的转移。

《光明日报》2014年10月19日报道了《每4个留守儿童中就有1个存在心理孤独问题》的新闻,首先标题就以明确的数据指出留守儿童存在心理孤独的比例,用数据进行理性的要求。正文强调了发现留守儿童存在心理孤独指数对企业帮助关爱具有指导性,最后一句话强调了企业对留守儿童的关注及其贡献,也肯定和赞扬了企业的这种行为。整篇报道严肃规范,没有使用任何的煽情技巧,把企业的贡献和留守儿童存在的心理孤独问题同时呈现出来。就主题的选择来说,虽然这篇报道的主题看似以留守儿童困境为主,但其实从报道的文字比例来看,直接描写留守儿童处于困境的字数很少,总字数240字,有一半以上的篇幅都在称述企业所做的贡献,对企业的行为进行积极肯定,这里的主题得到了重组,不是简单地表达留守儿童处于困境,而是营造出一种全社会关爱留守儿童的媒介景观。还有这篇报道并没有指出,如何解决留守儿童心理孤独,只是提醒企业捐赠时要注意留守儿童存在大比例的心理孤独。心理孤独是否通过社会捐赠能够得到医治呢?答案不言自明。

媒体报道中涉及解决留守儿童困境的方式比较少,三份报纸报道的模式都是以留守儿童为被关爱对象,呼吁全社会重视关心他们。但到底如何解决这些困境,一般都是口号式呼吁一下,没有指出任何具体可行的方案或行为。媒体不停地强调关爱的必要性,奠定了关爱情境,以体现关爱是雪中送炭,而非锦上添花。所营造的就是全社会关爱留守儿童,留守儿童只是被关爱的"他者"在媒体上呈现。

三、媒体压制或淡化留守儿童正面形象

媒体通过主题的选择,呈现出当前社会文化大环境下主流阶层所预期的留守儿童特有的媒介形象——即留守儿童是被关爱的"他者"形象。留守儿童积极健康的形象在媒体上呈现的特别少,由内容分析结果可知,不管是党的机关报还是都市报,有关留守儿童积极健康形象的报道都特别少,报道数量远远少于被关爱沐恩形象和可怜悲惨形象这两种。为了塑造留守儿童亟须帮助,并且也向外界传达社会各界正在帮助留守儿童这一媒介景观,媒体在报道的主题选择上使用删除、化约、普遍化与重组等手段。我们通过具体新闻报道案例来看媒体如何压制或淡化留守儿童的正面形象。

6项机制关爱留守儿童:安县公安局分析分析结果显示,留守儿童成绩优秀者不足两成[①]

安县公安局随机抽查了全县18个乡镇314名留守儿童及其家庭信息,并立足"儿童保护信息管理系统"进行分析分析,及时开展预警指导。抽查显示,安县留守儿童面广量大,单亲在外打工的占留守儿童总数的85.7%,父母均在外打工的占14.3%,绝大多数留守儿童是单亲监护或隔代监护。其中学习成绩优秀的不足20%,积极进步只占30%。(节选)

比如上述这篇《四川日报》的报道,标题是"6项机制关爱留守儿童:安县公安局分析分析结果显示,留守儿童成绩优秀者不足两成",标题首先突出的文字是"6项机制关爱"留守儿童,然后是通过冒号后面的文字告诉读者,因为留守儿童学习成绩差的比例很高,所以需要帮助关爱。标题明确指出是公安局分析分析结果,这一数据是否客观、严谨我们不得而知,因为文中没有具体交代数据的来源及具体处理数据的方法,只是以一种官方的背景来理直气壮地告诉读者这样一种他们认为的"事实"。

这样的报道对留守儿童的形象是否会产生负面影响?是否会促使留守儿童被标签化?比如社会大众通过这样的报道就得出这样的结论:留守儿童学习成绩就是差。再看正文这样交代:"安县公安局随机抽查了全县18个乡镇314名留守儿童及其家庭信息",数据的获取方法是"随机抽查",得出留守儿童成绩优秀者不足20%,并没有交代何谓成绩优秀?没有操作定义,没有具体说明,也没有指出成绩优秀是和全体农村儿童比?还是和农村留守儿童群体比?数据的来源仅仅是314名留守儿童,但用这样的数据结果来形容几千万数量的留守儿童群体确实存在不妥。但这样的报道给社会大众留下深深的烙印——认为留守儿童就是学习成绩不好的群体。这其实就是媒体一种善意的"污名化"过程,为了让更多人来关注这个群体,所以给这个群体贴上"有问题""需要关注"的标签。这种"污名化"首先就是对报道主题进行选择和删除,媒体只报道媒体认为应该报道的内容和主题。

纵观《光明日报》、《四川日报》和《南方都市报》十年内的报道,极少有从留守儿童立场出发报道他们生活中积极健康的片段。在三份报纸上,仅在《光明日报》上有两则

[①] 李旭:《6项机制关爱留守儿童——安县公安局分析分析结果显示留守儿童成绩优秀者不足两成》,载《四川日报》2010年12月1日。

图片新闻,从乡土情怀出发欣赏留守儿童暑假生活,并发掘他们的暑假生活中的田园之美,表达了一种恬静、怡然自得的农村生活,而不是孤单悲惨的农村生活。

留守儿童的别样暑假

今年6岁的覃小会是广西大化瑶族自治县板升乡板列村的一名留守儿童。7月4日,覃小会从学前班毕业,开始了暑假生活。覃小会和村里的小伙伴们一起玩各种游戏、和爷爷奶奶到田里做一些力所能及的农活、和哥哥学习捕捉小昆虫的本领。亲近大自然让覃小会感到成长的快乐和喜悦[①]。

留守儿童的暑假

暑假期间,广西凤山县贫困山区留守儿童要担负起做农活、忙家务的重担,过着艰辛的暑假,但他们仍然觉得生活过得愉快、充实[②]。

这两则报道字数很短,但是传达的意境值得深思。在媒体大肆报道生活在农村的留守儿童物质是多么的贫乏、心理是如此孤单寂寞的今天,这样的报道显得尤为特别。这两则报道的主题选择与众不同,不是为营造留守儿童亟须关心帮助进行的助阵,而是从乡土情怀的视角,认为亲近大自然,在田野玩耍是一种快乐;不是从城市本位的立场,认为快乐的玩耍只在迪斯尼、麦当劳和塑料跑道的运动场上。这样的报道彰显了留守儿童积极健康的一面,但却无法彰显关爱方实施关爱的必要性一面。从三份报纸报道的主题分布来看,很少有从乡土情怀视角进行的报道,绝大多数报道所秉持的是城市中心主义,认为农村就是落后,漠视农村中的田园之美。从主题选择的手段来说,乡土情怀的报道不符合关爱方为主体的框架,所以报道主题多被删除或化约,所以我们仅能看到是几幅短小的图片新闻。

四、媒体压制或淡化关爱方负面信息

由媒介框架理论可知,每个媒体都有自己特定的框架,在这个框架里面传播报道信息。从《光明日报》、《四川日报》和《南方都市报》三份报纸报道中,我们看到的是政府部门和社会各界时时刻刻都在关爱帮助留守儿童,留守儿童呈现出来的媒介形象是以被关爱沐恩的形象为主。但是,在真实的生活中,留守儿童全部都是被关爱的存在吗?如果全部都是生活在被关爱沐恩中,那么从哪里出现了自杀的留守儿童?从哪里出现了被性侵的留守儿童?还有从哪里出现了被称为"110后备军"的留守儿童?这说明社会各界包括政府部门的关爱帮助并没有覆盖全部,或者说政策是对全体留守儿童,却在执行过程中存在遗漏。但是我们的媒体很少涉及这方面的报道。

在《光明日报》、《四川日报》和《南方都市报》十年的报道中,仅有很少的对关爱帮助具体的执行过程进行追踪报道的。在《四川日报》上有这样一例的报道,标题:"留守学生之家"覆盖凉山17个县市,但部分活动室已被闲置?[③] 具体内容详见附录2。

---

① 黄孝邦:《留守儿童的别样暑假》,载《光明日报》2012年07月10日03版。
② 周恩革:《留守儿童的暑假》,载《光明日报》2012年07月27日03版。
③ 吴梦琳:《"留守学生之家"覆盖凉山17个县市,但部分活动室已被闲置?》,载《四川日报》2014年4月10日。

在这样一篇追踪后续关爱的报道中,可以看出当地政府部门存在着推卸责任、找借口等等各种说辞。从当地政府部门的表达中可以看出留守学生现在生活学习条件都很好,似乎不需要再进行"留守儿童之家"的关爱了。但将设备不能升级,归咎到联系不上企业这个原因,有点不靠谱。企业做公益,可以说性质是不同于政府部门的,企业有时确实就是为了公共关系做些公益活动,这个无可厚非。但当地政府部门下属机构依赖企业的帮助扶持,自己没有主动权,似乎真的就是推卸自己的责任。如果政府不作为,关爱帮助留守儿童只能依靠企业或社会其他力量,这样的关爱帮助是很难长久的。这样的现象可能不止这一例,但是相关报道出现的非常少。在报纸进行主题选择时,这样的反思报道容易被删除。因为这种反思报道,有时诉求的重点就是对"官本位""官僚主义"的讨伐,媒体缺少这样一种批判精神,只是充当营造社会各界关爱帮助留守儿童这一舆论的工具。

2015 年 6 月在贵州毕节发生了一家 4 个留守儿童服毒自杀的事件。一时间,网络、移动新媒体、都市报等等媒体都对此事件进行大量的报道。但党的机关报在纸版上没有将此事件作为新闻报道,即使是李克强总理对此事件做出了批示,但这样的批示也没有作为新闻在党的机关报新闻版上出现。由媒介框架理论出发,媒体报道需要进行主题的选择,这样的意外事件主题确实不符合党的机关报进行传播,而都市报和网络新媒体对此主题非常地"看重",进行了大肆报道,因为这类主题适合都市报和一些新媒体的定位与风格。党的机关报使用主题的选择手段排除了这类突发事件,所以在党的机关报新闻版上没有这类新闻的报道。《光明日报》直到 6 月 19 日,也就是这个事件发生后的十余天,才在报纸的第五版"光明调查"一版刊登了有关留守儿童现状的调查报告——题目是"为留守儿童守住一片天",在这个调查报告前面有个"编者按",简单提到了毕节四儿童自杀身亡的事情。

原文如下:

> 编者按:2012 年毕节 5 名留守儿童因在垃圾箱生火取暖,造成一氧化碳中毒死亡的阴影还未散去,2015 年 6 月 9 日晚,毕节七星关区田坎乡的 4 名留守儿童在家中死亡,悲剧又一次上演,引发了社会对留守儿童生存命运和困境的深深关切和担忧。来自全国妇联的数据显示,我国农村留守儿童数量已达 6102.55 万,其中独居留守儿童已达 205.7 万,留守儿童的心理和情感贫困程度比物质贫困更为严重。2014 年 5 月,共青团中央中国青少年研究中心组织实施了"全国农村留守儿童群体状况调查",并最终形成了题为《农村留守儿童存在的九个突出问题及对策建议》的课题报告。我们编发此报告,目的是呼吁全社会都来关心农村留守儿童这一特殊群体,关注他们学习、生活和心理面临的诸多问题,让上述悲剧不再上演①。

《光明日报》通过这样一个比较曲折的路线,让毕节四儿童自杀事件出现在自己的版面上,但报纸版面做了慎重说明——刊发的目的是呼吁全社会来关心留守儿童,而

---

① 中国青少年研究中心张旭东孙宏艳赵霞:《为留守儿童守住一片天——关于农村留守儿童群体存在问题及对策的调研报告》,载《光明日报》2015 年 06 月 19 日 05 版。

不是问责。《光明日报》对此新闻主题使用重组手段,把主题由留守儿童自杀这一悲剧事件上升到了呼吁全社会要关心留守儿童这一新的主题上来,淡化了对当地政府部门的职责追究问题,将读者的注意力引领到另一个方向。

笔者翻阅了同时期《人民日报》的报道,毕节四儿童自杀事件同样没有作为新闻刊登在《人民日报》的新闻报道版面上,而是事发后一段时间,贵州地方政府部门一篇总结如何处理毕节四儿童的"总结报告"刊登在《人民日报》上。贵州地方政府部门报告中指出如何去善后,如何去处理,尽职尽责。《人民日报》这一做法,更是彰显了其报纸的媒介框架,在这一框架下,留守儿童自杀这一主题不能刊登,但是当地政府处理善后就需要刊登。因为这两个主题存在截然不同的立场——留守儿童自杀,是一件令社会各界比较汗颜的主题,是值得深思其背后的复杂原因,而地方政府的后事处理汇报则是能表达地方政府对此事尽心尽力的处理,通过此报道淡化读者因留守儿童自杀事件而认为地方政府没有关心帮助留守儿童这一不良印象。但媒体对留守儿童自杀事件的原因或其他情况没有进行报道,只报道地方政府官员处理这个事件的详细情况,让读者感觉媒体关注的是官员的形象,而不关注具体留守儿童事件来龙去脉,这一做法透视出一股"官本位"思想。有关留守儿童突发事件的报道,党的机关报往往都使用主题的选择技巧,进行淡化事件中政府部门应该承担的职责,让关爱方保持良好的形象。

在关爱方和被关爱方截然不同的立场上,媒体主要成为关爱方的展示舞台。无论是直接报道关爱留守儿童的主体报道,还是报道留守儿童悲惨可怜的报道,其实本质上都在塑造关爱方良好的形象。当然上文主要列举的关爱方是政府部门,但在实际的操作中不仅仅是政府部门,包括企事业单位、各种团体组织及个人,都被塑造成关爱着被关爱方的关爱方。

从以上四个维度,我们解读出媒体塑造的关爱方和被关爱方在媒体上呈现出极大的形象差异。在党报中,媒体主要将留守儿童塑造为以政府为主的关爱方关爱下沐恩的一个群体;在都市报中,媒体也没有以留守儿童为主体进行报道,而是将留守儿童"作为城市中产阶级'人文关怀'和'爱心救济'对象的'他者'"①。

第二节　留守儿童报道的局部语意分析

一、关爱方本位倾向

社会关爱可以体现一个社会温暖的一面,但是社会关爱是不是活动越多就是越好?社会关爱是否要考虑被关爱者自身的感受?如果被关爱者觉得不舒服不喜欢,能否拒绝这样的社会关爱?在当下中国似乎较少关注此类问题的讨论。当下主流媒体的看法是,只要是社会关爱就是献爱心,就是帮助被关爱者,被关爱者一定是会接受的,而且一定是感激的。这也是关爱方一贯的看法,但不是被关爱者的心声。纵观《光

---

① 赵月枝:《传播与社会:政治经济与文化分析》,中国传媒大学出版社 2014 年版。

明日报》、《四川日报》和《南方都市报》，报道关爱的新闻特别多，但是被关爱者的感受如何，很少涉及，特别是《光明日报》和《四川日报》，几乎没有。《南方都市报》作为都市报，偶有涉及一些个体的反馈情况，但一般反馈也都是正面积极的响应关爱方，很少报道被关爱者对关爱有不接受或者反感的。我们很少听到被关爱方的声音，也很少看到被关爱方的话语。

下面这则《南方都市报》的新闻报道恰好可以说明这一点。标题为"义工好活跃留守儿童沉默是金——夏令营开营首日义工遭遇儿童交流难问题"。

昨日，"福彩夏令营"首日开营，90 名留守少年儿童在义工、带队老师的带领下参观了院士路、华博馆、星光公园、五邑大学等……经过一夜的相处，不少义工陷入为难。"跟我一间房间的，我逗了他一个晚上，才回答了几只字。"一名后勤义工说。义工小陈和伙伴在车上也不断地逗小营员说话，希望能活跃车上的气氛，大部分小朋友一声不吭。"我们好尴尬啊。"他们一边交流，一边互相想办法，讨论如何撬开这些沉默小营员的口。

据记者了解，大部分的留守儿童少年来自乡镇地区，父母均不在身边。大多儿童表现沉默，都不愿提起父母。参与活动的义工对此感受最深，提到就摇头，不过他们希望相处后能找到跟小营员们沟通的办法，"也希望这一次的夏令营，能让他们有所改变。"[①]（节选）

这篇报道是从义工的角度来写，首先从标题来看义工是"好活跃"，留守儿童是"沉默是金"。这个标题给读者一种颠覆式的冲击，因为在大家常识中孩子们出去玩是很兴奋的，叽叽喳喳说个不停。但这里，却是义工叽叽喳喳说个不停，孩子们沉默。副标题，义工"遭遇"留守儿童交流难问题，更加突出了义工的无辜与无奈的形象，明确表达了媒体是站在义工的立场来报道叙说。

从句法上来说，本篇报道使用了及物性，交代出义工和留守儿童作为参与者，各自所引发的不同行为后果，指出义工陷入尴尬正是留守儿童的行为所导致。正文中出现的几个词汇同样强调表达了义工处于尴尬的境地，如"陷入为难"、"逗了一晚"、"才回答几只字"、"小朋友一声不吭"、"我们好尴尬啊"、"表现沉默"和"都不愿意提起父母"，这些词语的出现贯穿了整篇报道，非常形象地刻画出留守儿童不愿意说话，义工很想让他们开口说话的景况。但如果站在留守儿童的角度来看，出现这样的情况很正常。留守儿童刚从农村赶到城里见父母，和父母都很久没见过面，之间可能也有点生疏了，然后父母帮他们报名参加夏令营活动，从父母视角一定会觉得自己的孩子能去夏令营还是免费的真是幸运，可是留守儿童未必如此想。他们来自农村，互相也不认识，突然集中在一起，还有突然出现的陌生人——义工来管理他们，他们不认识义工，很少说话都是合情合理的。

正文的最后，记者以义工的话"希望这一次"的"夏令营"能让留守儿童"有所改变"。首先，义工使用了"改变"一词，表明义工和媒体都认为现在的留守儿童的表现是

---

① 南方都市报记者王景花：《义工好活跃留守儿童沉默是金_夏令营开营首日义工遭遇儿童交流难问题》，载《南方都市报》2011 年 8 月 24 日。

不正常的,关爱方希望通过此类活动改变不正常的状态。应该如何认识留守儿童的心理状况,我们的社会是如何界定"正常"的?这个和上文论述的"污名化"留守儿童如出一辙,将留守儿童正常的表现行为冠上"不正常"。这也是媒体以关爱方视角来看留守儿童这一"他者"的鲜明表现。其次,义工以"这一次"的活动希望"改变"留守儿童,虽然从义工视角来说这是一句寄托了非常美好愿望的话,但这句话基本不可能成真。因为,前提是"这一次"活动,一次活动能发挥多大效果?可能关爱方认为效果很大,但需要被关爱者接受和配合才可能有效。这又是典型的以关爱方为本位的倾向,很少考虑接受者的感受。

《南方都市报》另一篇有关夏令营的新闻报道与上面这则新闻报道有异曲同工之处。具体报道如下:

留守儿童夏令营今正式开营①

"七彩梦·飞起来"广东省第二届留守少年儿童"福彩夏令营"——江门圆梦活动定于8月22—25日在江门市区举行,昨日下午90名来自四市三区的留守儿童正式报到。留守儿童入住的均是双人房,每个房间有一名老师、义工同住,房间干净、齐全,有电视、空调。大部分的小朋友入住后,就开始看电视。不少的小朋友并不适应,都只跟同校、同城的小朋友玩。11岁的谭嘉欣坐在房间里,很是沉默,在深圳工作的父母很少回家。"我更喜欢家里。"虽然入住的房间很漂亮,但她并不太在意。(节选)

记者描写了这次夏令营入住的房间条件很好,但一位留守儿童很"沉默"。首先,记者认为这是因为留守儿童与父母长期分离造成的性格特征,记者认为沉默就是留守儿童共有的特征,将留守儿童作为一个类别去处理,并没有考虑不同儿童的性格差异,这是一种定势思维的影响,而造成这种定势思维是因为没有深入了解留守儿童,只是使用标签化思维来对待留守儿童。其次,在报道中记者原意是想表现留守儿童因为与父母分离造成的性格孤僻不爱说话的个性。但我们客观地看,这里用转折词"虽然……但",因为很多关爱方认为留守儿童生活贫困,平时没有住过如此漂亮的房间,见到漂亮的房间应该激动高兴,但这位女童的反应是"并不太在意"出乎关爱方的预料。这位女童还真实地说出自己的想法——"我更喜欢家里。"这样的夏令营到底是孩子们自己渴望参加的,还是社会和家长强加给他们的?这一点值得思考。

这篇报道记者通过寥寥数语给我们展示出,记者及外界人士对留守儿童的认识和看法存在一定的定势思维,他们将留守儿童作为一个类别用标签加以标注,并没有深入个体进行差异化的了解。在实施关爱的过程中,并没有考虑到留守儿童个体的差异,很多关爱行动都是关爱方一方决定,没有征询被关爱方的意见,关爱方呈现出一副施恩于被关爱方高高在上的光辉形象。

虽然我们只分析了几篇报道,但纵观《光明日报》、《四川日报》和《南方都市报》十年的有关留守儿童的报道来看,报道中确实存以关爱方为本位的倾向。

---

① 记者王景花:《留守儿童夏令营今正式开营》,载《南方都市报》2011年8月23日。

二、城市本位倾向

2010 年吕新雨指出今天的中国多数人都有一种强烈的信仰，认为城市文明是现代文明的必由之路[1]。由前期文献可知，大众媒体在传播过程中，考虑到经济效益等问题，也是处处体现出城市本位的立场，表现之一：无论是全国性的媒体还是地方性的媒体，有关农村的节目特别少，媒体的服务对象似乎只是针对城市居民，城乡之间的隔离不仅是户籍，还存在很多信息资源不平等的情况；表现之二：在具体的信息传播中，媒体以城市为本位，认为城市就是优越于乡村，甚至有的信息直接表达出乡村就是落后的代名词。在这样的舆论环境下，农村的居民对城市越来越向往，"逃离"农村是农村居民的奋斗目标。根据中华人民共和国国家统计局统计数据显示，2015 年全国城市人口达 77116 万人，2014 年数据是 74916 万人；2015 年全国农村人口为 60346 万人，2014 年是 61866 万人[2]。农村的凋敝和城市的拥挤是否能成就和谐社会？从长远看，农村和城市是互相哺育、相互促进的关系，不应该是敌对的关系。

在对《光明日报》、《四川日报》和《南方都市报》相关报道进行分析后，发现相关的留守儿童报道中存在着明显的城市中心主义倾向。具体表现在：城市优越于农村和以城市标准衡量农村留守儿童生活是否幸福快乐。我们将通过两个典型的新闻报道来说明这两点。

首先来看一篇《四川日报》标题为"留守儿童被邀进城做客"[3]的报道。

23 日，来自简阳的 6 名留守儿童到四川大学附属实验小学当了一回临时学生，还被邀请到城里小朋友家中做客。

"我带你去一起上课。""中午的时候我们一起回家吃饭。"当简阳石桥镇中心校 6 名来自农村的留守儿童一踏进川大附小，立刻被同龄孩子们的热情给感动了。

中午放学后，石桥镇中心校的邓倩跟着对子小伙伴孙小雅，第一次走进了城市孩子的家中。"你家好漂亮，好干净！"邓倩禁不住由衷感叹。她在房间里的钢琴前停下脚步，小雅立刻手把手教小伙伴弹起琴来，这让邓倩激动不已。吃饭当中，小雅的父母不停地给邓倩夹菜。

川大附小大队辅导员曾霞老师说，让留守儿童与城市的孩子共同学习生活一天，让留守儿童感受来自社会的关爱，同时，也让城市的小朋友从留守儿童身上，学习到独立自主、吃苦耐劳的优秀品质。

在这一篇非常短小的报道文本中，有几个特别的词和句子值得细细解读。本报道标题使用被动语态，强调留守儿童是"被"邀请，在报道中呈现出来的就是一个被看被关心的"他者"的身份；然后是"进"城，而不是"去"城市。由这个"进"字就可以看出，本篇报道隐藏着一个报道立场——即是从城市的视角来描述这个新闻事件，就如《红楼

---

① 吕新雨：《新乡土主义，还是城市贫民窟？》，载《开放时代》2010 年第 4 期。

② 数据来源：中华人民共和国国家统计局网站 http://www.stats.gov.cn。

③ 江芸涵：《留守儿童被邀进城做客》，载《四川日报》2007 年 4 月 25 日。

梦》中描述刘姥姥游历大观园,通常使用的动词都是刘姥姥"进"大观园,而不是刘姥姥"去"大观园。

在正文的第一段中还特别提到留守儿童进城里享受了特殊的待遇——当了城里某小学一次临时的学生以及"还被"邀请去城里小朋友家做客了。这些看似朴素的文字组合在一起,却传达出一种替留守儿童感到无比的幸运与荣耀的情感,似乎留守儿童正在经历着"天上掉下馅饼"的好运气。在饱含情感的话语背后,其实传达出作者默认城市高高在上,城市优越于农村,城市里面的一切都是那么美好的价值观。而留守儿童作为一个被关爱的"他者"没有自己的主体意愿,只是扮演着这样的一个接受的角色。

正文第二段描写农村的留守儿童去城市小朋友家做客,一进门首先感叹城市孩子家里漂亮干净,进而描写农村留守儿童看到城市小朋友的钢琴以及摸了几下钢琴后激动不已的细节,这里不仅突出显示了城市的富裕乡村的贫穷,而且还有些"物质崇拜"。因为一架钢琴的意义在于演奏音乐,对于不会弹或者不喜欢弹的人来说,钢琴只是一件摆设而已,不能将其当作"圣物"一般崇拜。这个新闻报道的细节是留守儿童因为摸了几下钢琴"激动不已",从具体细节展示了城市优于农村,城市本位倾向更明显更进一步表达出来。

正文第三段通过城市学校的辅导员老师的话点名这篇新闻报道的主题及意义,老师指出邀请农村留守儿童来城市的意义和作用体现在两个方面:一是让农村留守儿童感受到被关爱;二是以农村留守儿童特有的吃苦耐劳的精神教育城市小朋友。真可谓一举两得!

在这篇关爱报道中可以看出关爱方并不是无私奉献地去帮助被关爱方,也希望能够从被关爱者身上获取另一种非物质的力量。那么到底是谁在帮助谁呢?可能两者互相帮助,但是媒体报道中很少这样平等地提到互相帮助,而是将留守儿童作为很弱的一方,放大他们没有良好的物质,放大他们对城市的向往,放大城市优点,传播城市优越与乡村的价值观。

还有一些报道,喜欢用城市的标准来衡量幸福与快乐,这样的报道同样是以城市本位为基本的价值观,认为城市里的才是好的。比如下面这则《57 留守儿童将享 4 天快乐之旅》[①]的报道。

> 夏令营活动中,他们将走进警官文化中心、海泉湾神秘岛乐园、农科中心游玩,进行团队拓展活动,并参加澳门环岛游。团市委希望,通过这次活动能够让小朋友开阔视野,拥有与城市小孩一样的快乐暑假。(节选)

让留守儿童免费参加夏令营,形式上确实是一个的关爱行动。但是在报道中,关爱方的城市本位倾向不自觉地就流露出来,在报道的最后一句话,让留守儿童"拥有与城市小孩一样的快乐暑假"。这句话比较主观臆断,容易给人传达错误的理解。错误理解可能有以下几点:一是城市小孩的暑假都是快乐的。二是只有像城市小孩,才是快乐的。这无非又是在过渡美化城市生活,贬低乡村的生活。前期相关文献中也提到

---

① 温平平:《57 留守儿童将享 4 天快乐之旅》,载《南方都市报》2011 年 8 月 24 日。

的近些年来,乡村的青少年对乡村充满鄙视与厌恶,乡村文化传承断裂,乡村文化认同逐渐消失,乡村失去了自己的魅力,只是成为落后贫穷的代表。

媒体有自己的生存法则,为了自身的生存与发展,报道中心以城市为核心,这一点似乎无可非议。但是在中国,还有不少媒体是属于国家"喉舌",享受着国家行政发行政策的保护,并没有面对激烈的市场竞争,在报道中完全可以将城市和乡村的信息平衡报道出来,但是事实上现状却不是如此。赵月枝曾指出中国媒体成功塑造了"中产阶级"并对其有所期待,而将工人和农民群体塑造成"弱势群体",正如本书中媒体将留守儿童塑造成被关爱的沐恩群体。这一点,值得政府与媒体反思。

三、拔高社会关爱倾向

有前文分析可知,《光明日报》、《四川日报》和《南方都市报》三报中呈现出来的留守儿童形象主要是被关爱沐恩的群体形象,这一方面是国家政策具体实施过程中确实存在的现象;另一方面,有些媒体也存在夸大关爱方的力量,让人感觉到这样的报道在思想层面存在以下的认同:就是社会关爱可以取代父母孩子之间的亲情,孩子没有父母在身边,但有社会的关爱,也很幸福。这个观点表面上似乎没有什么问题,但是这样的想法确实又有点本末倒置,事实上社会关爱都是具有一定程度的不稳定性,过分突出社会关爱,忽视孩子与父母之间的亲情纽带与职责,这似乎走向了问题的另一个极端。《光明日报》作为党的国家级机关报是全国各省市地方政府展示工作成绩的窗口,下面这则报道就是地方政府进行工作业绩的展示。一则四川地方政府的工作业绩新闻在《光明日报》上刊登了,具体报道如下:

> 四川实施"留守学生"关爱行动①
>
> 春节临近,从外地务工回乡的四川省遂宁市安居区玉丰镇金龟村的农民古昌华、汪秀英夫妇,刚到村口,儿子就小鸟一般飞过去高兴地说:"爸爸妈妈,我好想你们。虽然你们一年都不在家,可是我不孤单,好多人关心着我,这学期我还当上了班长!"
>
> 与古昌华、汪秀英夫妇一样,四川许多返乡的农民工回家见到自己久违的孩子时,都欣喜地发现,孩子没有了往日的怨气,露出的是灿烂的笑容。
>
> 这一鲜明的对比,得益于四川省2004年开始实施的"留守孩关爱"行动。四川是一个农业大省和劳务输出大省,常年外出务工人员1000余万人,他们留在家里的"留守孩子"达400余万人,占了四川中小学生总数的三分之一以上。这些留守孩子由于长期缺乏父母关爱,在成长的道路上面临诸多困难,不少孩子甚至对父母心生怨恨。
>
> 遂宁市安居区的201名退休老干部退而不闲,分别与216名"留守学生"结对成为"编外亲人",帮助留守学生解决生活、学习中的困难,以爱心帮助"留守学生"健康成长。(节选)

首先分析这篇报道的标题,交代关爱方的具体名称,是四川地方政府;然后交代他

---

①　余长安:《四川实行留守学生关爱行动》,载《光明日报》2007年1月12日。

们实施了关爱的行为,被关爱者是"留守学生"。

正文第一段使用了第一人称让留守儿童自己表达出很幸福。用了"虽然……可是"这样的转折词,然后再使用了不确定的数量概词"好多人"来表现实施关爱的对象多,最后又用了一个进一步提高幸福程度的词"还",那句"我还当上了班长",入木三分地刻画出学生对班长这个职位觊觎已久的心态。从表现形式上来说,这个报道第一段写得很生动,但是这样的一段话给读者留下一种很虚伪的感觉。一个孩子见到许久未见的父母,会一口气抑扬顿挫地说出这么多有转折有深意的话,确实让人感觉不可思议。如果是孩子的真心话,是不是表现了孩子父母不在家,孩子生活得更幸福呢?

第二段通过打工父母的眼观察到的情况,以前孩子是"怨气",现在是"灿烂的笑容",这是两种截然不同的情绪。因孩子的情绪变化,父母的情绪也变化了,以前打工父母外出回来是很内疚的,现在回来是"欣喜"的。通过整篇报道可以得出:以上所有的情绪变化原来都是得益于关爱留守儿童的行动,自然就得出后文的关爱行动的具体报道,这一段具有承上启下的作用。

第四段有个词语特别显眼,就是"编外亲人",这是四川关爱留守儿童的行动中对帮助关爱留守儿童的人赋予的特殊名字,主要用来表现志愿者帮助孩子是真心真意,像亲人一样,通过这个词语及其字面的意思表现出来一种"亲情"可以代替的现象。姑且不论志愿者是否真的都能做到像亲人一样关爱留守儿童,这样过于夸张地表现社会关爱的作用真的有利于留守儿童健康成长吗?

前文相关研究文献也指出,中国的媒体在报道留守儿童时存在着以社会关爱代替父母亲情的倾向,这一点从本书来看,确实也是存在的。媒体为了强化社会关爱的力度与成效,走向了一个极端,试图以社会关爱代替父母亲情,这确实是一种媒体构建的不真实的媒介景观。这个虚假的景观背后,反映了媒体及社会各界对事物认识的偏差,为了追求报道的轰动效果,宁愿歪曲人性中的事实;也反映了媒体的报道缺失人本主义,沦为舆论的宣传工具。

四、看重学习成绩倾向

很多有关留守儿童的调研报告中,都以数据量化的形式表达出一个信息,就是留守儿童学习成绩一般不好,前文相关报道里还直接写出留守儿童成绩优秀者不足2成。所以,笔者以为在关爱留守儿童的活动中,应该不再考虑谁的成绩好谁的成绩差。但是,事实却不是如此。前面举过的《四川日报》刊登的新闻报道《留守儿童家里安上电话》,正文的第二段就明文写出"学习成绩优异"的留守儿童家里"送去了米和油,并安装了电话"。

> 近日,乐山市妇联工作人员和安利青年志愿者,一同来到犍为县清溪小学,给该校的留守儿童设立了爱心书屋。青年志愿者们还带来了文具和运动器材,并为十位家庭条件差、学习成绩优异的留守儿童家里送去了米和油,并安装了电话。①

《四川日报》这个关爱的新闻报道真实地表现了在一些地方,政府部门的关爱行动

---

① 《留守儿童家瑞安上电话》,载《四川日报》2007 年 6 月 12 日。

与学习成绩是挂钩的。在《南方都市报》的相关报道中，也出现过类似的留守儿童要参加什么什么活动，必须要有所在学校提供证明，复印成绩单等程序。具体报道如下：

第三届留守儿童合唱团招募启动[①]

略。

小秘方：提供数据：报名儿童的身份证号码及原件、复印件（用于购买意外险）；报名儿童的家庭（老家）居住住址、学校名称、班级信息、学生证、学生册、成绩单等。

以下是东莞启动的来莞留守儿童助学计划的新闻报道：

缺学费的新莞童快来申请助学金隔坑小区服务中心在四镇启动服务计划[②]

东莞市隔坑小区服务中心启动"新来莞留守儿童助学计划"，将为符合条件的新来莞就学的留守儿童提供每年1500元的两年资助计划，横沥、寮步、凤岗、石排等4个试点镇区的符合条件的新莞人子女均可报名。（节选）

申请条件：1.2011年新来东莞上学的学龄儿童（需要出示当地学校上一年在校成绩单，加盖当地学校公章）；2.申请学生在三年级以上（包括三年级）；3.父母至少有一人在东莞（横沥、寮步、凤岗、石排）工作，且双方月总收入在1800元以下；4.每户家庭至多资助一名学生。

上面东莞申请助学金的条件，除了要求提供成绩，需要加盖当地学校公章。第三条父母双方收入的要求，也是太不合理了。在东莞生活，夫妻双方月总共收入在1800元以下，试问这样的收入即使孩子得到了助学金，平时一家人的生活开支也无法正常运行，如何能让孩子来城市读书呢？

以上新闻报道中需要提供的数据并不是最复杂的，还有一些活动的报名需要当地有关部门盖章出具证明，程序非常的复杂。如下面这则报道：

留守儿童夏令营吹响集结号[③]

2010年广东首届留守少年儿童"福彩夏令营"活动将在8月18日至23日举行。活动在全省范围内征集百名留守少年儿童来穗与父母团聚，参观亚运场馆，并参加丰富多彩的夏令营活动。

据了解，想参加本次夏令营的留守少年儿童只要满足以下四个条件：1. 成绩优秀，在校表现良好，身体健康；2. 2010年9月升读5、6年级；3. 父母在广州务工；4. 父母愿意参加本次活动。并填写《留守少年儿童"福彩夏令营"申请表》，通过学校及当地团委的审核后于8月10日前报广东省青少年发展基金会即可。

可见，参加这个夏令营也是首先考虑成绩，要求是"成绩优秀"，虽然没有具体的量化指标多少为优秀，但是这一点已经让不少留守儿童望而却步。然后家长还要填写申

---

① 何奕，李榕：《第三届留守儿童合唱团招募启动》，载《南方都市报》2014年6月30日。

② 卫学军：《缺学费的新莞童快来申请助学金隔坑小区服务中心在四镇启动服务计划》，载《南方都市报》2010年12月15日。

③ 梁艳燕：《留守儿童夏令营吹响集结号——活动时间为8月18日至8月23日全省征集百名留守儿童》，载《南方都市报》2010年8月6日。

请表,这个表还要通过孩子所在学校审核,学校审核后还要通过当地团委审核,然后提交活动组织部门,等待筛选。不知道对于在城市忙碌打工的留守儿童父母来说,这样的程序需要花多久的时间才能办好?复杂程序这里不讨论,但是从需要提供成绩单这个条件,我们可以读到这样一个言外之意,活动报名以及能否入选,成绩是考虑因素之一。

为什么关爱留守儿童的活动要与成绩挂钩?中国社会长期以来,学校、家长和社会各界人士都喜欢用"学习成绩"来衡量一个孩子是否优秀。前文很多报道数据显示,留守儿童普遍存在的问题就是学习成绩不好。面对这样一群被关爱方认为是处境艰难,亲情缺失的群体,多数存在学习成绩不好的群体,为何使用成绩是否优秀这一标准决定是否被关爱?这是真的关爱吗?还是变相的歧视?如果关爱一群成绩普遍不好的留守儿童也采取成绩这一硬性的条件限制,请问又有多少比例的留守儿童能够真正获得关爱与帮助呢?

结合前文相关分析,媒体报道一味拔高社会关爱的力度与成效,但在具体的帮助关爱的案例中,却设置了重重壁垒,将很多需要帮助关爱的留守儿童排除在外。由这一点,我们可以看出对留守儿童的帮助与关爱有时是有条件的。有关部门在具体关爱留守儿童时,人为设置了一些额外的限制条件,从这些额外设置的条件可以看出,一些部门存在官僚主义,对留守儿童不能完全做到人本关怀。这些在前期的相关文献研究中并没有得到反映,但这一点确实是社会各界关爱帮助中存在的一个显著的和亟须解决的问题。

五、物质化公益倾向

(一)旅游式公益

《南方都市报》中有一类新闻报道特别独特,就是顺道探访类关爱帮助留守儿童的新闻,与《光明日报》、《四川日报》相比,《南方都市报》出现得最多的。这类新闻中最常见的报道事件就是自驾游顺道去探访景点当地的留守儿童,因为是顺道往往只是很短的见一次面,捐赠一些物品或金钱。这种公益的方式现在有个统一的名字叫公益旅游,是现在中国城市中产阶级特别喜欢的一种旅游形式。但笔者认为不如叫旅游式公益,因为很多时候是以旅游为主,公益为辅,或者公益在这里其实也就是旅游。对于这种现象,很多媒体是十分支持的。但这种公益的方式本身出发点到底是公益还是旅游?一般自驾游就在周末,既要游览景点又要去献爱心,其实很多自驾游把看望留守儿童当作一个"景点",去看留守儿童和去看景点没有什么区别,都是去体验一种心情。具体来看《南方都市报》中《河源访绿洲仙境——奔驰车主爱心自驾游探访河源留守儿童》[①]的新闻报道。正文见附录2。

---

① 魏启扬:《河源访绿洲仙境——奔驰车主爱心自驾游探访河源留守儿童》,载《南方都市报》2011 年 5 月 26 日。

《河源访绿洲仙境——奔驰车主爱心
自驾游探访河源留守儿童》节选

5月21日上午,20多台奔驰轿车组成自驾游车队,携着爱心,带上轻松,从东莞仁孚(南城店)出发,开始了这一段快乐而又有意义的旅程。

此次活动的第一站是万绿湖。……

作为本次自驾游活动的重要主题,车友们在第二天一早便来到了当地留守儿童较多的中洞小学,虽然是周末,但是住在附近的同学还是一早就赶来学校进行迎接,这让车友们非常感动。根据事先与中洞小学校长的沟通,东莞仁孚(南城店)带来了一批新华字典捐赠给所有学生人手一本。……车友们都开始了自发捐款,短短时间内筹集了7600元善款,而这笔钱将用于44名贫苦学生一个学期的"爱心早餐"费用支出。

在活动中,当得知不少同学因为每天要爬山过河,步行近2个小时才能到达学校而没有时间吃早餐时,同行的车友们一方面在表达对留守儿童同情的同时,也借机对自己的小孩进行教育,让不愁吃穿的城市小孩上了一节素质教育课(省略)。

从这篇报道的标题可以看出此次活动是"奔驰车主"集合在一起,从这个标题可以感受到一种商业广告的气息。具体来分析,看望留守儿童的那段。时间是周末,留守儿童不上学,但被通知来迎接自驾游队伍。然后,是自驾游队伍给学生每人送一本新华字典(根据珠海市教育局安排,每位珠海市小学生上一年级时已经配套免费发一本新华字典,市面价格是十几元一本)。送完字典后,开始动员自驾车主捐款,那句"有钱出钱,有力出力"似乎带着一股悲壮的情怀。最后是和留守儿童交流,城市中产阶级对留守儿童每天走路2个小时才能到学校,因此没有时间吃早餐的处境非常同情,同时"借机"教育自己的孩子学习留守儿童身上吃苦耐劳的精神。城市中产阶级认为城市里一些小孩没有吃过苦生活在富裕的物质生活中还经常抱怨,所以来到这里见识了留守儿童困苦的生活,对他们的教育意义可想而知。所以说,这一趟旅游不仅仅是来玩,也不仅仅是来献爱心,还有为了好好教育一下随行的城市小孩。留守儿童在这里不仅仅是被关爱的对象,而且也是被观赏的"他者"。

从报道的结构上来看,正文第一段交代这是一段"快乐而又有意义"的旅行,这是现在对旅游式公益的最常见的解读。第二段开始描写这次旅行的第一站就是去"万绿湖"游玩,第三段写去留守儿童学校献爱心,最后一段是看望留守儿童后又去另一个景点去游玩。从这个报道的流程来看,这趟旅游确实是把看望留守儿童作为一个"景点"活动来对待。同时,公益活动的具体表现形式就是物质帮助,属于施舍怜悯型的关爱。

(二)施舍给予型公益

由前面内容分析法可知,在《光明日报》、《四川日报》和《南方都市报》十年的关爱方式这一项目中,最多的关爱方式就是免费给留守儿童消费、使用或者学习等等。《光明日报》上免费活动名列第一占37%,《四川日报》免费活动位居首位占34%,《南方都市报》上位居第一的免费活动占51%。而心理疏导等给人内心力量的活动比较少,由统计数据可以得出,目前关爱的重心还是放在物质的层面。社会上有一种错误的观点:以为给予物质上的帮助,留守儿童就会幸福,把幸福与物质进行挂钩,这也是当前媒体报道中存在的一个导向。

在每年的寒暑假,大批留守儿童流动到城市打工父母身边,不少单位和个人就开始献爱心,如餐馆打出献爱心的广告,凭外地身份证留守儿童即可免费吃一顿大餐;剧院也是推出爱心活动,打工父母替留守儿童报名,前多少名即可享受免费看一场某某剧演出;还有帮助留守儿童实现心愿的一对一的个人爱心资助活动,比如某某留守儿童希望得到一双溜冰鞋,某某留守儿童希望得到一个滑板,某某留守儿童希望得到一张返回家乡的火车票的费用……希望爱心人士根据媒体提供的联系方式选择接单,实现一对一的帮助。笔者在此附上几则《南方都市报》的新闻报道。

第一则:《三梦成真》[1]。

来自湖北的 7 岁男孩陈元昊一口气说了三个梦想:游民俗文化村、要一部滑板车、一个篮球,没想到,三个梦想全部实现。"太高兴了,太好玩了!"陈元昊满身是水,用带着家乡口音、不太标准的普通话说,8 月 2 日,他和妈妈一起参加了本报组织的民俗村游玩活动,这是他三个梦想中的一个,而他另外两个梦想也在福永商会的帮助下得以实现。

第二则只节选标题"唐家兄妹一夜间梦想成真耐克球鞋玩具火车分送兄妹"[2]。

第三则为"我有溜冰鞋啦梦想成真"

14 岁的高个子女孩江明珠做梦都没有想到,头一天跟本报记者大胆地说出"想要一双溜冰鞋"后,第二天这个梦想就实现了[3]。

第四则为《缪氏川菜请留守儿童免费吃饭》[4]

为庆祝缪氏川菜泰然店 6 周年、东园店 4 周年,7 月 27 日缪氏川菜组织来深留守儿童家庭在南山店免费吃川菜、看川剧,并与深圳小朋友举行联欢活动。同时,缪氏川菜第二届留守儿童关爱活动正在进行中,诚邀 100 位来深留守儿童家庭免费用餐。

当前都市兴起一股做义工献爱心潮流,但在一个又一个这样的献爱心活动中,留守儿童真的幸福吗?留守儿童的心愿真的就是这个吗?爱心人士可以接单留守儿童所有的心愿吗?笔者窃以为,帮助的最高境界应该是授人以鱼不如授人以渔,仅仅靠物质的给予能够给人幸福吗?献爱心和施舍有什么不一样?如何让被关爱者自己的能力和价值得到实现,这是当前有关关爱留守儿童活动中特别缺乏但应该去思考的问题。重视物质的给予,错把施舍当作帮助,这是当前社会价值观的一个错误的呈现。

---

[1] 刘晓燕,朱向华:《三梦成真》,载《南方都市报》2009 年 8 月 5 日。

[2] 《唐家兄妹一夜间梦想成真 耐克球鞋 玩具火车分送兄妹》,载《南方都市报》2009 年 7 月 28 日。

[3] 《我有溜冰鞋啦》,载《南方都市报》2009 年 7 月 29 日。

[4] 董馨:《缪氏川菜请留守儿童免费吃饭》,载《南方都市报》2010 年 7 月 22 日。

由前期相关文献可知，媒体在报道留守儿童时存在泛娱乐化的情况，就本书所研究的三份报纸的报道而言，这个情况并不是很明显的存在。相反，本书通过局部话语分析得出，媒体在报道留守儿童时，以关爱方为主体，媒体报道以关爱方视角为主，留守儿童只是被关爱的"他者"，一直处于被看、被帮助的状态。另外，在具体的关爱帮助报道中，存在一些社会文化价值观方面的倾向，比如城市本位倾向、看重学习成绩倾向和物质化公益倾向，还有过分夸大社会关爱的倾向。

第三节　留守儿童话语研究的结论

本书使用内容分析法和话语分析法对中国境内《光明日报》、《四川日报》和《南方都市报》三份报纸十年内有关留守儿童的报道进行研究分析。

一、三报中留守儿童的媒介呈现特征

内容分析显示，三报关于留守儿童报道所具有的特征有：

第一，十年内三报有关留守儿童的报道数量存在不稳定特征。在月份分布上，7—9月的报道数量远高于其他月份。在年份分布上，《光明日报》和《四川日报》的报道量都逐年增加，《南方都市报》在2012年报道量达到顶峰，随后出现大幅降落的趋势，这与《南方都市报》自2009年暑假开始举行留守儿童圆梦活动以及2012年创办《南都公益周刊》专门报道公益活动有关。

第二，三报的报道以关爱类主题为主。《光明日报》、《四川日报》和《南方都市报》十年内报道主题都是关爱类报道位居第一，其中《四川日报》所占比例最高，其次是《光明日报》，最后是《南方都市报》。

第三，党的机关报关爱主体是政府部门位居第一，都市报关爱主体是企业位居第一。其中《光明日报》帮助关爱的主体——政府部门所占比例为49.6%；《四川日报》帮助关爱的主体——政府部门所占比例为46.4%；《南方都市报》帮助关爱的主体频次最多的是企业，所占比例为29.7%。

第四，三报报道的表彰对象主要是"个人"，其中获表彰的对象"个人"位居第一。主要是围绕"乡村最美教师""全国道德模范候选人"等活动展开的报道，其中个人的身份还包括支教大学生、城市退休干部、小区义工、共产党员、退伍军人等等。其中《光明日报》获表彰奖励频次最多，其次是《四川日报》，最后是《南方都市报》。《南方都市报》上主要表彰的个人身份很多，从副省长到进城务工人员，从小区义工到娱乐明星以及王林大师，还有个别是城市打工子弟学校教师。

第五，三报中关爱方式最多的是"免费活动"，比如免费上兴趣班、吃饭、游玩等等。《光明日报》中免费活动占37.0%；《四川日报》中免费活动占34.0%；《南方都市报》中免费活动占48.6%。

第六，《光明日报》和《四川日报》消息来源存在严重偏向。《光明日报》的消息来源分布根据出现频次由高及低的顺序排列前三位的是政府、事业单位和政府领导、政协或人大代表,消息来源出现频次最多是政府,所占比例为 40.3%;其次是事业单位,所占比例是 16.0%;最少出现的是农民工或留守儿童这一项,比例为 1.8%。《四川日报》政府是消息来源里出现频次最多的一项,所占比例为 45.4%;其次是事业单位,所占比例是 22.6%;最少出现的是专家学者这一项,比例为 2.5%;农民工或留守儿童、记者、政府领导、政协或人大代表这几项出现的频率都很低,频次都在 20~30 次之间,所占比例在 4.2%~3.2% 之间。《南方都市报》消息来源出现频次最多的一项是政府,所占比例为 18.6%;其次是农民工或留守儿童,所占比例是 18.5%;接着是事业单位出现的频率比较高,所占比例为 18.0%。

第七,三报很少报道留守原因。其中出现频次最少的是《四川日报》,其次是《南方都市报》,最多的是《光明日报》。因为留守原因共有八个的选项,且设置为多选,留守原因如果被多篇新闻报道涉及,那么留守原因的频次会出现成倍的增长幅度,但数据显示《四川日报》留守原因频次仅为 11 次。

第八,三报最常呈现的均是被关爱的沐恩留守儿童形象。《光明日报》中留守儿童被关爱沐恩的形象占整体的比例为 56.8%,可怜悲惨的形象占 28.8%,留守儿童积极健康的形象和问题儿童的形象呈现比较少,所占比例分别为 7.6% 和 6.9%;《四川日报》中留守儿童被关爱沐恩的形象占 58.8%,可怜悲惨的形象占 30.5%,积极健康的形象和问题儿童的形象呈现比较少,分别所占比例为 6.4% 和 4.3%;《南方都市报》留守儿童被关爱沐恩的形象占整体的比例为 43.8%,可怜悲惨的形象占 40.6%,问题儿童的形象和积极健康的形象呈现比较少,分别所占比例为 8.7% 和 6.9%。

第九,党的机关报有关留守儿童性别形象呈现并无显著差异。《光明日报》男童整体出现的频次是 127 次,女童整体出现的频次是 173 次,而性别不明的留守儿童出现的频次是 662 次。《四川日报》在性别所占比例中,男童整体出现的频次是 115 次,女童整体出现的频次是 136 次,而性别不明的留守儿童出现的频次是 667 次。《南方都市报》在性别所占比例中,男童整体出现的频次是 448 次,女童整体出现的频次是 475 次,性别不明的留守儿童出现的频次是 554 次。《光明日报》和《四川日报》上留守儿童性别形象差异不显著,《南方都市报》上塑造出留守女童易被性侵、留守男童容易犯罪这一性别形象差异。

由以上研究结论可知,《光明日报》和《四川日报》作为党的机关报,发挥着党的喉舌作用,新闻消息的来源以政府部门为主,报道留守儿童的有关活动也是以政府部门发起的帮助关爱活动为主,塑造出来的留守儿童媒介形象也是以被政府部门关爱的沐恩的群体形象,可见其媒介框架具有明显的"关爱方本位"特征。《南方都市报》作为一份都市报,与党的机关报有所差异,差异主要体现在新闻消息的来源是以政府部门和留守儿童两大来源为主,关爱留守儿童的帮助主体最多的是企业而不是政府部门,所呈现出来的留守儿童形象有两个方面:一是在企业及社会各界的帮助下被关爱沐恩的形象;二是可怜悲惨的留守儿童形象。前期研究文献认为媒介上的留守儿童主要呈现出悲惨的形象,辅之以沐恩幸福的形象,但本书的结论是十年内三报呈现出的留守儿童形象是以被关爱沐恩的形象为主。

二、三报报道文本的意识形态呈现

本书通过凡·迪克话语分析方法解读三报十年内有关留守儿童报道文本中的话语及相关价值观情况，首先从意识形态方阵四个维度来解读新闻报道中存在着"关爱方"与"被关爱方"的关系，并从宏观视角主题选择等方面进行阐释，发现新闻报道的主要特征：一是强调关爱方积极关爱；二是强调留守儿童处于困境；三是压制或淡化留守儿童正面信息；四是压制或淡化关爱方负面信息等等情况。从关爱方和被关爱方这组关系来看，《光明日报》《四川日报》和《南方都市报》都存在着"关爱方框架"：以关爱方为传播的主体，被关爱方处于话语权的弱势地位，被关爱方的主体性被压抑和贬低，只是以被关爱被"他者"的形象存在。

由前期很多文献可知，中国各级媒体都对留守儿童现象进行了长时间关注报道，呈现出国家、政府和社会各界对留守儿童现象都非常重视，似乎留守儿童已成为新闻报道中话语主体。但本书得出这样的结论，真正从农村视角和从留守儿童视角进行的新闻报道特别少，留守儿童作为一类默默无声被动接受关爱的群体存在。无论是党的机关报还是市场化的都市报，所呈现出来的都是关爱方热心帮助被关爱方；被关爱方是处于困境，需要被关爱，没有主动的话语权。这也是媒体自身的媒介框架的体现，体现了媒体报道话语背后的权利与利益关系。

最后，笔者再从局部语义分析方法来对新闻报道的典型案例进行阐释，发现有关留守儿童的新闻报道中存在着关爱方本位、城市本位、拔高社会关爱、看重学习成绩和物质化公益等等倾向。

这些研究发现，弥补了前期文献中对留守儿童媒介形象研究的一些缺失。留守儿童媒介呈现是传播学领域一个重要的有意义的选题，多年来相关研究比较缺乏，仅有的研究视角比较单一，本书从媒介呈现视角出发，以媒介框架理论作为指导来研究留守儿童媒介形象呈现问题，这在中国当下相关前期的文献中比较少见，通过以上研究让我们更加深入地了解到中国媒体在报道留守儿童时所存在的不足；本选题的研究方法在中国具有一定的创新性，首先使用内容分析法了解留守儿童媒介呈现的现状，然后再使用凡·迪克话语分析方法，对媒介话语背后的话语权力和利益进行解读，让我们更加细致地了解到新闻报道背后所具有的意识形态和价值观的偏向问题，弥补了前期文献这方面的缺失。

三、研究不足之处

在研究过程中存在以下局限和不足之处：

首先，本书依托澳门科技大学图书馆提供的慧科新闻数据库进行相关报道文本的获取，但数据库中有的报纸存在数据不全，这在一定程度上限制了笔者选择报纸种类的自由。

第二，本书研究新闻文本起始于2006年1月，相关数据的分析是截止到2015年12月，对于2016年及以后的媒介传播内容没有涉及。因为本书起始于2015年，所以只收集到2015年12月的数据。

第三,本书的研究样本是中国的三份报纸,在选择上虽然尽量选择有代表性的报纸,但是三份报纸不能完全等同于中国其他报纸,更不能等同于其他不同类型的媒体。

第四,从建构主义视角来看,不可否认的是每个人都有自己的"框架",在分析判断其他人时经常容易出现用自己的"框架"去解读别人的"框架",可能会造成一些阐释不当,不过这属于方法论方面的局限性。

结　语

留守儿童媒介传播背后的一些思考

第一节　留守儿童成因思考:消费文化视角

一、留守儿童:数据背后孤寂的童年

留守儿童专指农村留守儿童,即父母双方或一方从农村流动到其他地区,孩子留在户籍所在地农村,不能和父母双方共同生活的 17 周岁及以下的未成年人。① 根据《中国 2010 年第六次人口普查资料》中抽取的 126 万人口样本推算出:全国有 6102.55 万农村留守儿童,全国每五个孩子中,就有一个农村留守儿童。② 自 1999 年"留守儿童"一词诞生及其问题被提出,相关部门一直高度重视。但现状是 16 年来农村的留守儿童越来越多,问题也越来越突出。2014 年春节前夕,安徽望江县 9 岁留守儿童在厕所自缢身亡。2015 年 5 月 4 日下午,河北江油市白庙村已读小学六年级 12 岁的留守女童先给 81 岁的奶奶下毒,然后自己也喝农药。因中毒太深,女童于 5 月 6 号下午抢救无效死亡。2015 年 6 月 9 日贵州毕节一家 4 个留守儿童喝农药自杀身亡。只留下新建好的三层楼房,父亲外出打工,母亲离家出走,留下 4 个孩子在乡村苟延残喘,最终走向了死亡之路。

二、"打工"背后的消费主义文化熏染

消费主义产生于 19 世纪末 20 世纪初西方资本主义国家,它重视物质消费,倡导通过对物质的占有使人们得到心理上的满足,主张消费至上,把物欲的满足、感官的享受作为人生追求的主要目标和最高价值。在经济全球化背景下,以跨国公司为主要载体的西方传媒消费主义思潮迅速向发展中国家传播,发展中国家在消费西方商品和媒介产品的过程中,逐步将西方消费方式演变为"美好生活"概念,从而对西方消费观和价值观产生盲从和依赖。③ 消费主义本质特征是消费欲望,而不是需要,其表现形式

---

①　叶晓楠:《5800 万农村留守儿童期待关爱》,载《人民日报海外版》,2008 年 2 月 28 日,第 004 版。

②　魏铭言:《全国留守流动儿童将近 1 亿 仍在逐年扩大》,载《新京报》,2013 年 05 月 10 日。

③　张毅莲:《"瞬时消费主义"的解读与反思》,载《消费经济》2013 年第 6 期。

主要有攀比消费和炫耀消费。

古今中外,父母对自己孩子有着与生俱来的难以割舍的情怀,但是为何在中国大地,会出现这么多的留守儿童? 国内很少有文献对这个问题进行深入思考,一般都简单归咎为外出务工的需要,户籍制的限制等客观外在的因素。随着对留守儿童问题的重视,对相关背后的原因有进一步研究,韦克难、陈晶环和张琼文①发表文章认为留守儿童形成的原因宏观上有:一是公共服务不足,在整体上我国的公共服务投入是偏低的,有限的基本公共服务在城乡间又严重失衡。在过去二元社会结构下,政府对农村很多基础设施、公共服务投入明显不足。如果政府能够提供充足的公共服务保障儿童的教育、医疗,并对留守儿童提供足够的社区照顾和社会支持,因留守儿童产生的社会问题就会减缓。二是儿童保护法制不健全。三是部分农村文化的衰落。笔者归纳发现国内有关留守儿童的研究很多,主要从两个方面解读留守儿童:一是强调从行为者主体出发,认为留守儿童父母是行为者的"主动选择",认为农民是为了自身利益最大化而做出的一种选择。二是主要从社会结构需求出发,认为留守儿童的出现是中国经济社会发展的必然过程,城市化就是要更多的农民工进城打工,才能确保城市化的顺利进行。韦克难、陈晶环和张琼文文章指出留守儿童成因的微观原因有:(1)家庭结构不全,家庭功能瓦解(2)监护人监护职责不到位,缺乏对留守儿童保护(3)重视物质建设,忽视对儿童的教育关爱。其中也提到了重视物质建设,忽视对儿童的教育关爱。②笔者认为农村出现大规模留守儿童现象,有其特定的历史社会时代的原因,也有国家城乡差距及户籍管理等问题。但是消费主义文化与传统文化在中国农村社会交融形成的一股新的价值观消费观,普遍认为幸福就是有钱,没有钱就没有幸福,和钱相比一切都是次要的。在追求金钱的道路上,传统的伦理道德、家庭伦理都可以让步,比如,《论语》中孔子曾曰:"父母在,不远游,游必有方。"在现实社会,为了赚钱即使"无方"也要"远游",留下孤苦的空巢老人。养育下一代也是如此,传统父母亲自抚养孩子的习惯也被取代,现在也是以赚钱为第一,育儿可以交给老人或亲戚代替。这样的思想和行为在农村现在是普遍存在。当然留守儿童父母离开家乡外出打工有着现实的无法回避的经济和环境因素,还有国家对城乡管理的不平等、国家福利等等很多重要因素,但笔者认为消费主义的入侵可能也是加剧了留守儿童形成的一个重要因素。有关国家宏观的城乡管理,比如户籍制等等一些问题在此就不做讨论,在此仅从消费文化的视角来解读一下留守儿童的成因。

中国农民长期处于社会最底层,改革开放后,社会出现急剧变化,处于底层农民发现金钱和财富也有很多可获取渠道,也可以实现经济资本的位序极大提高,甚至可以和城市人相媲美,而这一切都源于去城市打工。所以打工成了改变身份改变地位的重要行为。

---

① 韦克难、陈晶环、张琼文:《留守儿童成长问题及其形成原因、治理对策》,载《贵州省党校学报》2017 年第 5 期。

② 韦克难、陈晶环、张琼文:《留守儿童成长问题及其形成原因、治理对策》,载《贵州省党校学报》2017 年第 5 期。

（一）打工的诱惑——生育观微妙变化

笔者以安徽无为县 N 村为例,20 世纪 90 年代前,主要是种植棉花和水稻,需要经常打农药治虫,需要人力车水来灌溉农田,那时男孩多的家庭,务农的效率高,经济收入好。传统的封建社会生男孩继承香火与家业,在当时十分明显。没有男孩的家庭会被人同情,甚至是可怜。没有男孩的家庭自己也感觉很没有面子,低人一等。

90 年代后,打工潮开始后,女孩也照样可以外出打工赚钱。不少家庭以前因为没有儿子生了很多女儿,而大部分女孩都是外出打工,因女孩相对男孩来说多勤俭节约,给家庭带来较以前很多的经济收入,甚至超过男孩多的家庭收入。因为女孩多的家庭经济上富裕起来,所以乡村社会空间中人与人的位置进行了重新分配。生女孩也不是让人感觉很难接受了,加上国家的计划生育政策的普及,所以乡村的生育观也悄悄发生了改变,有不少家庭能够接受没有生男孩的现实,有的家庭甚至只生一个女孩,即使国家允许再生,也不愿意多生。生育观的改变,不仅仅是国家计划生育的教育使然,更多的是农村女性地位改变后自己生活真实的实践体会。当然在一定程度上,传统的重男轻女思想在骨子里仍然有,但比以前内敛了很多,生男孩只是成为了一种象征意义。

（二）打工的动力——消费攀比越演越烈

中国农村文化长期以来经受了中国传统文化的洗礼,改革开放后又与消费主义文化结合。乡村攀比是一件很常见的事情。当前中国绝大多数的乡村生活水平有了明显的提升,很多乡村的主要经济来源不是传统的种植业,而是外出务工的经济收入。以前经济条件不好,主要是攀比吃什么穿什么,现在乡村富裕了,攀比的目标越来越大。在一些发达地区的农村,农民开始去城镇买房,即有钱在城镇上买房的,都搬去县城或镇上住了,没钱买房的就只好孤独地守在越来越寂静的农村。这个物理空间就如一把利刃分割着家庭收入高低的人群,是赤裸裸地金钱炫耀与攀比。在乡村婚嫁方面,现在女方结婚的条件由从前的三大件"手表、自行车和缝纫机"转变到曾经的"黄金首饰、砖房、楼房"到现在的要求男方购买"城镇商品房""小汽车"等等。而在一些贫困山区,攀比建造新楼房也是当前的主要特征。比如贵州毕节 4 自杀留守儿童,其父亲为了建造楼房花光所有的打工积蓄,所以建好房子后又继续外出打工。笔者 2015 年前往湖南邵阳等地调研,也同样发现该地农民也有建房攀比的心理,同村人比谁家的楼房建得高、修得美,互相模仿攀比。村民外出打工赚了钱就回家推倒原来的楼房,建新的楼房,动辄费用在 10 万～30 万之间。因为攀比消费没有尽头,所以即使现在农村的收入增加了,但是还是要外出打工赚取更多的经济收入。

（三）打工的代价——离家别子

在当前中国的乡村,"打工"不是简单地外出工作,它还和打工个体的形象地位紧密挂钩,和能否在本乡村享有话语权和别人尊重都有关联。有一个打工者说:"我真希望邓小平没有搞改革开放,我也愿意日子苦些,因为这样我就可以每天跟父母和孩子在一起。"①这一句话,看似很矛盾:你不想离开父母和孩子,你就不离开呀!但是仔细推敲发现这句矛盾的话其实就是反映了当前农村一个特殊的场域,笔者深入乡村了解到,在本乡土无论是从事农业还是工业其收入远低于外出打工赚钱,如果不去打工就意味着收入不多,同时还将失去乡村话语场域的参与权,将被人鄙视"是一个成为不追求上进的人"。

但是农民外出打工而不是工作,就说明了这种工作的性质是不固定不正式的。中国管理等级森严的户籍制度也决定了一个农民很难从农村迁居到城市,更别提融入城市的整个生活,享受城市居民的福利。农民来城市,只是打工,而不是生活。其本人养老、孩子教育医疗等等现阶段在中国城市都无法一一配套。但主要的是,即使是面临这样的情况,绝大多数农民依然选择打工,而不愿意在家务农或者做其他的事情。因为经过衡量后,打工所带来的经济收入是最好的。但对于大多数打工的农民来说,就意味着和父母、孩子分开,离家别子。从宏观上来说,打工者获得的工资是低廉的,现行的法律法规并没有对其因为与家人分离而带来的情感损失加以经济补偿。

三、消费主义文化在农村的体现

(一)重物质轻情感 享乐主义蔓延

有很多爱心人士呼吁:留守儿童最需要的不是钱,而是关爱和激励。认为当前许多父母把钱看得比孩子更重。这就是典型的物欲至上的体现。在农村社会存在这样的价值观念:父母可以为了挣钱而丢下孩子给老人带。不仅仅是观念,而是普遍如此实行的。据笔者2015年暑期在芜湖农村实地调研发现,现在农村的已婚青年基本都和父母住在一起,年轻夫妇在家附近工厂上班的,骑车上班只需5～10分钟,一日三顿在家吃饭,晚上也在家睡觉。但父母白天帮忙做饭洗衣带孩子,晚上年轻人回来了理应可以休息了,实质不是,父母仍然还要带孙子孙女睡觉。当前,很多农村的年轻人都追捧享乐主义,结婚前要求男方父母买房,结婚后要求男方父母带小孩做家务。而年轻人自己把时间和精力名义上是放在上班,其实多数时间还是在电视和网络上度过。

农村青年结婚生子一般年龄都很小,笔者调研的村庄一般女性在20～22岁生第一胎。男性稍微大一两岁。在人生阅历和幼儿教育知识方面确实比较欠缺,对儿童的心理健康了解很少,加上受到很多外在物质的诱惑,很多年轻父母对孩子的早期教育和陪伴不以为然,认为只要打工就会赚钱,赚钱就可以更好的教养孩子,可以买城里孩子的玩具、服装给自己的孩子。常常以物质替代一切,而不考虑儿童的心理和情感。意大利幼儿教育家蒙台梭利在《童年的秘密》一书"导论"中,蒙台梭利明确指出:"儿童并不是一个只可以从外表观察的陌生人,更确切地说,童年构成了人一生中最重要的一部分……"②当前农村社会中,不管是否是留守儿童,父母对孩子的情感投入都远远不够。更可悲的是,农村社会的话语对此保持支持的态度。笔者了解到一对年轻父

---

① 王磊:《一位博士生的返乡笔记》,载《"我们的城市"论坛》2015年2月。
② [意]蒙台梭利:《童年的秘密》,马荣根译,人民教育出版社1990年版,第17、41页。

母,没有老人帮忙带孩子,只好选择留在老家开豆腐店谋生,因为附近工厂效益不好辞职了。但很多农村老一辈人就说,你们还是出去打工好,在农村开个豆腐店多么累多么苦呀!但这对年轻人说,打工的环境不能照看孩子,毅然选择留在老家。笔者认为这对年轻父母的行为就是以养育孩子为第一,同时兼顾经济收入。但笔者后续跟踪了解,这对年轻父母的生活并未如愿以偿的完美进行,二人后来还是因为经济收入不好选择外出打工,把上小学的孩子放在了寄宿学校。

在留守儿童极端悲情案例中就是孩子的自杀,而最可悲的是家庭和学校对孩子自杀真正的主要原因或真正原因都无法确切知道。这说明留守儿童的情感长期被忽视,亲情沟通方面确实存在很多问题。

除了留守儿童家人有以物质替代情感的倾向,社会救助和关注留守儿童的行为也是存在消费主义倾向。笔者前面对《光明日报》、《四川日报》和《南方都市报》有关留守儿童的报道进行相关统计后发现,三报关爱方式中频次出现最多的都是免费活动,而且该关爱方式出现的频次远远高于其他方式。比如游乐场免费给留守儿童玩一天,餐馆免费给留守儿童吃一顿,剧院免费给留守儿童看一出剧,培训班免费给留守儿童上兴趣班……其实都是一种消费体验活动。此外外界帮助关爱留守儿童的方面比较常见的另一个方法就是赠送东西,其中最多的是赠送书包、图书等生活及学习用品。志愿者报道中很多是与留守儿童沟通互动、心理疏通,但多为一次性或短期活动,长期进行的报道中很少涉及。此类活动大多在六一等节日公开且较高调地进行。由以上可见,无论是家人还是外界的帮助,始终是以物质为主要资源,整个社会都非常注释物质帮助,忽视心理健康。2015 年 6 月 9 日贵州毕节一家 4 个留守儿童喝农药自杀身亡。本来一家 6 口人,现在只留下空空的三层楼房。新闻报道后,有媒体第一时间指出 4 个孩子是贫困而死,随后有人指出孩子家庭虽不富裕但也不至于贫困而死,真正让他们绝望地是无人陪伴看管引导,只能在像行走在漆黑夜里的人一直看不到光亮绝望了。

(二)攀比消费 炫耀消费

在当前农村社会中,农民的行为指导思想以男女分工形式、物质世界、消费方式、亲属关系等等存在。在消费主义在大众媒体传播推动下,打工成了农民的首选谋生职业。不仅吃、住、行需要打工的收入来维系,就连精神世界也依赖于打工的行为。农民长期以来过得是脸朝黄土背朝天的生活,现在有机会去城市,大多数人一开始是喜悦的,可以开阔视野,见识新事物。但进入城市打工后,受到大众媒体、城市社会风气和乡村习俗等综合影响,很多农民在思想观念上形成了攀比物质等人生目的。打工赚钱回家乡就是炫富,比建房、买车、买空调、买洗衣服,把农村的家装修得和城市一样豪华。比如明明习惯去河边手洗衣服,但家里一定要放个洗衣机,显得自己家有钱。洗衣机的功能性作用让位于它的象征意义。身处于特定乡村文化中的农民,即使意识到不好,也没有力量改变这种现状,在没有其他更好的选择情况下,只好丢下孩子去外地打工。

在当下的乡村空间中浓烈地表现了消费主义文化与传统的面子文化的融合,面子很多的时候就是消费能力。在这样的氛围下,忽视了儿童是否有一个健康的成长环境,而以自己的面子为第一。当下乡村,面子往往就和金钱挂钩。许多专家强调,留守儿童问题与贫穷无关,而是缺乏关爱。有些孩子受到恐吓,遭受身体或性虐待,甚至死于意外事故。更有甚者,每年都发生的留守儿童自杀案例,这些正处于人生成长期理应对未来充满憧憬的孩子们,竟然绝望到去自杀,这是对消费社会的莫大嘲讽与抗议。还有 2019 年暑假,浙江杭州千岛湖章子欣小朋友被租客带走致死等等的事件,无不反馈了留守儿童在情感上的贫困,所缺的不是物质,而是父母家人的高质量陪伴。

(三)媒体传播中的消费主义、娱乐化现象

中国各级媒体都对留守儿童现象进行了长时间关注报道,但是这种关注与报道都是以媒体自己特定的利益为准则。真正属于农村儿童的节目很少,专门为留守儿童打造的少儿节目更是少之又少。孙莉[①] 2013 年指出中国媒体在报道留守儿童时体现出了某些共同特征:媒体报道政府为重,公益次之,留守儿童为轻;同时聚焦大城市,忽略留守儿童驻守地。同时,不同的媒体也有自己的特性和不足:中央级的报纸由于办报宗旨和地缘优势缺乏等原因使之对留守儿的报道不够全面真实;地方级的报纸由于受地方保护主义、媒介经济等方面的影响,报道未能够真实准确地向外界传达留守儿童现状。

媒体在娱乐化大潮中把中国社会一个沉重的悲情的群体——留守儿童纳入娱乐节目中。有些省级电视台开办真人秀,以明星和留守儿童为主要对象。媒体通过放大或者扭曲留守儿童的悲情、苦情来博得大众的同情与眼泪,提升真人秀的收视率。这实质上就是对留守儿童进行娱乐和消费,最终实现媒介利益的最大化。这也是消费主义在媒介传播中的渗透体现。

"稚侄初学步,牵衣戏我前。"[②]"蒙蒙堤畔柳含烟,疑是阳和二月天。醉里不知时节改,漫随儿女打秋千。"[③]这些古诗词描绘了曾经乡村孩童和父母之间是一种常见的亲密无间的依恋之情。但在现在中国农村很难再看到这一幕情景。对于当前中国留守儿童的问题,笔者认为农村父母在教育认知方面确实存在不足,父母与孩子的沟通交流机会少,常常以物质替代情感,这是我国留守儿童悲情、苦情的最主要的源头。我们期待新农村的建设注重人的精神和思想境界的引导和教育,而不仅仅是追求物质的富裕。

---

① 孙莉:《中国大陆报刊媒体留守儿童报道的框架分析》,上海外国语大学 2013 年硕士毕业论文。

② 白居易:《效陶潜体诗十六首》其九,《全唐诗》第 13 册,卷 428,中华书局 1992 年版,第 4723 页。

③ 徐铉:《柳枝辞十二首》其六,《全唐诗》第 22 册,卷 752,中华书局 1992 年版,第 8564 页。

第二节　另一个可能的世界[①]

　　赵月枝,一个农家出身的女孩子,2000 年至今在加拿大西门菲莎大学传播学院任教,现为该学院全球传播政治经济学加拿大国家特聘教授。赵月枝以阐扬传播批判理论著称,在西方人主导的国际学界,她是中国走出的第一位传播批判学者。[②] 她在第一部中文专著《传播与社会:政治经济与文化分析》中提出"向东看,往南走":开拓后危机时代传播研究的新视野。在深深担忧新自由主义去政治化对中国社会的影响同时,又以拳拳爱国之心希冀中国不同于西方资本主义的发展模式,提出"另一个世界是可能的"的真知灼见。

一、全球化的反思

(一)经济全球化的反思

　　在人类进入资本主义社会之前的漫长发展历程中并不存在世界经济,也不存在经济全球化的问题。二战后以来的经济全球化是"有组织的",国际组织是经济全球化进程中最重要的组织形式,大多数国家参与经济全球化都是通过参加国际组织来进行的,经济全球化的原则、规则和决策程序也都经由国际组织,以共同宣言或公约的形式得到体现。国际组织的章程制度是由谁制定? 核心利益又是什么呢? 反对全球化的学者认为经济全球化实质上是"西方化""美国化",认为经济全球化是发达国家为发展中国家设下的一个"陷阱",虽然此观点有些偏颇极端,但却道出了全球化过程中国与国之间地位与利益的不平等现实。

　　2001 年中国终于"入世",举国上下一片欢腾。经济全球化对中国的好处是明显的,中国得以利用先进技术和外资,通过外贸,在比较短的时间内实现工业化城市化过程。而负面影响也是明显的,中国的资源稀缺和环境污染也由于经济全球化而快速恶化。作为"世界工厂",中国受惠于经济全球化,但规模巨大的出口加工产业,也让中国承受了沉重的环境压力。在开放性国际经济条件下,国际贸易和直接投资可以"在低收入国家生产高污染产品,在高收入国家消费这些产品"。目前中国和印度等发展中国家与西方发达国家和日本的关系基本如此。[③]

　　在马克思看来,资本的本性是无限制地攫取最大利润。我们作为社会主义国家,是否能接受这样的资本? 是否应该对资本的本性有所限制与改良呢?

[①]　张毅莲:《另一个可能的世界——读赵月枝〈传播与社会:政治经济与文化分析〉》,载《中国研究》2018 年第 3 期。

[②]　李彬黄卫星:《从去政治化到再政治化——读赵月枝〈传播与社会:政治经济与文化分析〉》,载《新闻大学》2012 年第 1 期。

[③]　《中国环境污染由于经济全球化而快速恶化》,载《21 世纪经济报道》2011 年 1 月 19 日。

(二)技术全球化的反思

长期以来中国政府和民众对待来自西方的科技都是"仰望之",都希望将技术工具化,利用之缩小中西之间的"某些鸿沟"。1955年传播学者麦克卢汉批评传媒大亨大卫·沙诺夫说媒体技术是现代科学的产物本身无所谓好坏,决定它们价值的是人们使用它们的方式。麦克卢汉认为媒体传播的内容只是"入室行窃的盗贼用来引开看门狗的肉包子"。[1] 从长远来看,媒介技术对我们的思考方式和行为方式都产生了深刻的影响,而且这个过程是不为人察觉的。

传播政治经济学领域的先驱者达拉斯·斯迈思于20世纪70年代研究中国,发现中国不少政治经济学家、哲学家和政治学家认为"工艺和科技是自治的和非政治化的"。"他们表现出一种固执,甚至完全拒绝就此问题进行讨论的可能性"。[2] 斯迈思认为:"在资本主义科技的发展中没有社会主义道路",他认为中国制造业现在采用资本主义的技术,如私家车、家用洗衣机、家用冰箱等等,用这些工具武装起来的中国家庭最终导向资本主义的文化道路。

近几年,中国在信息技术方面的投入是大手笔的,而在公共教育方面的投入却在亚洲国家最低之列。相比2亿农村文盲或者温饱尚未满足的人而言,信息技术的发展似乎只是一个遥远的梦。"如果社会主义不是根植于普遍权力(popular power),就会事实上消灭自己,导致资本主义复辟"。[3] 这是一个很好的警醒,社会主义本身就是建立在工农大众基础上,如果远离他们,确实就是自我毁灭。

(三)文化全球化的反思

经济全球化给我们带来一个现象,认为我们开启了一个新时代,一个不同于以往一起世界的世界。在新自由主义笼罩下,一切都是全球化了。然而文化是否可以成为商品进行全球化?法国在欧盟中首先提出"文化例外"。[4]

21世纪以来,经济全球化推动了资本主义的消费主义文化价值体系的全球蔓延,相关文化保护组织在政策层面上进行建设性行动。2005年10月,联合国教科文组织第33届大会以压倒性多数通过了《保护和促进文化表现形式的多样性公约》。2013年法国要求欧盟维护其"文化例外"立场,除将视听领域排除在自由贸易谈判之外,还

---

① [美]尼古拉斯·卡尔:《浅薄:互联网如何毒化了我们的大脑》,刘纯毅译,中信出版社2010年版,序言《看门狗与入户贼:我们遭到了互联网的侵犯》。

② 赵月枝:《传播与社会:政治经济与文化分析》,中国传媒大学出版社2014年版,第243~244页。

③ 转引自赵月枝:《传播与社会:政治经济与文化分析》,中国传媒大学出版社2014年第2版,第288页。

④ "文化例外"的概念由法国于上世纪80年代提出,强调文化产品非一般商品,由于文化产品不仅具有商品属性,还有精神层面和价值观层面的内涵,对公民素质提升和社会繁荣发展具有重要作用,因此文化不能完全屈从于商业,贸易自由化原则不适用于文化产品和文化服务。

应将其从传统文化领域扩展到数字领域。[①]

虽然出台了政策与宣言，但权力关系的具体运作、传播与文化实践的实际过程却是另一回事。不同立场与利益主导下的不同阐述者即使对同一概念，也会有不同理解。文化的非商业性虽然得到国际社会的承认，但具体如何去保护？保护的是什么文化？当经济全球化推动消费主义文化向全世界蔓延时，很多民族本土文化显得"柔弱无力"是现实。

二、"向东看，往南走"——超越西方知识体系霸权

（一）认识论上的颠覆

"向东看，往南走"意味着超越以西方尤其是以英美为原点的"中心辐射式"国际传播研究框架和议题设置思维定式，把日益活跃的"东—南"和"南—南"间的传播与文化流动当作重要的研究议题[②]。赵月枝老师在书中指出，"向东看，往南走"不仅是地理方位，还是在认识论上对现代西方霸权知识或权力体系的颠覆。

葡萄牙社会学家森托斯在《全球左翼的崛起》一书中提出了"南方认识论"，主旨是反新自由主义，并在此基础上倡导"全球认知正义"。在森托斯看来，"全球认知正义"是"全球社会正义"的认识论基础，没有"全球认知正义"就没有真正的"全球社会正义"[③]。立足的对象是全球，而不是简单地以西方或者东方来替代全球。

（二）超越而不是排斥"西方"知识

当我们说挑战西方主导知识或权力霸权并不意味着一概排斥任何"西方"知识。事实上，在西方学术界，很多批评学者一直在从事抵抗主导知识或权力霸权体系的反体制知识的生产。如波兰尼在其《大转型》中对所谓自发调节的市场神话进行的批判，他认为这种"社会嵌入经济"的体系，既违背人性、违背自然，也必将摧毁整个社会。除非消灭社会中的人和自然物质，否则这样一种制度就不能存在于任何时期；它会摧毁人类并将其环境变成一片荒野。[④]

很多西方学者对他们自己所处的西方社会进行了深入和彻底的批判，并热切关注东方和南方的民族解放和社会变革运动。他们的内心有一个图景——构建另一个可能的世界，转变现在的世界。所以，我们不能狭隘地极端地认为"西方"的知识就是挤压和排斥东方的。这种简单的逻辑归因判断是非常武断的，不利于全球认知正义。

[①] 刘望春、王眉：《面对强势的美国视听产业——法国牵头维护欧盟"文化例外"立场》，载《中国文化报》2013 年 5 月 23 日。

[②] 赵月枝：《传播与社会：政治经济与文化分析》，中国传媒大学出版社 2014 年第 2 版，第 289 页。

[③] 赵月枝：《传播与社会：政治经济与文化分析》，中国传媒大学出版社 2014 年第 2 版，第 281 页。

[④] 李彬、黄卫星：《从去政治化到再政治化——读赵月枝〈传播与社会：政治经济与文化分析〉》，载《新闻大学》2012 年第 1 期。

(三)超越狭隘民族主义

"向东看,往南走"意味着,我们要在超越文化相对主义的同时,超越有关东西方文明分野的文化本质主义,反对将文化多样性的想象限定在全球资本主义体系和消费主义生活方式内部。

从人类文明发展的宏观角度来看,东西方分野本来就是萨义德(Said,1978)所批判的"东方主义"的产物,是西方殖民主义意识形态和政治经济文化霸权的一部分。① 另一个可能的世界绝不是一个狭隘的、对立于当前的世界,而是一个具有包容、吸收和修正的新世界。

三、中国传播与社会的思考——另一个可能的世界

在人类社会发展过程中,马克思通过批判资本主义的本质矛盾发现社会发展的基本规律。马克思不是为批判而批判,而是为了通过批判发现和建立一个"新世界"。同理,传播批判学者批判帝国传播,也不是为了批判而批判,而是要建立一个"新世界"。

(一)中国媒体反思

在中国,新闻从业者的专业主义话语建构呈现碎片化和局域化的特征,一些新闻从业者仍执着追求新闻的相对独立性,媒体的舆论监督的角色也得到了一定的发展。但是,由于权力关系的束缚,这些监督往往只能曝光地方丑闻,不涉及深层问题。② 中国媒体在入世报道时,仅仅是蜻蜓点水,对 WTO 协议实质内容没有触及,这表明中国媒体没有发挥至关紧要的信息提供功能。

具体来看媒体在重述阶级与国家政治中的角色:第一,媒体管理体制有效地将发展问题去政治化。第二,主流媒体仍然以一种机会主义的方式动员和利用中国民族主义中的反帝元素。第三,媒体在放弃了阶级与阶级斗争话语之后,便拾起了"社会阶层"的话语,并将他们的主要资源投放到塑造"中产阶级"的实践之中。第四,媒体在形塑"中产阶级"的过程中有所贡献,并对"中产阶级"的形成有所期待,工人和农民这两个阶级群体,在现在的官方话语中则被塑造为"弱势群体"。③

从当下的中国媒体呈现出的报道及其背后的理念,我们可以发现中国媒体未能真正报道"中国",也未能真正代表人民的利益进行报道。新自由主义和消费主义思潮已经渗透到不少媒体的理念中。

(二)中国呼唤批判与反思精神的传播学者

当前,新闻传播学者也有不同学术立场与取向的选择。赵月枝老师在书中指出,

---

① 赵月枝:《传播与社会:政治经济与文化分析》,中国传媒大学出版社 2014 年版,第 286~287 页。

② 转引自赵月枝:《传播与社会:政治经济与文化分析》,中国传媒大学出版社 2014 年版,第 161~162 页。

③ 赵月枝:《全球化背景下传媒与阶级政治》,载《文化纵横》2012 年第 3 期。

一是,继续自由主义宏大理论在中国新闻传播研究领域的演绎,一边抨击威权主义和民族主义的新闻传播,一边在"中产阶级"中寻求民主化传播主体和理想化的"公共领域"。[①] 另一就是,超越简单化和脸谱化的理论范畴来研究解放与压制体验的社会分布与相关媒体呈现、关注和解释民众复杂的社会利益和意义诉求及其与官方意识形态与话语的链接和互动关系。赵月枝老师在书中提出,中国传播学界呼唤具有批判与反思精神的学者,他们既不是历史虚无主义者,也不是西方鹦鹉,更不是"中华文化"本质主义者和狭隘的民族主义者。在中国虽然有自上而下的马克思主义新闻传播理论建设工程,但很少有学者深入地结合现实地进行传播理论建设。作为批判与反思的传播学者,是要站在批判世界主义的立场认识"中华文化"以及批判地总结中国追求社会主义的本土知识和世界社会主义运动的实践经验,在此基础上凭借认识论想象和民主想象,为本土和国际传播民主化寻找理论和实践资源。

(三)新乡土主义是否可能?

全球化和城市化使得贫民窟正以历史上前所未有的速度在地球上蔓延。如何反思中国正在极力推行的城市化过程? 欧美作为民族国家的发源地,其历史来源于地中海的城邦国家,资本主义在经历不同体系的发展过程中,其核心和动力都是城市。中国历史上的城乡关系不像西方是对立的,相反,中国的城乡关系是互相哺育的过程。[②]中国如何才能持续和谐发展,必然要走自己的路。

正是在这样的背景下,2010年吕新雨提出了"新乡土主义"的概念。希望在保持乡村的社区性和既有的文化多样性、物种多样性、生物多样性和生存方式多样性的前提下,发展建立在小农基础上的有机农业,在使得乡村能够成为更适合人类居住的地方的同时,也重新建立新型的城乡互相哺育的互动关系。[③] 新乡土主义似乎与经济全球化背道而驰,似乎有悖于历史前进的步伐。但是它却是一个可持续、和谐的发展模式。是对中国五千多年农业文明的继承与发展,是立足于本国国情的一个设想。它是一个乌托邦,还是一个未来的可能,需要我们共同以批判与反思的精神为之奋斗努力。

留守儿童的问题是当代城乡问题的一个浓缩代表,我们期望更多的传播学者关注这个事件,并且能够从农村从留守儿童这个主体来思考来研究这个问题。

①　赵月枝:《传播与社会:政治经济与文化分析》,中国传媒大学出版社2014年版,第38页。
②　吕新雨:《新乡土主义,还是城市贫民窟?》,载《开放时代》2010年第4期。
③　赵月枝:《传播与社会:政治经济与文化分析》,中国传媒大学出版社2014年版,第294页。

附录一

三报有关留守儿童的媒介呈现编码本

有关报纸新闻报道的基本框架信息

一、报纸名称

1.《光明日报》
2.《四川日报》
3.《南方都市报》

二、新闻类型

1. 纯净新闻
2. 特稿与特写
3. 评论
4. 其他

三、报道主题

1. 关爱类
2. 评价类
3. 表彰类
4. 性侵害留守儿童
5. 暴力伤害留守儿童
6. 留守儿童犯罪
7. 留守儿童非正常死亡
8. 留守儿童努力上进
9. 父母艰辛
10. 留守儿童孤苦的生活
11. 其他

四、新闻报道消息来源

1. 记者
2. 政府
3. 企业

4. 事业单位

5. 公益团体

6. 专家学者

7. 政府领导、政协或人大代表

8. 农民工或留守儿童

9. 其他

五、呈现形象

1. 积极健康的形象

2. 可怜悲惨的形象

3. 被关爱沐恩的形象

4. 问题儿童的形象

5. 其他

六、关爱方式

1. 一次性捐款捐物

2. 顺路探访

3. 心理疏导

4. 硬件改造或建设

5. 相关部门或领导人慰问

6. 免费活动

7. 长期资助项目

8. 其他

七、关爱主体有

1. 政府部门

2. 企业

3. 事业单位

4. 公益团体

5. 个人

6. 其他团体

7. 其他

八、表彰奖励的新闻主体分

1. 政府

2. 企业

3. 事业单位

4. 公益团体

5. 个人

留守儿童性别形象呈现维度的编码框

分析项目	变量	操作定义
分析报道主题中性侵害留守儿童新闻中留守儿童的性别	1.男 2.女 3.性别不明 4.男女都有	新闻有明确指出男或女,通过文字指出性别,比如使用"他"或"她","男孩"或"女孩","儿子"或"女儿"等等明确表示性别的。新闻中虽然没有使用文字表明男女,但有新闻图片,那么依据具体图片上出现的留守儿童判断性别;性别不明是指,没有报道个体的留守儿童性别,而是泛泛谈留守儿童,比如四川省留守儿童数量多,这里的留守儿童即为性别不明的表述;男女都有,是指一篇报道里面,出现了个体的留守男童和留守女童,男女性别都有表现的新闻报道。
分析报道主题中暴力伤害留守儿童新闻中留守儿童的性别	1.男 2.女 3.性别不明 4.男女都有	
分析报道主题中留守儿童犯罪新闻中留守儿童的性别	1.男 2.女 3.性别不明 4.男女都有	
分析留守儿童积极健康媒介形象中的性别	1.男 2.女 3.性别不明 4.男女都有	
分析留守儿童可怜悲惨媒介形象中的性别	1.男 2.女 3.性别不明 4.男女都有	
分析留守儿童被关爱沐恩媒介形象中的性别	1.男 2.女 3.性别不明 4.男女都有	
分析留守儿童问题儿童媒介形象中的性别	1.男 2.女 3.性别不明 4.男女都有	

附录二

一、《河源龙川黎咀镇魏洞村留守儿童约 70 人》

魏洞小学三年级学生谢鸿燕的家,房子是最常见的样式,砖头砌成,内外墙都不加粉刷和装饰,看起来粗糙、灰暗。

进门就是厅堂,除了一张饭桌,一张旧沙发,一台老电视,厅堂里面有些空荡。厅堂和厨房之间挂着一盏日光灯,为两个房间同时照明,省电,但亮度都不足。厨房里一个大灶台,柴火暗红。

谢鸿燕揭开了大锅盖,里面放着她刚做好的清炒空心菜。她麻利地把菜端上饭桌,再盛了一碗饭,低着头,一个劲地扒饭。这就是她的晚餐。这是一个羞涩、内向的小女孩,眼睛水灵,但身体瘦弱。小小的年纪已经担起了家里所有的家务活。邻居说,她时常两三个月没有吃过一块肉。

谢鸿燕的爸爸去年年末病逝后,家里完全没有了收入,仅靠村里面的低保费维持生计,连青菜也是 77 岁的爷爷下地所种才能吃得到。第二天早上 6 点钟,谢鸿燕起床生火,把昨晚的剩菜剩饭热好,洗完碗筷,才背起书包去上学。她的红色小书包上印着"喜羊羊"的卡通形象,这是今年春节外公给她的礼物。她很喜欢看这部动画片,为了省电,却极少开电视。电视也几乎成了家里面的摆设。

谢鸿燕很少和别人交流。面对记者的提问,她也几乎不作回答,只是害羞地笑着,身子往后缩。但是,她读起课文却抑扬顿挫,很有感觉。

"你想得到什么东西吗?"小女孩想了半天,说不出她想要什么,只是摇头:"我不要。"最后,经不住提问,才一笔一画地在纸上写下:"想要学习用品。"

谢鸿燕的理想是当一名老师。她还很单纯,很懵懂,不知道自己随时面临失学的危险。记者离开谢鸿燕家,回头看到她家的门楣上贴着红色的横批"鸿福"两个大字映入眼帘。

漏雨的屋:"是我的水帘洞"

9 岁的小男孩谢杭经常梦到爸爸、妈妈带着他一起出去玩,醒来后却只能在被窝里流眼泪。他的爸爸、妈妈常年在佛山打工,仅在每年春节的时候才回家。那几天是谢杭最快乐的时光,妈妈会给他买来一套新衣服和一些文具。爸妈去佛山之后,尽管和爷爷、奶奶住在一起,谢杭却感觉到了孤独。

6 月 22 日午后,黎咀镇魏洞村下了一场阵雨。我们来到谢杭家里,有 40 年历史的老房子,屋顶瓦片坏了半边,雨后还往厅堂里滴水。地上摆满了大大小小的水桶和脸盆,都是漏水时用的。"实在没有钱修这屋子!"爷爷谢东明说,谢杭出生不到一年,父母就去佛山的铝合金厂和制衣厂做工,至今八年,但每个月 1000 元左右的工资仅够他们自己生活,一年往家里寄的钱还不到 3000 元。

谢杭肯定还不知道钱的意义。虎头虎脑的他在漏水的屋顶下窜来窜去,说,"这是我的水帘洞"。

将近下午 2 时,谢杭突然光着脚往外跑。"他怕上学迟到。"爷爷说。谢杭是一年级学生。魏洞村人口近 3000,但村里的大部分劳力都出外打工。

谢杭跟其他处在这个年龄段的小男孩一样,顽皮,爱玩。他的文具盒里面,放着两个捡到的拉链头。那是他的玩具。

当记者问及他的愿望,他毫不犹豫地说:"自行车!"爷爷说,谢杭喜欢骑自行车,3 岁就能骑着小单车在家门口的空地上转圈,现在能骑着在村道上飞奔。不过,那都是从邻居家里借的自行车,他从来没有一辆属于自己的自行车。

"骑车感觉很快。"谢杭一手托着下巴若有所思地说,有了自行车,他总有一天会去更远地方。也许是找爸爸和妈妈!(《南方都市报》2010 年 6 月 30 日)

二、《每 4 个留守儿童中就有 1 个存在心理孤独问题》

由广厦集团和浙江省妇女儿童基金会共同发起设立的"广厦·明基金"启动暨"母亲邮包"捐赠新闻发布会日前在杭州召开。发布会上,广厦集团联合浙江大学等高校成立的广厦民生研究院向社会发布了首期"全国留守儿童心理孤独指数"。

调查显示,目前我国留守儿童心理孤独平均指数为 40.44,26.9% 的留守儿童的心理孤独指数大于等于 46,每 4 个留守儿童中就有 1 个存在心理孤独问题。中国妇女发展基金会副理事长甄砚表示,留守儿童心理孤独指数的研究使企业的捐赠更趋于理性和针对性,彰显了企业回报社会造福群众的使命感和责任感。(《光明日报》2014 年 10 月 19 日)

三、《妈妈在电话里的心酸》

一位出外打工的母亲,大年三十晚上,只能跑到电话亭跟年仅周岁的儿子煲了一个小时的"电话粥"。当离别已久的母亲回到了家,儿子竟不认识妈妈了,母亲问:"你妈妈在哪?"儿子天真地说:"妈妈在电话里。"

据数据显示:目前我国有超过 2200 万的留守儿童,这个数字每年还在继续增加。一个健康人生的塑造,儿童期的父母呵护至关重要。从孩子的角度考虑,不怕再穷再苦,就是不能缺少父母的爱抚。让留守儿童不再留守已成当务之急。我们是否能多点从"补"家庭教育的缺失,"续"正常的父母依恋亲情的方向考虑,各地政府联起手来,让更多的农民工出门打工时都能带上儿女,为他们创造一种稍微好一点的生存和生活条件呢?(《南方都市报》2007 年 4 月 15 日)

四、《儿童安全教育问题出在哪?》

近日,接二连三的侵害儿童案件被报道出来:10 月 3 日,江苏扬州 7 岁女孩遭性侵后被害;10 月 6 日,河南平舆多个小孩当街被砍;10 月 8 日,杭州萧山 12 岁男孩被杀;10 月 12 日,北京一老师带 12 岁女学生 3 个月开房 9 次被公开报道。

这些泯灭人性的伤童案件,留给亲人无尽的悲痛与眼泪,也给社会写下一个大大的"问号"——儿童安全教育,问题出在哪?

留守儿童多的地区是性侵高发地

被砍、奸杀、性侵,一系列本不属于纯真孩子的词汇,最近却频频出现在他们身上,让人不禁扼腕叹息。据了解,今年 4 月以来,重庆市第五中级人民法院一审受理以故意杀人罪起诉的刑事案件 17 件,其中被害人为幼儿的 3 件 5 人,占该类案件收案数的 17.65%。

"就目前而言,男女童遭受的安全问题也有差异。男童的意外伤害较多,而女童遭受性侵犯较多。"首都师范大学教育学院副教授李文道指出,女童性侵案件中,侵犯者 7 成以上是校长、教师,大多发生在偏远地区,多为熟人作案。

"近年来,一些统计数据显示,乡村,尤其是留守儿童多的空心化地域是性侵的高发地。"华中师范大学教育学院教授范先佐说。同时,中华社会救助基金会儿童安全基金女童保护项目发布的《2013—2014 年儿童安全教育及相关性侵案件情况报告》显示,乡村地区是性侵儿童案件的重灾区。过去一年曝光的 192 起性侵儿童案件中,至少有 106 起发生在乡镇、农村地区,占总量的 55.21%。而江苏淮阴检察院的官方数据显示,该院近 3 年共办理猥亵、性侵未成年人案件 14 件 17 人,而猥亵、性侵对象是农村留守女童的就占到了 10 件 13 人。

家庭教育不能缺位

事实上,1996 年我国就设立了"全国中小学生安全教育日";2007 年颁布了《中小学公共安全教育指导纲要》,意在加强中小学公共安全教育;今年年初颁布了对中小学教师违反职业道德行为的处理办法。

为何政府部门的"三令五申",依然无法铲除孩子身边的安全隐患?

"父母是孩子成长的第一任老师。对于很多孩子来说,家庭教育往往会缺位。"河北省清河县孙洼校区常务副校长顾西凯认为,当前人口大规模流动导致部分子女和父母分离,"隔代长辈多代为承担监护责任,使家长监护作用弱化了,安全隐患也就随之出现。"

"父母在身边时更容易发现问题,有更多机会进行安全教育,而留守儿童没有这个条件,这让部分孩子在面临侵犯时甚至都不自知。"范先佐补充道,"城镇地区的人口流动率高、密集度高,也使社会治安比以往更难维持。学校和家长的监护存在漏洞,更容易被坏人利用,对孩子造成侵害。"

据了解,美国有一些州规定孩子幼年阶段不能在无人陪伴的情况下独自停留在一个场所,一经发现,家长会被起诉甚至剥夺监护权利。李文道呼吁,家长要更好地做好监护工作,提高安全保护意识,"这才能有效改善儿童安全问题,而且绝大多数家长并不是没有能力做好监护工作,而是缺乏安全保护的意识"。

范先佐认为,各级各类学校普遍存在安全教育缺失和滞后的情况。"例如今年发生多起大学女生失联,最后被害的事件。这一方面说明了社会治安存在问题,另一方面也说明学校安全教育没跟上。大学生尚如此,中小学生的情况就更不容乐观了。"

(《光明日报》,2014 年 10 月 22 日 06 版)

五、《安徽潜山县连续三年留守女童遭遇极端事件伤害留守农村的"花蕾"为何频频凋谢?》

连续三年,安徽潜山县都因为留守女童的相关事件引起广泛关注。

2013 年,网曝安徽潜山一小学校长 12 年中先后对 9 名女童进行性侵犯,最小的年仅 6 岁;2014 年,网曝潜山县一名 12 岁留守女孩被强奸杀害抛尸;今年 6 月,潜山县一名 11 岁的留守女孩,喝农药自杀……这些含苞待放的"花蕾",为何频频遭遇极端事件的伤害? 成长的路上缺失了父母的陪伴,到底给她们的生活带去了怎样的缺痕? 正值暑期,留守的孩子离开了学校,更加缺少监护,她们到底过得怎么样?

年龄有多大,留守时间就有多长刘思圆,11 岁,潜山县天柱山镇河西村人。对于这个腼腆的女孩而言,年龄多大,留守的时间就有多长。

8 个月大时,刘思圆的父母就外出打工;十多年来,只有逢年过节才能回乡陪她。长年的留守经历,让她说话的时候几乎都低着头,"有时一些心里话,不想和别人说,就只能自己写在纸上"。

据潜山县统计,目前这个国家级贫困县近 60 万人口中,外出务工人员有约 12 万,农村留守儿童比例达 90% 以上。潜山县目前有义务教育阶段学生 6 万多人,留守儿童近 3 万。

以潜山县天柱山镇河西村为例,河西村林郭慈贞纪念小学校长周晓春统计,目前该校学生共有 109 人,留守儿童的比例在 93% 左右,"女生占比稍微偏多一点"。

由于缺乏来自父母的直接保护,留守儿童普遍存在生活失助、学业失教、安全失保、心理失衡等现象。

华中农业大学的老师张莉华带领学生志愿者在潜山县开展"雨露·中国"蒲公英支教活动。她和学生在与留守儿童的接触中,发现留守女童往往表现出:细心敏感、希望人陪伴;对年长于自己的异性容易产生信任和依赖;安全知识匮乏、自我保护能力较弱等特点。

留守女童不知该向谁求助

社会调研报告《潜山县农村留守儿童现状调查》显示,从留守儿童管护的情况看,父母同时外出务工,由爷爷奶奶或外公外婆管护的,占总数的 52.6%;由亲戚朋友托管的占 6.5%;留守儿童自我管护的占 17.3%;此外,留守儿童与留守在家的父亲或母亲一起生活的占 23.6%。

事实上，所有留守儿童，不管是学习还是生活上，都表现出很强的无助感，具体到女童群体，一些问题则更加突出。

记者采访中，很多留守女童反映爷爷奶奶很少能回答自己学习中遇到的问题。由于是隔代教育，一些留守女童表示，平时沟通并不多，遇到生理安全方面的问题时，"不晓得问谁"。

潜山县天柱山镇林庄村的吴贻芬（化名）今年 14 岁，从 1 岁起就留守家乡由爷爷奶奶抚养；几年前爷爷去世后，她与奶奶相依为命。"奶奶身体不好，有时候好几天都躺床上不能下床。"她说，青春期时很害怕，不知道怎么办，只好问学校里的同学，幸好一些有过经历的同学教她怎么处理。

刘思圆 10 岁时开始发育，但并不具备生理知识；当初次来月经时，她吓得跑去找奶奶，说："奶奶我身上疼"，这才被发现。

记者采访中发现，留守女童对青春期大多经历过恐慌到一知半解的状态，他们的青春期知识大多来源于身边的伙伴或者奶奶。"雨露·中国"蒲公英支教活动的大学生志愿者告诉记者，他们在支教过程中发现，留守儿童的生理知识几乎处于空白状态，所以"性教育"是他们支教的重要一课。

此外，留守女童的安全问题也比较突出。潜山县妇女联合会主席严爱莲介绍，现在农村的学校由于生源少，往往不是一个完全的校区，往往是好几个年级的学生聚在一个班级上课，即所谓的"复式班"，一般被称为教学点。

"有的教学点往往只有一两个老师，从老师的角度而言，长期住在交通闭塞的村里，身边缺少可以交流的同龄人和家人，往往也会造成他们做出异常举动。"严爱莲说。与此同时，农村地区针对女童的心理、生理、安全等方面的教育十分缺乏，留下了女童保护的安全隐患。

记者在潜山县采访中了解到，目前多个部门均有涉及留守儿童帮扶工作，留守儿童的活动也更加丰富多样，但总体而言存在安全知识教育匮乏、帮扶活动碎片化的问题。严爱莲坦言，妇联工作的职能很多，但是手段很弱化。

父母已缺位，社会力量如何补位？

记者采访中，不少业内人士都强调，父母始终是孩子的第一监护人，必须要让一些家长特别是农村家长意识到，自己作为子女第一监护人的责任和义务。

"许多孩子都是因为离开监护人的视野而发生意外。一些家长认为把孩子送进学校就可以了，这种法律和责任意识的缺失是必须补上的一课。"严爱莲说。

那么，在留守儿童父母已经缺位的现实情况下，社会力量又能做什么？

潜山县妇联工作者、村级组织和志愿组织等建议，首先应当建立起孩子身边的救助体系，发挥村级组织的力量，动员村级妇联工作者、学校、留守妇女等多方面参与，拓宽留守儿童向身边人求助的管道，尤其是留守女童，要确保她们在遇到突发状况时能及时获得有效帮助。

同时，用政府购买服务的方式，将支教留守儿童、心理咨询等志愿活动常态化。儿童保护专家们建议，搭建合格志愿组织的平台，由志愿组织对项目从专业角度进行细化,将活动方案、所需的资金、责任划分清晰明确。让政府可以找到成熟的志愿组织,将支教等志愿活动变成政府购买的一种服务,使留守儿童的帮扶活动能够更加专业,也更有针对性,形成长期有效、常态化的帮扶机制。为留守儿童特别是女童提供除了家人、老师之外的心理疏导管道。

另外,完善流动人口子女入学政策,补充村级师资力量、加强其思想道德工作,开设安全知识教学课程等,都需要同步并进,力求形成家庭、学校、社会三位一体的体系,保障留守儿童的安全。

(《南方都市报》2015 年 8 月 9 日)

六、《女童之死折射"留守儿童"之困》

黄小丹走了,倒在亲生父亲的棒头下,这一典型人伦惨剧经本报报道后引发热议。而父母来深打工,孩子留在农村家中——像黄小丹这样的"留守儿童"因与父母缺少沟通,为此引发的案件层出不穷。对此,社会各界人士纷纷呼吁关注像黄小丹一样的"留守儿童"们。

五岁女童黄小丹遭生父暴打不治身亡。昨日,光明警方东周派出所有关办案民警称,女童或因遭殴打致皮下大面积出血致死,但最终死因要等尸检结果决定。有律师称,假如死者父亲黄春经常对孩子施虐,最高可判死刑。

"孩子最明显的是两大腿上端的瘀伤。"办案民警说,黄小丹两大腿被打瘀肿,面积不小,双上肢及背部也有伤但不太明显,两脚踝处有陈旧性勒痕。较外伤出血而言,皮下出血不易被发现,但若大面积皮下出血,致人死亡的危险性更大,容易造成失血性休克死亡。不过女童死因最终要由尸检结果决定。

对此人伦惨剧,广东国晖律师事务所律师李军表示,即便黄小丹是黄春的亲生女儿,其出发点是为教育孩子,如果经常性殴打孩子,同样构成虐待家庭成员罪,如严重伤害孩子致死,也将会从重惩处。情节严重的话,将被判处 3 年以上有期徒刑,甚至是死刑。

但李军也表示,考虑到黄春是家里的顶梁柱,被判刑后其家庭将受到严重影响,而且其老婆怀有身孕,家中还有老人及大女儿要抚养,量刑上如果考虑这些因素,可能会判 3 年以上 15 年以下有期徒刑。

七、《关注"留守儿童"》

深圳市政协委员　杨一平

要首先解决劳务工户籍问题杨一平表示,劳务工的打工方式是流动性的,受我国现有法律制度、政策制约,劳务工的孩子们没法跟父母一起生活,所以形成"留守儿童"这一特殊群体。父母对孩子的呵护教育最重要,但迫于生存压力,劳务工没法经常与孩子沟通,缺乏必要的家庭教育,孩子对父母很生疏,农村的老人们没能力承担对孩子的教育责任,致使"留守儿童"性格大多内向孤僻,与父母、与他人、与社会沟通有障碍。

"要解决留守儿童的教育问题,必须解决长期在深圳做贡献的劳务工的户籍问题。"杨一平说,深圳应该从制度上着手制定方案,保障劳务工及"留守儿童"的合法权益。

父母应多听孩子怎么说

深圳学前教育专业委员会理事长　王琪琪

王琪琪称,"留守儿童"长期和父母不在一起,缺少父爱、母爱,孩子对父母很生疏,而且不愿交流。长期以来,"留守儿童"的性格内向、不开朗、不自信、叛逆性强,这种性格上的缺陷,表现出来就是和人对立,和父母对立,黄小丹的悲剧就是这样造成的。

"父母应该给孩子对一点关心,拉进与孩子的距离,让孩子多说话,说出心里话。"王琪琪说,对"留守儿童",父母应该有个认识,那就是虽然待在一起的时间少,但是有血缘关系,只要接近孩子,让孩子认识到父母都在爱着他,孩子很容易和父母亲近的。此外,5岁左右是孩子的第一个逆反期,父母要懂得这个年龄段孩子的特点,这个年龄段的孩子有了些自己的想法,不是什么都不懂,所以,父母不应该糊弄孩子,更不应该动辄就打骂孩子,应该多听孩子怎么说,给孩子讲道理。

北京师范大学心理学院博导沃建中"留守儿童"不是问题儿童沃建中认为,儿童时期的心理状况是人生发展最为关键的时期。缺少父母关爱的留守儿童,易出现坐立不安、活动增多、注意范围减小等不正常的心理现象,他们在生活中好面子、自尊心强、不轻易向人表露。加上老人容易过分溺爱孩子,为孩子承担起一切,使孩子变得没有信心和责任心,形成心理和行为障碍。此外,留守儿童由于长期得不到父母的温暖,感到寂寞和孤独,在行为上也会缺乏社交技巧、情感淡漠,时间长了就容易形成儿童孤独症,严重的甚至会影响到儿童的智力。

"留守儿童问题不应该作为一个家庭问题,它其实是社会问题。"沃建中表示,农民外出打工的生态周期与他们子女的教育培养周期形成了一个永远没有交会点的并行线,"留守儿童"没有得到足够的、完整的、有爱的家庭生活,但"留守儿童"不是问题儿童,这一群体的问题不解决好,不仅关系着这些孩子的健康成长,还关系着这些家庭的幸福和稳定,甚至影响到社会稳定。

(《南方都市报》2009年9月18日)

七、《团圆有多远》

随着农村进城务工人口的增多,农村留守儿童面临一个新的问题:学校有了,父母"没了";知识近了,亲情远了;收入多了,快乐少了。这是亟待关注和解决的问题。

"城市化"是现代社会发展模式的趋势。大量青壮年农民涌入城市,但大部分农民工无力供养子女在城市生活、学习,不得不选择"一家两地"的生活。这显然不是一种稳定的状态。家庭是一个社会的细胞,2.3亿农民工和5800万留守少年占到了我国总人口的五分之一,这些家庭的健康和幸福应当是全社会的责任。

(《四川日报》2011年12月22日)

八、《"留守学生之家"覆盖凉山17个县市,但部分活动室已被闲置》

4月3日,记者来到刚刚挂牌几天的西昌市经久乡中心校"留守学生之家"。因为是上课时间,活动室里没有人,几十本书籍整齐地摆放在柜子里,还有电视、电脑、电话、DVD 播放机等。

据经久乡中心校副校长郑志天介绍,3 月 26 日活动室成立后,每周工作日的中午和下午都会开放,供留守学生放学后来这里看书、学习、上网,还可以给父母打免费长途电话。

2008 年,按照全省统一部署,凉山州开始推广设立"留守学生之家",目前全州已建立一百多所"留守学生之家",覆盖全州 17 个县市。

近日,记者走访发现,虽然设立容易,但部分爱心活动室存在后续管理难以跟进的难题。

设立热情高持续运行难

在西昌市长安街道长安村村委会一间办公室里,海天药业 2008 年捐赠的图书、电脑都还摆放着,但几乎没有什么人来使用了。"这两年西昌经济社会快速发展,长安村很多外出务工的村民返乡,在家门口打工,全村父母都外出的留守儿童很少了。"长安村团支部书记梁国军告诉记者,此外,村里适龄儿童基本都入了学,学校对于留守儿童会开展一些关爱行动,在学校也可以阅览图书、上网等,因此没有人专门到村委会这间活动室来了。

据共青团西昌市委相关负责人介绍,目前全市已建立了十多个"留守学生之家",大部分地方都存在后续管理难以跟进的情况。"与企业合作新建时,他们的热情很高,但几年后设备需要更新换代时,就比较麻烦了,尤其是一些外地企业,基本找不到联系人了。"该负责人介绍,活动室的管理存在一定难题,尤其对于村上来说,人手本来就少,加之志愿者缺乏,"留守学生之家"仅仅能提供开关门、打扫卫生等基本日常管理服务,"总体来看,设立在学校的'留守学生之家'持续运行情况远远好于设立在村上的,学校综合资源多,而且留守学生也比较集中。"

软硬件升级更盼志愿者

记者查询资料得知,全省"留守学生之家"建设的标准中,要求"五个一"基本设施,即一台电脑(能上网),一部亲情电话,一套青少年读物,一台电视机,一台 DVD 播放机,虽然各地根据实际情况进行了调整,但大部分都按照此模式给留守学生提供了一个小小的爱心活动室。

但在留守学生谢成洪看来,这样的标准有一点过时了。"以前要上网、看电视、打电话,是一件困难的事,但现在,只要在经济不是特别落后的地方,自己家里就可以满足,很少有学生再为此专门到村上设置的活动室里去。"

据共青团凉山州委综合部部长钟继娟介绍,目前,团州委正在跟爱心企业洽谈,拟在原有的部分"留守学生之家"基础上建设星级'留守学生之家',除了提升改造硬件,还会在志愿者管理制度等方面提出一定要求。"但由于经济社会等原因,凉山志愿氛围并不浓厚,尤其是关爱留守学生这类需要耗费时间、精力较多的志愿活动,与简单的捐款捐物等相比,愿意参与的人更少,这需要长期的引导和探索。"凉山一位从事扶贫助学、青少年关爱等志愿活动的专职志愿者说。

（《四川日报》2014年4月10日）

九、《河源访绿洲仙境——奔驰车主爱心自驾游探访河源留守儿童》

5月21日上午,20多台奔驰轿车组成自驾游车队,携着爱心,带上轻松,从东莞仁孚（南城店）出发,开始了这一段快乐而又有意义的旅程。这次活动是由东莞仁孚（南城店）与南方都市报共同主办的。

此次活动的第一站是万绿湖。这个湖是华南地区最大的人工湖,拥有370平方公里的浩渺碧水,1100平方公里的延绵青山以及360多个绿色岛屿。车主一行首先登上游船,感受在浩渺湖水中畅游的快感。（节选）

作为本次自驾游活动的重要主题,车友们在第二天一早便来到了当地留守儿童较多的中洞小学,虽然是周末,但是住在附近的同学还是一早就赶来学校进行迎接,这让车友们非常感动。根据事先与中洞小学校长的沟通,东莞仁孚（南城店）带来了一批新华字典捐赠给所有学生人手一本。在活动组织工作人员一声"我就不多说了,大家有钱出钱,有力出力"简短的讲话之后,车友们都开始了自发捐款,短短时间内筹集了7600元善款,而这笔钱将用于44名贫苦学生一个学期的"爱心早餐"费用支出。

在活动中,当得知不少同学因为每天要爬山过河,步行近2个小时才能到达学校而没有时间吃早餐时,同行的车友们一方面在表达对留守儿童同情的同时,也借机对自己的小孩进行教育,让不愁吃穿的城市小孩上了一节素质教育课（省略）。

此次活动的最后一站定在了苏家围,这是一个有着"南中国画里的客家乡村"之称的地方。（节选）

（南都记者 魏启扬河源访绿洲仙境—奔驰车主爱心自驾游探访河源留守儿童《南方都市报》2011年5月26日）

参考文献

一、中文著作

1.陈世海、詹海玉、陈美君、文四海:《留守儿童的社会建构:媒介形象的内容分析——兼论留守儿童的"问题命题"》,载《新闻与传播研究》2012年第2期。

2.陈阳:《框架分析:一个亟待澄清的理论概念》,载《国际新闻界》2007年第4期。

3.陈在余:《中国农村留守儿童营养与健康状况分析》,载《中国人口科学》2009年第5期。

4.曹建文:《从自身定位出发以融合为抓手——〈光明日报〉宣传践行社会主义核心价值观的实践经验》。载《传媒》2015年第5期。

5.曹钦:《留守儿童的媒介形象分析—以〈中国青年报为例〉》,载《东南传播》2013第1期。

6.操慧、肖玉圆:《我国党报构建亲和力的互动文本策略——以〈四川日报〉2009年报网互动专版"网谈博客"为例》,载《西南民族大学学报(人文社科版)》2010年第12期。

7.操圣宁:《关于报纸媒体对留守儿童模式化报道的探究——以〈羊城晚报〉和〈重庆商报〉的报道为例》,载《新闻知识》2011年第11期。

8.杜涛:《框中世界——媒介框架理论的起源、争议与发展》,北京知识产权出版社2014年版。

9.邓大才:《农民打工:动机与行为逻辑——劳动力社会化的动机—行为分析框架》,载《社会科学战线》2008年第9期。

10.段成荣、吕利丹、郭静、王宗萍:《我国农村留守儿童生存和发展基本状况——基于第六次人口普查数据的分析》,载《人口学刊》2013年第35期。

11.段成荣、周福林:《我国留守儿童状况研究》,载《人口研究》2005年第1期。

12.段成荣、杨舸:《我国农村留守儿童状况研究》,载《人口研究》2008年第32期。

13.段成荣、杨舸:《中国农村留守女童状况研究》,载《妇女研究论丛》2008年第89期。

14.樊拥军:《关爱留守儿童报道如何改进、提升》,载《中国记者》2012年第4期。

15.方烨年:《农村1000万"留守儿童"状况堪忧》,载《经济参考报》2005年1月8日。

16.风笑天:《独生子女:媒介负面形象的建构与实证》,载《社会学研究》2010年第3期。

17.费孝通:《乡土中国生育制度》,北京大学出版社1998年版。

18.傅海峰:《遗失的关爱——论农村少儿题材电视表现的缺失》,苏州大学 2010 年硕士毕业论文。

19.高亚兵:《农村留守儿童心理健康状况及人格发展特征》,载《中国公共卫生》2008 年第 8 期。

20.关颖:《新闻报道中父母对孩子家庭责任的扭曲》,载《新闻记者》2014 年第 6 期。

21.郭庆光:《传播学教程》。人民大学出版社(第二版)2011 年版。

22.郭婉芬:《浅谈独生子女的学校教育》,载《兰州学刊》1989 年第 6 期。

23.郜琪:《论电视媒介的农村留守现象报道——以中央电视台报道为例》,吉林大学硕士毕业论文,2014 年。

24.郝振、崔丽娟:《自尊和心理控制源对留守儿童社会适应的影响研究》,载《心理科学》2007 年第 5 期。

25.黄海:《从留守儿童到乡村"混混"》,载《当代青年研究》2008 年第 7 期。

26.黄旦:《新闻传播学》,浙江大学出版社 1997 年版。

27.黄旦:《传者图像:新闻专业主义的建构与消解》,复旦大学出版社 2005 年版。

28.黄楚新:《十八大以来党中央新媒体理论的显著特色》,载《前线》2016 年第 12 期。

29.江立华:《乡村文化的衰落与留守儿童的困境》,载《江海学刊》2014 年第 4 期。

30.贾云:《从社会建构主义视角反思农村留守儿童研究》,载《理论界》2010 年第 10 期。

31.孔海娥:《转型期农村抚育模式与家庭结构的变迁——以湖北省浠水县柳树铺村为例》,载《江汉论坛》2011 年第 8 期。

32.李彬:《全球新闻传播史》,清华大学出版社 2005 年版。

33.李彬黄卫星:《从去政治化到再政治化——读赵月枝〈传播与社会:政治经济与文化分析〉》,载《新闻大学》2012 年第 1 期。

34.李虎:《论"外出打工"的仪式过程与意义——基于桂西壮乡伏台的田野考察》,载《广西民族研究》2014 年第 2 期。

35.李金铨:《大众传播理论》。三民书局 1981 年版。

36.李希光:《转型中的新闻学》,南方日报出版社 2005 年版。

37.李希光、刘康:《妖魔化中国的背后》,中国社会科学出版社 1996 年版。

38.李艳红、刘晓旋:《诠释幸福:留守儿童的电视观看——以广东揭阳桂东乡留守儿童为例》,载《新闻与传播研究》2011 年第 1 期。

39.李庆丰:《农村劳动力外出务工对"留守子女"发展的影响》,载《上海教育科研》2002 年第 9 期。

40.李瑞芳:《框架与新闻文本之建构》,江西师范大学 2007 年硕士学位论文。

41.李梦杰:《留守儿童新闻报道研究》,苏州大学 2013 年硕士毕业论文。

42.刘强:《框架理论:概念、源流与方法探析——兼论我国框架理论研究的迷误》,载《中国出版》2015 年第 8 期。

43.刘志军:《留守儿童的定义检讨与规模估算》,载《广西民族大学学报(哲社版)》2008年第3期。

44.刘宪阁:《变形的〈变形计〉》,载《青年记者》2014年第13期。

45.刘康:《新时期农民工队伍结构变化及其社会影响》,载《农村经济》2009年第8期。

46.刘晓东:《儿童读经能否读出道德中国》,载《中国教师》2005年第6期。

47.陆学艺:《农民工问题要从根上治——访陆学艺》,载《读书》2003年第7期。

48.罗文辉:《新闻记者选择消息来源的偏向》,载《新闻学研究》1995年第50期。

49.罗晓岗、陈岚、向军:《"六个统一"的立业之道——〈四川日报〉60年持续创新的思考》,载《中国记者》2012年第11期。

50.吕新雨:《新乡土主义,还足城市贫民窟?》,载《开放时代》2010年第4期。

51.马文华:《儿童观的现代困境与出路》,载《基础教育研究》2014年第8期。

52.倪炎元:《从语言中搜寻意识形态:van Dijk的分析策略及其在传播研究上的定位》,载《新闻学研究》2013年第114期。

53.潘忠党:《架构分析:一个亟需理论澄清的领域》,载《传播与社会学刊》2006年第1期。

54.潘璐、叶敬忠:《农村留守儿童研究综述》,载《中国农业大学学报(社会科学版)》2009年第2期。

55.秦志希、刘敏:《新闻传媒的消费主义倾向》,载《现代传播》2002年第1期。

56.钱珺、文飞:《泛娱乐化时代媒介社会责任的重塑——以〈职来职往〉为例》,载《现代传播》2012年第8期。

57.孙顺其:《留守儿童实堪忧》,载《教师博览》1995年第2期。

58.孙莉:《中国大陆报刊媒体留守儿童报道的框架分析》,上海外国语大学2013年硕士毕业论文。

59.谭深:《中国农村留守儿童研究述评》,载《中国社会科学》2011年第1期。

60.陶萄:《〈人民日报〉留守儿童形象研究(2000—2011)》,南京师范大学硕士毕业论文,2013年。

61.王艳波和吴新林:《农村"留守孩"现象个案调查报告》,载《青年探索》2003年第4期。

62.王志方:《"留守"别解》,载《语文学习》1993年第5期。

63.王彦:《沉默的框架:框架理论六十年的时间脉络与空间想象》,载"中华传播学会2016年学术研讨会"发表之论文,2015年7月。

64.王贵斌、陈敏直:《文化规范与新闻框架》,载《当代传播》2005年第3期。

65.王爽:《党报视野中的留守儿童报道——以〈人民日报〉留守儿童报道为例》,载《东南传播》2009年第5期。

66.王圣军、张宇:《城市本位论制约了我国三大都市圈的发展》,载《开放导报》2007年第5期。

67.王石番:《传播内容分析法:理论与实证》。台北幼狮文化事业股份有限公司

1996 年版。

68.韦克难、陈晶环和张琼文:《留守儿童成长问题及其形成原因、治理对策》,载《贵州省党校学报》2017 年第 5 期。

69.翁秀琪等:《新闻与社会真实建构——大众媒体、官方消息来源与社会运动的三角关系》,台　三民出版社 1997 年版。

70.肖利珍:《〈光明日报〉与〈中国青年报〉留守儿童报道研究》。湖南大学 2010 年硕士毕业论文。

71.谢茜:《关于留守儿童的新闻框架研究——以〈中国青年报〉为例》,载《传播与版权》2014 年第 2 期。

72.叶浩生:《量化研究与质化研究:对立及其超越》,载《自然辩证法研究》2008 年第 9 期。

73.叶晓楠:《5800 万农村留守儿童期待关爱》,载《人民日报海外版》,2008 年 2 月 28 日 .004 版。

74.杨东平:《陈旧教育体制下的星星之火》,载《凤凰周刊》2015 年第 36 期,取自:http://www. anyv. net/indeX. php/article-129890。

75.严海蓉:《虚空的农村和空虚的主体》,载《读书》2005 年第 7 期。

76.叶敬忠等:《对留守儿童问题的研究综述》,载《农业经济问题》2005 年第 10 期。

77.叶敬忠、王维:《改革开放四十年来的劳动力乡城流动与农村留守人口》,载《农业经济问题》2018 年第 7 期。

78.叶敬忠:《留守儿童的教育与成长困境》,载《人民政协报》2015 年 11 月 4 日第 010 版。

79.曾学红:《留守儿童报道特征研究——以〈中国青年报〉为例》,西南大学 2013 年硕士毕业论文。

80.赵旭东:《乡村成为问题和成为问题的中国乡村研究》,载《社会科学》2008 年第 3 期。

81.臧国仁:《新闻媒体与消息来源:媒介框架与真实建构之论述》,三民书局 1999 年版。

82.臧国仁:《新闻媒体与公共关系(消息来源)的互动:新闻框架理论的再省》,香港炉峰学会出版社 1997 年版。

83.臧国仁:《新闻报道与真实建构:新闻框架理论的观点》,《中华传播学会年会论文》发表之论文,台北市 1998 年。

84.张洪忠:《大众传播学的议程设置理论与框架理论关系探讨》,载《西南民族学院学报》2001 年第 10 期。

85.张永强、耿亮:《农村留守女童遭受性侵害问题及防范对策研究》,载《预防青少年犯罪研究》2016 年第 3 期。

86.张志安:《新闻场域的历史建构及其生产惯习——以〈南方都市报〉为个案的研究》,载《新闻大学》2010 年第 4 期。

87.张锦华:《媒介文化,意识形态与女性:理论与实例》,台北正中书局 1994 年版。

88.张毅莲:《"瞬时消费主义"的解读与反思》,载《消费经济》2013年第6期。

89.张毅莲:《另一个可能的世界——读赵月枝〈传播与社会:政治经济与文化分析〉》,载《中国研究》2018年8月。

90.张家勇、朱玉华:《农村教育复兴的可能与方向》,载《中小学管理》2015年第10期。

91.张明皓、叶敬忠:《游戏商品化中的留守儿童》,载《探索与争鸣》2019年第4期。

92.张良:《农村文化与农村文化建设》,华中师范大学2010年博士论文。

93.张若男、张丽锦、盖笑松:《农村留守儿童是否有心理健康问题?》,载《中国心理卫生杂志》2009年第6期。

94.张桂林:《农村"留守儿童"新闻报道的缺失和对策》,载《山东省农业管理干部学院学报》,2011年第09期。

95.赵月枝:《传播与社会:政治经济与文化分析》,中国传媒大学出版社(第二版)2014年版。

96.赵月枝:《全球化背景下传媒与阶级政治》,载《文化纵横》201年第3期。

97.郑素侠:《农村留守儿童的媒介素养教育:参与式行动的视角》,载《现代传播》2003年第4期。

98.钟蔚文:《从媒介真实到主观真实》,正中出版社1992年版。

99.邹威华:《斯图亚特·霍尔的文化理论研究》,中国社会科学出版社2014年版。

100.周宗奎、孙晓军、范翠英:《农村留守儿童心理发展问题与对策》,载《华南师范大学学报:社会科学版》2007年第6期。

二、译著

1.[美]爱德华·霍尔:《超越文化》,何道宽译,北京大学出版社2010年版。

2.[意]艾格勒·贝奇、多米尼克·朱利亚:《西方儿童史》,申华明等译,商务印书馆2016年版。

3.[古希腊]柏拉图:《理想国》,郭斌和、张竹明译,商务印书馆1986年版。

4.[新西兰]贝尔、[澳大利亚]加勒特:《媒介话语的进路》,徐桂权译,中国人民大学出版社2016年版。

5.[法]菲利普·阿利埃斯:《儿童的世纪》,沈坚、朱晓罕译,北京大学出版社2013年版。

[美]大卫·帕金翰:《童年之死》,张建中译,华夏出版社2005年版。

[美]大卫·艾尔凯德:《萧瑟的童年:揠苗助长的危机》,除会昌译,中国轻工业出版社2009年版。

[美]盖伊·塔奇曼:《做新闻》,麻争旗、刘笑盈、徐杨译,华夏出版社2008年版。

[荷]凡·迪克:《媒介中的意见与意识形态》,徐桂权译,中国人民大学出版社2015年版。

[法]卢梭:《爱弥儿》,李平沤译,商务印书馆1978年版。

[德]马克思、恩格斯:《马克思恩格斯选集》第1卷,中央编译局译,人民出版社

2002 年版。

[美]马丁·李、诺曼·苏罗蒙:《不可靠的新闻来源》,杨月荪译,正中书局 1995 年版。

[意]蒙台梭利:《童年的秘密》,马荣根译,人民教育出版社 1990 年版。

[美]迈克尔·舒德森:《新闻社会学》,徐桂权译,华夏出版社 2010 年版。

[美]尼尔·波兹曼:《童年的消逝》,吴燕莛译,广西师范大学出版社 2009 年版。

[美]尼古拉斯·卡尔:《浅薄:互联网如何毒化了我们的大脑》,刘纯毅译,中信出版社 2010 年版。

[美]乔舒亚·梅罗维茨:《消失的地域:电子媒介对社会行为的影响》,肖志军译,清华大学出版社 2002 年版。

[美]欧文·戈夫曼:《日常生活的自我呈现》,冯钢译,北京大学出版社 2008 年版。

[美]沃尔特·李普曼:《舆论学》,林珊译,华夏出版社 1989 年版。

[美]约翰·W.克雷斯威尔:《研究设计与写作指导:定性、定量与混合研究的路径》,崔岩强译,重庆大学出版社 2016 年版。

[荷]图恩·梵·迪克(主编):《话语研究多学科导论》,周翔译,重庆大学出版社 2015 年版。

[荷]托伊恩·A.梵·迪克:《作为话语的新闻》,曾庆香译,华夏出版社 2003 年版。

[美]托德·吉特林:《新左派运动的媒介镜像》,张锐译,华夏出版社 2007 年版。

[美]约翰·杜威:《杜威教育论着选》赵祥麟、王承绪译,华东师范大学 1981 年版。

二、英文著作

1.Altheide David L. & Robert P. Snow. *Media logic. Beverly Hills*, CA: SAGE. ,1979.

2.Barry Sanders:*A IS FOR OX*. New York: Random House US,1995.

3.Bateson, G.: A theory of play and fantasy. *Psychiatric Research Reports* ,1955,2(39).

4.Berkowitz, D.:*Social Meanings of News*: A Text-Reader. Thousand Oaks, CA: Sage. 1997.

5.C. Wright Mills:*Power, politics, and people: The collected essays of C. Wright Mills*. New York: Oxford University Press,1963.

6.Cappella, J. N. , amp, &Jamieson, K. H.:*News frames, political system, and media system. In A.W. Heston, amp; N.A.Weiner (Eds)*, The ANNALS of the American Academy of Political and Social Science,1996,546(1), 71-84.

7.ChuanJing Liao, Yu Hu, &JinFu Zhang: Measuring the sense of security of children left behind in China. *Social behavior and Personality*, 2014, 42 (10), 1585-1602.

8. Entman, R. M.: Framing: Towards clarification of a fractured para-

digm. Journal of Communication，1993,43（4），51-58.

9.Ettema,J. S.，&Glasser,T. L.：*News values and narrative themes：Irony，Hypocrisy and other enduring values.* Paper presented at the Annual Meeting of the International CommunicationAssociation（40th，Dubin，Ireland.）.1990，p. 4. Retrieved*f*rom http：//files. eric. ed. gov/fulltext/ED324671. pdf.

10.Gamson，W. A.，etal.：Media images and the social construction of reality. *Annual Revie of Sociology*，1992,18,373-393.

11.Gamson,W. A.，&Modigliani,A.：Media discourse and public opinion on nuclear power：A constructionist approach. *American Journal of Sociology*，1989. 95（1），1-37.

12.Gans，H.：*Deciding what's news*，New York：Harper and Row,1979.

13. Gandy and A. E.：*Grant（eds）Framing Public Life.* Mahwah，NJ：Lawrence Erlbaum ,2001.

14.Gitlin，T.：*The whole world is watching：mass media in the making and unmaking of the new left.* Berkeley：University of California Press，6-7. Beverly：University of California Press. ，1980. .

15.Goffman，E.：*Frame Analysis：An Essay on the Organization of EX perience.* Cambridge：Harvard University Press,1974.

16. Guodong Ding，&YiXiao Bao：Editorial Perspective：Assessing developmental risk in cultural context：the case of 'left behind' children in rural China. Journal of Child *Psychology and Psychiatry*，2014,55（4）.

17. Hui Ling，En Fu，&Jian-Ren Zhang：Effects of Separation age and separation duration among left-behind children in China. *Social behavior and Personality*，2015,43（2），241-254.

18.Hall，S. et al.：The social production of news：Mugging in the media. In S. Cohen&J. Young（eds. ）.*The Manufacture of News：Deviance，Social Problems，and the Mass Media（pp.* 335-367）. Beverly Hills，CA：Sage. 1981

19.Hertog，J. K.，&D. M. McLeod：A multiperspectival approach to framing analysis：A field guide. In S. D. Reese，O. H. Gandy，& A. E. Grant（Eds. ），*Framing public life：Perspectives on media and our understanding of the social world*（pp. 139-162）. Mahwah，NJ：Lawrence Erlbaum Associates，2001.

20.Judith Williamson："Meaning and ideology" in Ann Gray and Jim McGuian，eds. ，Studying Culture：An Introductory Reader，London：Arnold. 1997.

21.Jing Guo，LiChen，XiaohuaWang，YanLiu，CheryHiu Kwan Chui，HuanHe，Zhiyong Qu，&Donghua Tian：The relationship between Internet addiction and depression among migrant children and left-behind children in China. *Cyberpsychology Behavior & Social Networking*，2012,15（11），585-590.

22. Kerlinger，F. N.：*Foundations of behavioral research（3rd ed.）.* New

York：Holt Rinehart Winston，1986.

23.Kennamer，J. D. （ed.）.：Public Opinion，the Press，and Public Policy. Westport，CO：Praeger，1994.

24.L.DeMause：*The History of Childhood*.New York：The Psychohistory Press，1974.

25.LiuNaGeng，WenJun Zhou，&QiaoXin Xu：Explicit and Implicit television cognition of left-behind children in China. *Social behavior and Personality*，2013，41（3），377-386.

26.Loo-See Beh：China's Left-behind Children：Development and Challenges for the Future. *The Copenhagen Journal of Asian Studies*，2014，32(2)，58-84.

27.Louis Althusser：*Ideology and Ideological State Apparatuses，in SlavojZizek，ed.*，Mapping Ideology，London：Verso1994.

28.M Mendelsohn.：Television's frames in the 1988 Canadian election. *Canadian Journal of Communication*，1993(18)，149-171.

29.Marie Winn：*Children without childhood*. London：Penguin，1984.

30.Nan Zhang，LaiaBécares，&TaraniChandola：Does the timing of parental migration matter for child growth? A life course study on left-behind children in rural China. *BMC Public Health*，2015，15(1)，1-12.

31.Pan，Z.，&Kosicki，G. M.：Framing analysis：An approach to news discourse. *Political Communication*，1993，10，55-75.

32.Philips，E. B.：*Approaches to objectivity：Journalisticvs. Social science perspectives*. In P. M. Hirsch et al.（eds.）. Strategies for communication research. Beverly Hills，CA：Sage. 1977.

33.Qian Lin，PeymanéAdab，Karla Hemming，Lina Yang，Hong Qin，Mingzhi Li，Jing Deng，JingCheng Shi，&JihuaChen：Health allowance for improving the nutritional status and development of 3-5-year-old left-behind children in poor rural areas of China：study protocol for a cluster randomised trial. *Trials*，2015，16(1)，1-10.

34.Reese，S. D.：Framing Public Life：A Bridging Model for Media Research，in S. D. Reese，O. H. J. Gandy and A. E. Grant（eds）Framing Public Life，pp. 7-31. Mahwah，NJ：Lawrence Erlbaum ，2001.

35.Rhacel Salazar Parrenas：Children of Global Migration：Transnational Families and Gendered Woes，Stanford：Stanford University Press，2005.

36.Shoemaker，P. J.，& Reese，S. D.：*Mediating the Message：Theories of Influence on Mass Media Content*. NY：Longman. 1996.

37.Scheufele，D. A.："Examining differential gains from mass media and their implications for participatory behavior"，Communication Research，2001，29，46-65.

38.van Dijk，T. A.：*The discourse-knowledge interface. In G. Weiss & R.*

Wodak（*Eds*），Critical discourse analysis：Theory and interdisciplinarity（pp. 85-109）. New York，NY：Palgrave Macmillan. 2003.

39. van Dijk，T. A. ：Discourse and power. New York，NY：Palgrave Macmillan. 2008.

40. van Dijk，T. A. ：*Opinions and Ideologies in the press*. In A. Bell & P. Garrett（Eds. ），Approaches to media discourse（pp. 21-63）. OX ford，UK：Blackwell，1998.

40. van Dijk，T. A. ：*Ideology：A multidisciplinary approach*. London，UK：Sage，1998.

41. Xue Zhao，Jian Chen，Ming-Chun Chen，Xiao-Ling Lv，Yu-Hong Jiang，& Ye-Huan Sun：Left-behind children in rural China experience higher levels of anxiety and poorer living conditions. *Foundation Acta Pædiatrica* ，2014(103)，665-670.

42. XiaojunSun，YuanTian，YongXinZhang，XiaochunXie，Melissa A. Heath，& Zongkui Zhou：Psychological development and educational problems of left-behind children in rural China. *School Psychology International* ，2015，36(3)，227-252.

43. Yao Jihai & Mao Yaqing：Rural left-behind children's academic psychology in Western China and the school management countermeasures. *Front. Education China* ，2008，3(4)，535-546.

后　记

在人生的道路上有种种风景,在我而立之后经历过对人生意义的追寻与思考,从颓废失落到充满希望,终于在而立之年的三年后寻找到了新生的力量。在这个力量的感召下,我终于决定去攻读传播学专业博士学位。在澳门这一小岛,我经历了一段非常有趣和充实的时光。虽然有过辛苦,有过疲惫,有过焦虑,有过窘迫……所幸,我们在澳门科技大学传播学专业遇见了很多真正的老师——他们是那么勤奋刻苦,是那么认真执着,让我觉得作为一名学生很幸福,不仅学习了知识,也沐浴到浓浓的人文气息。

在求学这几年,最感谢的人就是我的导师孙填老师。她治学严谨,令我十分钦佩。无论是毕业论文的选题开题还是毕业论文研究设计与操作,孙老师都给予了认真细致地把关,指出我的不足,提醒我修改完善,经常将在论文写作中迷失方向的我拉回到正轨上来!孙老师不仅在学业上给予学生无私的指导,在生活上也给予诸多关心,亦师亦友,让我获益满满。

读博那一年刚好我的孩子开始读小学一年级,我和她一起开始了求学之路。未曾想到,在写毕业论文的最后关头,我又意外获得了上天的另一份恩赐——我又孕育了另一个宝宝,作为一名高龄孕妇承受着学业和身体上的双重压力,一路上也有很多艰辛和忧虑,但幸运的是——结果是美好的。回想这几年的求学道路虽然辛苦,但苦中有乐。现在大宝已经读六年级,二宝二岁多。我的博士论文经过修改终于也要出版了。

今年恰逢庚子年,新冠肺炎传播,虽然我一直居住在珠海,但是从春节就开始了封闭式生活,活动仅在小区开展。虽然正值春光无限的季节,但困于家中无奈只看到野花杂草。在封闭的日子里,尤其感到家人的重要,在无法外出的日子里,唯有和家人一起共同度过平淡甚至有些枯燥的岁月。家中小宝宝尚小,但一直也喜欢外出逛逛公园。从小区去公园的有一个侧门,需要自己刷卡进入,无保安值班。每次还没走到这个小侧门,小宝宝就要拉开我的衣服检查,看我是否带门卡。疫情到来后,侧门封住了,不可以自由出入了。但每次走到这个小侧门附近,小宝宝还是要检查我的门卡带了没有。我们告诉她,不能出去了,门上又上了一把铁链锁,开不了。但孩子小无法理解为何以前可以现在就不能出去了,看着没有变化的景物,孩子不明白。但日子久了,渐渐地她也忘记这回事情了,现在散步到此处,她也不检查我是否带门卡了。几个月的关门封闭管理,改变了小宝宝的一个习惯……我不由地有点感伤起来,未来的人类生活是不是都要走向这样一个封闭的模式呢?人与人要保持一定的距离,人要学会忍耐寂寞,学会和家人平淡生活……在病毒面前,人的生命显得非常脆弱,我不由地思索起生命的价值和意义,有时不禁反思以前的生活方式是否合适。在人类大范围封闭自己的活动空间的时候,听说大自然的环境变得好多了。空气清新了,河水干净了……也许这就是这场大范围传播的疾病给我们人类带来的最好的反思机会,我们如何生存或者生活才会不影响其他人或者其他生物,我们都需要在宁静中找到自己——找到一个不孤单不寂寞的自己!

最后,感谢一路以来各位亲朋同仁的关心帮助!感谢暨南大学人文学院资助出版,感谢厦门大学出版社甘编辑一直以来的合作服务!人生即使恍如晨曦和暮霭,但我想在这短暂里追寻人生永恒的意义!

张毅莲

2020 年 4 月于暨南花园